Meyer-Drawe u. a. (Hrsg.) · Pädagogik und Ethik

Schriften zur Bildungs-
und Erziehungsphilosophie
Band 2

Herausgegeben von der Kommission
»Bildungs- und Erziehungsphilosophie«
der Deutschen Gesellschaft für
Erziehungswissenschaft

Pädagogik und Ethik

Beiträge zu einer zweiten Reflexion

Herausgegeben von
Käte Meyer-Drawe, Helmut Peukert
und Jörg Ruhloff

Mit Beiträgen von
Wolfgang Fischer, Yung-Yae Han, Stephanie Hellekamps, Ludwig Kerstiens, Jan Masschelein, Anselm W. Müller, Friedhelm F. Musall, Jürgen-Eckhardt Pleines, Arnold Schäfer und Klaus-Michael Wimmer

2. Auflage 1996

Deutscher Studien Verlag · Weinheim

Über die Herausgeberin und die Herausgeber:

Käte Meyer-Drawe, Dr. paed., geb. 1949, Promotion 1977, Habilitation 1983, Prof. für Allgemeine Pädagogik an der Ruhr-Universität Bochum.
Arbeits- und Veröffentlichungsschwerpunkte: Leiblichkeit; Probleme der Autonomie in modernen Gesellschaften; künstliche Intelligenz; französische Philosophie der Gegenwart.

Helmut Peukert, Jg. 1934, Studium der Philosophie, Pädagogik und Theologie an den Universitäten Tübingen, München, Innsbruck und Münster; Promotion in Theologie 1976 und Habilitation in Erziehungswissenschaft 1986; seit 1986 Professor für Systematische Erziehungswissenschaft an der Universität Hamburg.
Arbeits- und Veröffentlichungsschwerpunkte: Wissenschaftstheorie der Humanwissenschaften; praktische Philosophie; Geschichte der Erziehungswissenschaft in der Neuzeit; systematische Erziehungswissenschaft; insbesondere Theorie der Erziehung und der Bildung; interdisziplinäre Grenzfragen der Erziehungswissenschaft.

Jörg Ruhloff, Dr. phil., Jg. 1940, Studium der Pädagogik, Philosophie und Archäologie an den Universitäten Münster, Mainz und München, Promotion 1965, Prof. für Systematische/Historische Pädagogik an der Bergischen Universität – Gesamthochschule Wuppertal.
Arbeits- und Veröffentlichungsschwerpunkte: Bildungstheorie; Probleme der Pluralität in der Wissenschaft; Renaissance, Antike, Kantianismus.

1. Auflage 1992
2. Auflage 1996

Druck nach Typoskript (DTP)

Druck: Druck Partner Rübelmann, 69502 Hemsbach
Seriengestaltung des Umschlags: Atelier Warminski, 63654 Büdingen
Printed in Germany

ISBN 3 89271 345 6

INHALT

Einleitende Bemerkungen

Themen haben ihre Konjunkturen, besonders in der Erziehungswissenschaft. Einige Jahre lang konnte man über "moralische Erziehung" Lehrveranstaltungen anbieten oder Examen absolvieren, Staatsarbeiten schreiben, promovieren, ohne sich auf verwunderte Rückfragen gefaßt machen zu müssen. Nachdem jedoch in beinahe jedem Bundesland mit ministerieller Unterstützung diesbezügliche Kongresse durchgeführt, die Ergebnisse von Curriculumentwicklungsinstituten in Probeläufen getestet und auf breiter Front in der Praxis implementiert worden sind, scheinen auch Schüler bei der Erwähnung des Piagetschen Stufenschemas eher gelangweilt abzuwinken.

Die wiederhergestellte Skepsis gegenüber dem Thema "Pädagogik und Ethik" hat freilich sowohl berechtigte historische Gründe als auch Gründe in der Sache. Zu störanfällig ist der Vorgang, daß junge Menschen beim Hineinwachsen in eine Gesellschaft zu eigenem Bewußtsein kommen und selbstdurchdachtes Handeln erlernen; zu lang und zu oft wurden Macht und Gewaltausübung gegenüber der nachwachsenden Generation mit Moral legitimiert; zu tief sitzt das Trauma, daß Erziehungswissenschaft ihrerseits autoritativ-autoritären Vorgaben gefolgt ist, ja sie aus der pädagogischen Sachrationalität für geboten erklärte, anstatt das Geschäft der Entbindung zu eigenem Leben theoretisch zu erhellen und zu fördern.

Es könnte aber sein, daß die wiedererwachte Skepsis selber einer Intuition entspringt, die einen ethisch-praktischen Kern hat: der Intuition von der Verletzlichkeit und Zerbrechlichkeit menschlicher Beziehungen und menschlichen Aufwachsens, die Schutz und Fürsorge verlangen. Nun haben wir freilich auch gelernt, unseren Impulsen des Beschützenwollens zu mißtrauen; denn auch und gerade in sie kann sich der Wille zu beherrschen einnisten.

Das braucht jedoch nur zu bedeuten, daß pädagogische Reflexion der Erziehung vordergründige Intentionen eben noch einmal insistierender befragen und zur Selbstaufklärung aller Beteiligten beitragen muß. Sie muß gegen Konjunkturzyklen gleichsam den *"Mut zur zweiten Reflexion"* aufbringen.

Mut zur zweiten Reflexion - das könnte als Umschreibung der Anstrengung *philosophischer* Reflexion taugen. Denn in der Philosophie geht es spätestens seit Kant endgültig nicht mehr nur um freie Spekulation, sondern immer auch um die Probleme, die in der Reflexion der Wissenschaften und des wissenschaftlich informierten Handelns als Grundprobleme auftauchen. Das Verhältnis von Philosophie und Erziehungswissenschaft oder, sofern Pädagogik als eine praktische Wissenschaft genommen wird, von praktischer Philosophie und Erziehungswissenschaft ist dann nicht mehr als Applikationsverhältnis zu verstehen, als habe Erziehungswissenschaft nur das philosophisch Erdachte umzusetzen und anzuwenden. Vielmehr könnte umgekehrt die Reflexion auf pädagogische Probleme grundlagentheoretische Bedeutung für die Philosophie bzw. für eine philosophische Ethik gewinnen, könnte das auf pädagogische Fragen zentrierte Bedenken von Grundlagen das philosophische Blickfeld erweitern und verändern, wenn es sich seinerseits nicht in sich verkapselt, sondern auch der Kritik durch andere als pädagogisch-philosophische Gesichtspunkte aussetzt.

Das Thema "Pädagogik und Ethik" heute noch einmal so angehen zu wollen, als seien einer mehr oder weniger fertigen philosophischen Ethik Leitlinien für die Pädagogik zu entnehmen, würde überdies den tiefgreifenden Differenzen im philosophisch-ethischen Diskurs der Gegenwart schwerlich gerecht. Bei einem derartigen Vorgehen wären Stilisierungen, Vereinheitlichungen und Vereinfachungen kaum zu vermeiden. Vor allem jedoch drohte bereits im Ansatz methodisch zur Lehre umgefälscht zu werden, was möglicherweise nur im Status eines Problems seine sachliche Eigenart wahrt und gerade deshalb das Band eines kontroversenreichen Diskurses sein kann.

Die neun in diesem Band versammelten Beiträge verbindet das Bemühen, die gegenüber der Tradition vielfach neuartige pädagogisch-ethische Fragesituation der Gegenwart aus verschiedenen Gesichtspunkten zu exponieren. Zu dieser Situation gehören:

- die Erosion der praktischen Vernunft, die nach der Argumentation von Jürgen-Eckhardt Pleines durch eine Rehabilitierung des teleologischen Arguments aufzufangen wäre;

- die Fragwürdigkeit einer fundamentalen Begründungsmöglichkeit moralischer Prinzipien und Verhaltensorientierungen, auf die Yung-Yae Han und Anselm W. Müller aufmerksam machen, um eine Neueinschätzung der Rationalität moralischer Erziehung nahezulegen, ohne diese der Irrationalität preiszugeben;
- eine Eigenlogik gesellschaftlicher Mechanismen, die den Aufbau kommunikativer Strukturen und damit den Erwerb individueller Identität und Handlungskompetenz gefährdet, wie Arnold Schäfer diagnostiziert;
- der Zweifel, ob das überwiegend dialogisch-kommunikative Erziehungsdenken der Moderne sein Versprechen der Gewaltlosigkeit und Nicht-Instrumentalität einzulösen vermag oder nicht vielmehr, wie Jan Masschelein zu erweisen sucht, einer Radikalisierung bedarf, die das erzieherische Handeln unmittelbar der primären Intersubjektivität entspringend denkt anstatt der souveränen Intention von Subjekten.

Zusammengenommen stecken die damit angesprochenen ersten vier Beiträge das unregelmäßige und von Widerstreitslinien - keineswegs bloß von in sich geschlossenen Alternativkonzepten - durchzogene Feld ab, auf das pädagogisch-ethisches Fragen in der Gegenwart gestellt ist. Gegenüber diesen eher die Grenzen einer heute möglichen pädagogischen Ethik theoretisch-analytisch auslotenden bzw. konzeptionellen Beiträgen sind die folgenden drei stärker an der Frage nach den praktisch-pädagogischen Möglichkeiten und Aufgaben orientiert:
- Im metakritischen Ausgang von dem einflußreichen Kohlbergschen Konzept moralischer Urteilsbildung fordert Ludwig Kerstiens die Wiederbeachtung des Gewissens ein und verweist auf Wege seiner pädagogischen Förderung.
- Risiken und Entscheidungszwänge der modernen Technikentwicklung drängen, so versucht Friedhelm Musall plausibel zu machen, u. a. auf eine curriculare Umgewichtung der Inhalte öffentlichen Unterrichts zugunsten von Orientierungswissen gegenüber Verfügungswissen, womit zwar nicht schon Sittlichkeit verbürgt, wohl aber dazu beigetragen werden könne, die Aushöhlung der praktischen durch technische Rationalität aufzuhalten.
- Einen ganz anderen Anknüpfungspunkt erzieherisch-ethischen Fragens stellt Stephanie Hellekamps zur Diskussion, indem sie an Herbarts wenig beachtetes Konzept ästhetisch-moralischer Erziehung erinnert, in dem eine frühe, heute wieder Aufmerksamkeit verdienende, pädagogische Antwort auf die als Aporie wahrgenommene moderne Differenzierung der Subjekt- und Vernunftsphären bzw. der Rationalitätsformen vorliegt.

Mit den beiden an das Ende des Bandes gesetzten Studien werden diese handlungsnahen Überlegungen noch einmal in überlappende Grenzreflexionen eingeklammert:

- In seinem Aufriß eines Denkens des Anderen bezieht Michael Wimmer einige der ethischen Grundprobleme und -begriffe der Moderne auf ein poststrukturalistisch inspiriertes Programm der Transformation pädagogisch-ethischen Denkens, in dessen Konsequenz eine veränderte soziale Ortsbestimmung von Pädagogik und Erziehungswissenschaft läge.
- Mit dem Begriff der »pädagogischen Verantwortung« greift Wolfgang Fischer einen Terminus auf, der unerachtet tiefgreifender Kontroversen im 20. Jahrhundert eine konzeptübergreifende Gemeinsamkeit anzuzeigen scheint; er analysiert dessen historische Karriere und reißt systematisch den Zweifel an dessen Leistungsfähigkeit an.

Es bedarf wohl kaum der Erwähnung, daß mit dieser Zusammenstellung von Reflexionen nicht beansprucht ist, das Thema "Pädagogik und Ethik" in seiner gesamten Breite oder allen gegenwartsbedeutsamen Aspekten behandelt zu haben. Wenn der Band dazu beiträgt, neue beziehungsweise bislang in Pädagogik und Erziehungswissenschaft nicht hinreichend bedachte Problemlagen und Problemstellungen sichtbar zu machen und den pädagogisch-philosophischen Diskurs künftig diesseits des Anwendung-Grundlegung-Schemas zu führen, so erfüllt er seine Aufgabe.

Die Entstehung der Beiträge geht auf die Arbeit der "Kommission Bildungs- und Erziehungsphilosophie" der Deutschen Gesellschaft für Erziehungswissenschaft zurück, die sich zwischen Herbst 1989 und Frühjahr 1991 auf drei Tagungen der pädagogisch-ethischen Thematik gewidmet hat, zuletzt unter dem besonderen Gesichtspunkt der Erfahrung gesellschaftlicher Krisen. Noch unveröffentlichte Vorträge dieser Kommisionstagungen[1] wurden für die Drucklegung überarbeitet und um die beiden

---

[1] Veröffentlicht wurden in der Zwischenzeit unseres Wissens folgende Beiträge: Renate Girmes: Distanzierung und Engagement als Voraussetzung einer realitätsgerechten Theorie von (moralischer) Entwicklung und einer problemgerechten und pädagogisch verantwortbaren Orientierung von (moralischer) Erziehung. In: Vierteljahrsschrift für wissenschaftliche Pädagogik 66 (1990), S. 265 - 288; Helmut Heim: Pädagogik ohne Ethik. Zu Möglichkeit und Konzeption einer nicht-ethischen Begründung von Bildung und Erziehung. In: Vierteljahrsschrift für wissenschaftliche Pädagogik 65 (1989), S. 328 - 337; Wilfried Lippitz: Von Angesicht zu Angesicht. Über das Verhältnis von Pädagogik und Ethik im Anschluß an Levinas. In: Vierteljahrsschrift für wissenschaftliche Pädagogik 65 (1989), S. 266 - 281; Lothar Wigger: Die praktische Irrelevanz pädagogischer Ethik. Einige Reflexionen über Grenzen, Defizite und Paradoxien pädagogischer Ethik und Moral. In: Zeitschrift für Pädagogik 36 (1990), S. 309 - 330.

nicht vorgetragenen Studien von W. Fischer und St. Hellekamps ergänzt. Allen Teilnehmerinnen und Teilnehmern an den Diskussionen ist zu danken, durch Rückfragen, Widerspruch und Weiterführung zu der nun vorliegenden Publikation beigetragen zu haben.

Käte Meyer-Drawe, Helmut Peukert, Jörg Ruhloff
im September 1991

Jürgen-Eckardt Pleines

Das Dilemma gegenwärtiger Ethik. Wie man lernt, selbst konträre Positionen der gegenwärtigen philosophischen Ethik anhand des teleologischen Gedankens aufeinander zu beziehen

1. Einführung: Pädagogik und Ethik

Die pädagogische Fragestellung nach dem, was man gelegentlich recht mißverständlich und unbedacht als »Erziehungswirklichkeit« zu bezeichnen pflegt, wird in all ihren Varianten erst verständlich, wenn man zweierlei als gegeben unterstellt:

1. Pädagogisches Handeln setzt innerhalb angenommener natürlicher Spielräume voraus, daß der Mensch ein prinzipiell lern- und bildungsfähiges Wesen ist, dessen Entwicklung durch Erziehung, Bildung und Unterricht zu einem jeweils besseren Zustand geführt werden kann.

2. Sofern sich diese Entwicklung immer in den Bahnen einer bestimmten Gesellschaft und Kultur vollzieht und sie nur in steter Auseinandersetzung mit den maßgebenden geistigen und moralischen Mächten der Zeit gelingt, wird eine sittliche Welt vorausgesetzt, an deren Belebung und Verwirklichung der Pädagoge auf seine begrenzte Weise teilhat.

In Kenntnis dieser doppelten Seite an allen menschlichen Bildungsprozessen wird es darauf ankommen, daß der Heranwachsende mit dem Geist seiner Zeit ebenso wie mit den Bedürfnissen, den Lebensgewohnheiten und Interessen vertraut wird, die für seine bürgerliche Existenz bestimmend sein werden. Dazu gehört, daß er jene Regeln, Gesetze und Prinzipien kennenlernt, die auf gegenseitigen Erwartungen und wechselseitigen Verpflichtungen beruhen. Deren maßgebender Zweck besteht aber darin, das individuelle Leben in einer Gesellschaft zu seinen höchsten Möglichkeiten zu führen. Die beiden Grundpfeiler dieser *koinonia* wären dann aber die vorbehaltlose Anerkennung des anderen, der mir zum anderen meiner selbst geworden ist, und die Achtung derjenigen Gesetze, die sich freie Bürger aus einsichtigen Gründen wechselseitig auferlegen, um das jeweils Menschen-Mögliche zu verwirklichen.

Doch das Einverständnis über das, was sich aus einsichtigen und vertretbaren Gründen gemeinsam wissen, schätzen und wollen läßt, ist, vor allem in Zeiten des Umbruchs, oftmals harten Zerreißproben ausgesetzt. Anläßlich derartiger Umschichtungen fällt der Ethik deshalb die undankbare Aufgabe zu, sich wechselseitig darüber zu verständigen, was als ein Gemeinsames des Wissens und Wollens angesehen wird. Diese Aufklärung führte bekanntlich philosophischerseits bei Aristoteles zur Ausbildung einer eigenen wissenschaftlichen Disziplin, der Ethik. Deren Aufgabe bestand darin, praktische Urteile aus einer Perspektive herzuleiten, die dem Standpunkt einer gemeinsamen Vernunft entsprach und die deshalb für ein menschliches Gemeinwesen als unerläßlich angesehen wurde.

2. Herkunft des gegenwärtigen Dilemmas in der Ethik

Beim derzeitigen Stand der Auseinandersetzung mit der philosophischen Ethik ist es schwer geworden, eine Betrachtungsweise zu finden, die es erlaubt, unterschiedliche Auffassungen ohne Nivellierung miteinander zu vergleichen und im Zusammenhang zu entwickeln. Der Hauptmangel des praktischen Diskurses, wie er sich in der philosophischen Diskussion unserer Tage abzeichnet, dürfte denn auch zunächst einmal darin bestehen, daß er auf keine gemeinsame Perspektive zurückgeführt werden kann.

Dabei macht eine genauere Analyse der rivalisierenden Parteiungen deutlich, daß in den häufigen Ungereimtheiten der gegenwärtigen Philosophie ein Stück unbegriffener Wirklichkeit abgearbeitet wird, deren gegensätzliche Gedankenbestimmungen vielen als Verhängnis erscheinen. Aus diesem Grund wird vielfach der Versuch unternommen, die traditionellen Wertsysteme durch eigene Konzepte einfach zu ersetzen, ohne daß bislang eine Perspektive entwickelt worden wäre, der jedermann vorbehaltlos hätte zustimmen können. Dieser nämliche Mangel, der weder verharmlost noch zu anderen Zwecken sublimiert werden sollte, resultiert keineswegs allein aus dogmatischen Vorurteilen.

Das Grundproblem der derzeitigen Ethik besteht wohl darin, daß unter den z.T. zerstrittenen Ansätzen kaum noch ein Konsens darüber besteht, was überhaupt Philosophie sei - d.h. welche Aufgaben ihr beim heutigen Stand innerhalb der Gesellschaft und Kultur zukommen. Aus diesem Grund ist die Suche nach einem allseits anerkannten *criterium veritatis* in praktischen Urteilen unerläßlich. Denn nachdem der traditionelle Prüfstein der Vernunft nicht mehr anerkannt und schließlich mit technischer Zweckrationalität gleichgesetzt worden war, erwuchs der Verdacht, daß der Standpunkt der Vernunft nicht mehr in der Lage sei, in Fragen zweifelhafter Handlungsorientierung das wirklich Erforderliche zu erkennen und auch zu verwirklichen.

Verstärkt wurde dieser nämliche Zweifel an der Vernunft durch die zunehmende Moralisierung der sittlichen Sphäre insofern, als die dem einzelnen Gewissen nunmehr zugestandene Funktion, das wahrhaft Gute auf unmittelbare Weise zu erkennen, zu der Annahme führte, daß in moralischer Hinsicht jeder für sich selbst allein aufzukommen habe. Deshalb sei auch das Wählen und Entscheiden des Individuums nicht mit objektiven Maßstäben zu beurteilen. Unter diesen Voraussetzungen legte sich der verhängnisvolle Schluß nahe, daß alle sittlichen Urteile nur relativ seien und sie deshalb jedem Begriff enthoben wären. Damit wurde der Standpunkt praktischer Vernunft aufs Spiel gesetzt. Dies geschah zumeist in der Weise, daß man die Meinung vertrat, moralische Entschließungen resultierten allein aus Willensfreiheit und sie basierten letztlich auf irrationalen Wertentscheidungen.

Angesichts solcher Tendenzen überrascht es auch nicht, wenn sich die Gedanken von Tugend, Recht und Sittlichkeit schließlich verschreckt in die Innerlichkeit eines bloß formellen Gewissens oder in die eigene Gesinnung zurückziehen sollten. Denn nachdem 1. die reine Moralität die gottverlassene und geistlose Welt weitgehend ihrem eigenen Schicksal überlassen hatte und nachdem 2. im Gegenzug zur protestierenden oder bereits resignierten Moral der nackte Wille die Aufgabe übernommen hatte, die sittliche Welt den eigenen Interessen zu unterwerfen, schien alles Sache einer freien Entscheidung zu sein. Es war unverbindlich und fast zufällig geworden, wie man die sittliche Welt interpretierte und wie man mit ihr, den eigenen Bedürfnissen entsprechend, umzugehen gedachte.

Angesichts dieser verhängnisvollen Entwicklung des sittlichen Gedankens konnte man natürlich auch nicht mehr von der Unschuld unserer Moral und ihrer herrschenden Vorstellungen überzeugt sein. Daher galt es, eine geeignetere Disposition der ethischen Fragestellung zu entwickeln, die die Schwächen aller Bewußtseinsphilosophie und Willensmetaphysik an sich abgebüßt hätte. Denn nur auf diesem Weg konnte der Versuch unternommen werden, jenen vulgären Relativismus und jenen nackten Subjektivismus einzudämmen, der zwischenzeitlich vielerorts uneingeschränkt für sich einzunehmen wußte. Aus dem Schatten dieser Vernunftvergessenheit dürften wir aber noch lange nicht herausgetreten sein, so daß es an der Zeit ist, den Standpunkt aufgeklärter Vernunft wieder umfassend geltend zu machen.

3. *Das teleologische Argument in der gegenwärtigen Ethik*

Mit diesen Überlegungen zur Lage der Ethik und ihrer Herkunft dürfte der Boden für den Versuch vorbereitet sein, das gegenwärtige Dilemma der philosophischen Ethik genauer zu charakterisieren und auf seine möglichen Folgen zu überprüfen. Denn unter diesem Blickwinkel betrachtet, erweist sich die angedeutete Verfallsgeschichte des Vernunftarguments als das Hauptmotiv für eine geistige Situation, die nur im Rückgriff auf das Prinzip kommunikativer Vernunft hinreichend bestimmt werden kann. Deshalb bleibt der vielfach geschmähte Standpunkt der Vernunft weiterhin eine verläßliche Basis, um Positionen zu unterscheiden, die dem Handeln gemeinsam seine vernunftgemäße Grundlage entziehen.

In den Umkreis der bedrängenden Sorge um die jederzeit gefährdete Vernunftbasis gehört auch die anhaltende Kontroverse um Wert und Unwert des teleologischen Arguments. Dabei ist gerade dieser Gedanke für alle Moralphilosophie von grundlegender Bedeutung, weil erst die Reflexion auf den jeweils angestrebten Zweck die Handlung als Handlung erkennen und beurteilen läßt. Aus dem genannten Grund war schon Aristoteles der Auffassung, daß teleologisches Reflektieren allem Handlungswissen notwendig angehöre. Es lag also in der Natur der Sache, wenn parallel zur Verfallsgeschichte praktischer Vernunft das Argument des Zwecks und mit ihm der Gedanke der *eudaimonia* schrittweise verwässert und schließlich in sein Gegenteil verkehrt wurde.

Einer solchen Rehabilitierung praktischer Vernunft unter neuzeitlichen Bedingungen steht jedoch die Vorstellung im Weg, die Teleologie sei ein Teil der überkommenen, dogmatischen Metaphysik, ohne die eine aufgeklärte Ethik auskommen müsse. Auch hier sind noch unterschiedliche Lesarten voneinander zu unterscheiden, zumal die Auffassungen von dem, was der Terminus »metaphysische Ethik« eigentlich bedeutet, zum Teil weit differieren; aber im ganzen gesehen behindert die negative Einstellung gegenüber aller Teleologie die systematische Aufbereitung des Handlungswissens wesenhaft.

Die gängige Parole von einer »Ethik ohne Metaphysik« bleibt deshalb mehrdeutig, und sie wird für die Ethik geradezu gefährlich, wenn sie den Schluß nahelegt, jeder Vernunftbegriff sei von der Praxis fernzuhalten, weil allgemeine Bestimmungen in die Entfremdung führen würden. Eine solche Behauptung irrt jedoch schon darin, daß selbst der Zweck, den sich jemand in seinem Leben setzt, eine allgemeine Bestimmung ist - die freilich nur auf individuelle Weise existiert. Noch problematischer wird eine solche Auffassung, wenn sie in Verbindung mit dem modischen Trend zur »Postmoderne« einen endgültigen »Abschied vom Prinzipiellen« fordert und wenn sie glaubt, damit aller metaphysischen Fragen in der Ethik enthoben zu sein.

Angesichts dieser mißlichen Lage ist der Verdacht nicht unbegründet, die Verfechter einer metaphysisch fundierten Ethik operierten auf einer ganz anderen Ebene als deren radikale Gegner. Um aber diesen Prozeß einer wechselseitigen Verständigung beider Positionen zu ermöglichen, wäre es an der Zeit, den Verdacht auszuräumen, alles metaphysische Denken reflektiere auf eine feststehende Seinsordnung oder auf ein universales Geschichtskonzept. Aber auch die andere Sorge wäre aus der Welt zu schaffen, das spekulative Denken fordere dazu heraus, die sittliche Realität in ihren bestehenden Institutionen und festgefügten Abläufen blindlings anzuerkennen.

In Anbetracht dieser doppelten Gefahr überwiegt denn auch heute noch die Zahl derer, die aller Metaphysik und Teleologie von Haus aus mißtrauen und die ihnen Überspanntheit und Willkür vorwerfen, weil sie den sicheren Boden der Erfahrung verlassen hätten. Um diesen Vorwurf zu entkräften, müßte zweierlei gezeigt werden: 1. der Überschritt von den Distinktionen und Relationen des Verstandes zu spekulativen Urteilen und Vernunftideen ist von der Sache her erforderlich; 2. diese Transzendenz führt aber nicht notwendig zu Chimären einer überschwenglich gewordenen Vernunft. Es müßte dagegen bewiesen werden, daß erst eine teleologische Betrachtungsweise der natürlichen und sittlichen Welt die Möglichkeit eröffnet, den Menschen in seiner Selbständigkeit und Freiheit zu sehen.

Eingedenk der gängigen Kritik am teleologischen Denken überrascht es denn auch nicht, wenn auf praktischem Gebiet diejenigen sehr bald die Oberhand gewinnen sollten, die vor jeder Zweckbestimmung warnten.

Die Gefahr einer praktischen Teleologie sahen die Kritiker darin, daß vermittels eines angenommenen letzten oder höchsten Zwecks des menschlichen Handelns die sittliche Welt in ihrer eigenen Bewegung verkannt würde und daß das aufgeklärte Bewußtsein durch dogmatisch gesetzte Zwecke aus der gerade gewonnenen Freiheit wieder vertrieben würde.

4. Das Wiedererstarken des teleologischen Gedankens im Umkreis der Philosophie des deutschen Idealismus

Aus der neuzeitlichen Tradition darf Kant als Kronzeuge dafür angeführt werden, daß sich mit der aufgeklärten Wissenschaft die metaphysische Frage keineswegs von selbst erledigt hatte und daß der Teleologie im Kontext des deutschen Idealismus wieder eine ganz entscheidende Rolle zufiel. Kant jedenfalls erschien es unerläßlich, den Gedanken »innerer Zweckmäßigkeit« für ein wirklich umfassendes Naturverständnis auszuarbeiten, um die Schwächen der modernen Wissenschaft auszugleichen. Aus diesem Grund sah sich die Transzendentalphilosophie am Ende sogar genötigt, die wissenschaftlichen Urteile einer teleologischen Betrachtungsweise der Natur unterzuordnen.

Hier ist nun nicht der Ort, die naturphilosophischen Überlegungen der »Kritik der Urteilskraft« im einzelnen nachzuvollziehen, wenngleich deren Auswirkungen auf eine Wissenschaftslehre unserer Tage von weitreichender Bedeutung sein dürften. Es interessiert hier vorrangig die von Kant wenigstens indirekt aufgeworfene Frage, wie sich das Handeln der Menschen unter dem Blickwinkel einer teleologischen Beurteilung ausnimmt. Denn eine praktische Philosophie kommt um diese Klärung nicht herum, wenn sie ihrem Gegenstand, dem Handeln der Menschen, gerecht werden will.

Gegenstand der praktischen Philosophie oder einer wirklich umfassenden Ethik wäre danach das Handlungswissen, das in Begriffen und nach Prinzipien möglichst vollständig und in sich zureichend gegliedert darzustellen wäre. Dazu gehört, daß möglichst alle Beweggründe und Zwecke des menschlichen Handelns in Betracht gezogen und so entwickelt werden, daß deren maßgebliche Unterschiede und Zusammenhänge deutlich werden. Deshalb ist darauf zu achten, daß natürliche Triebe und gesellschaftliche Gewohnheiten ebenso wie tradierte Auffassungen vom Guten und Gerechten als Bestimmungsgründe unseres Handelns in die Überlegungen einbezogen werden. Hinsichtlich der unterschiedlichen Regeln, Gesetze und Prinzipien ist ferner zu beachten, daß es in Ansehung des Handelns einen wesentlichen Unterschied macht, ob ich beispielsweise einer technischen Regel, einem Gebot der Klugheit oder einem moralischen Gesetz folge. So jedenfalls votierte Kant, als er den Standpunkt reiner Moralität entwickelte.

Gegen den rein moralischen Standpunkt innerhalb der neuzeitlichen Ethikentwürfe machten freilich dessen Kritiker geltend, daß die verinnerlichte und im eignen Gewissen schließlich eingekapselte Moral keineswegs ein Garant dafür ist, daß vernünftig entschieden und entsprechend gehandelt wird. Genauer betrachtet hat sich die Moralität sogar aus dem Handlungswissen selbst einseitig herausreflektiert. Die Folge davon ist, daß sie es im Regelfall auch nur zu einem vernichtenden Urteil über alles Bestehende und Herrschende bringt, aber selbst nicht mehr zu einem Entschluß kommt. Der Moralist hält sich in der Schwebe und kommt nicht zum Handeln. Darin liegt seine Größe und Schwäche zugleich; und so weiß er am Ende auch nicht mehr, was eine überzeugende Tat oder eine in sich selbst genügende Handlung ist.

Hinzu kommt ein zweites Bedenken, das die Moralphilosophie neuzeitlicher Prägung in einem blassen Licht erscheinen läßt. Herbart machte darauf aufmerksam, daß der moralische Appell immer dann ins Leere ginge, wenn er sich nicht an eine natürliche Neigung und an ein sittliches Streben richte, das an der Verwirklichung dessen interessiert ist, was allgemein als angenehm, nützlich oder gut erscheint. Bestärkt wurde dieser Einwand durch die Erkenntnis, daß eine »Bildung des Gedankenkreises« in praktischer Hinsicht nur möglich ist, wenn es im Interesse des Willens liegt, jener Vernunft zu folgen, deren Bestimmungsgrund Selbsterhaltung und Vollendung ist. In diesem Fall lägen die von der Bildung angestrebten Formen der Zivilisierung und Kultivierung tatsächlich im Interesse des Willens, der notwendig die Vollendung seines Wesens betreibt - ein Streben, von dem die nackte Moralität gerade abblendete.

Der gegen die abstrakte Moral gerichtete Vorwurf, ihr fehle es an einer Naturbasis und an praktischer Urteilskraft und sittlicher Klugheit, hat also einiges für sich. Jedenfalls sind Selbstgesetzgebung, reine Gesinnung und willentliche Durchsetzungskraft keine hinreichenden Garanten dafür, daß umsichtig gehandelt wird. Erst die Reflexion auf die maßgebenden Zwecke eines als notwendig angesehenen Handelns und die sachgerechte Kalkulation der zu ihrer Verwirklichung erforderlichen Mittel lassen erkennen, wie sich praktisches Wissen bestimmt.

Bei aller Anerkennung der nämlichen Fragestellung darf allerdings nicht vergessen werden, daß das Wiedererstarken des teleologischen Arguments nicht von dem Wunsch getragen war, eine vergangene Gestalt des Sittlichen zu restaurieren. Das wiedererwachte Interesse an praktischer Teleologie darf auch nicht als Versuch gedeutet werden, ein überkommenes Strukturprinzip einfach auf die moderne Welterfahrung zu übertragen, obwohl der neuzeitliche Geist längst einer anderen Form des Vorstellens und Denkens zugehört.

5. Handlungswissen im Spannungsfeld zwischen Verstand und Vernunft

Die Frage nach dem zureichenden Grund praktischen Wissens kann nun sehr verschiedene Formen annehmen. Sie stellt sich dem analytischen Verstand zumeist in der Weise, daß ein oberstes Handlungsprinzip gesucht wird, aus dem alle untergeordneten Forderungen widerspruchsfrei deduziert werden können. Umgekehrt geht der synthetisch verfahrende Verstand von einzelnen Wertbestimmungen aus, die auf dem Weg zunehmender Abstraktion schrittweise zu ihrer Einheit zurückgebracht werden müssen. Das eigentliche Ärgernis beider Argumentationsweisen besteht freilich darin, daß im Begriff des letzten Zwecks eine Bestimmung geltend gemacht wird, die keinerlei Handlungsorientierung bietet. Denn ein solcher Zweck, der schließlich von allen anderen Zwecken abgelöst erscheint, ist in sich selbst bestimmungslos.

Eine andere Schwäche dieser beiden Argumentationsfiguren ist die radikale Entgegensetzung von empirischen und rationalen Bestimmungsgründen des Handelns, von der man annimmt, daß sie in jene Doppelwelt geführt habe, die man schon der Platonischen Ideenlehre nachsagte. Was von diesem doppelzüngigen Handlungskonzept befürchtet wird, ist nun nicht mehr eine hierarchisch gestaffelte Rangordnung festliegender Wertvorstellungen, die das Leben zu ersticken droht. Es ist auch nicht mehr jener gefürchtete Glaube an einen letzten, uns aber nicht erkennbaren Zweck der Natur oder das vermeintliche Wissen um das Endziel aller Geschichte. Es ist vielmehr der nicht mehr zu vermittelnde Gegensatz von wesentlichem Grund und unwesentlicher Erscheinung, von großem Ideal und prosaischer Wirklichkeit, bzw. die radikale Entgegensetzung von unendlichen Sollens- und endlichen Seinsbestimmungen.

Die Kritik richtet sich in diesem Fall gegen eine methodisch erzwungene Entgegensetzung von Gedankenbestimmungen, die ihre Beziehung untereinander verloren hatten. Aus diesem Grund schied sie der Verstand wesensmäßig voneinander und verteilte die gegensätzlichen Momente nun auf ein vergängliches Diesseits und ein ewiges Jenseits. Der Hauptmangel dieser Betrachtungsweise liegt aber darin, daß die zu bestimmenden Phänomene nicht in sich durchgängig interpretiert werden. Die Folge davon ist, daß schließlich absolute Forderungen geltend gemacht werden, die ihren empirischen Ausweis schuldig bleiben. Derlei Postulate neigen freilich dazu, alle Zwecke gutzuheißen, die den Anspruch auf ewige Wahrheit erheben. Ferner neigen derlei Urteile dazu, alle Mittel zu heiligen, die zur Verwirklichung ihrer Zwecke beitragen könnten - nachdem die ganze endliche Wirklichkeit als geistlos verworfen und der Vergänglichkeit überantwortet worden war.

Die Zerrissenheit des praktischen Bewußtseins, die durch den Standpunkt reiner Moralität bewirkt wurde, schlug naturgemäß auf die philosophische Ethik nach Kantischer Prägung durch. Jedenfalls entwickelten sich in der Folgezeit Gegenpositionen, die ihr vermeintliches Recht jeweils dem behaupteten Unrecht der Gegenseite verdanken. Ein gutes Beispiel für ein solches Widerspiel sich wechselseitig verdankender Positionen typisch neuzeitlicher Prägung ist der Streit zwischen den Vertretern der Erfolgsethik und den Apologeten einer universalen Gesinnungsethik, deren einseitiges Interesse wiederum die Verantwortungsethik auf den Plan rief.

Spielt man die vier hier genannten ethischen Positionen begrifflich einmal für sich genommen durch, dann zeigt sich zweierlei: 1. für sich genommen und ausschließungsweise gegen die anderen Reflexionsformen gestellt, genügt keiner der erwähnten Standpunkte, um das Handlungswissen insgesamt zu umfassen und durchgängig zu bestimmen. Das Schielen auf den äußeren Erfolg verstellt oftmals den Blick für die wesentlichen Zwecke menschlichen Handelns, ohne daß damit das Bedenken möglicher Folgen für das Handlungswissen nebensächlich oder gar überflüssig wäre. Der gegen den äußeren Nutzen und gegen das bloße Erfolgsdenken gerichtete Standpunkt der Gesinnung ist ebenfalls kein Garant dafür, daß wirklich umsichtig gehandelt wird, ohne daß man in der Ethik auf die eigene Einsicht oder auf die Gesinnung verzichten könnte. Ein charakterloser Mensch ist doch oftmals daran kenntlich, daß er keinerlei Gesinnung hat. Ebenso wesentlich ist für das Entscheiden und Handeln der Menschen der Gedanke des Glücks, der zumeist gegen das bloße

Erfolgsdenken gestellt wird. Aber Glück allein ist nicht alles im Leben und wer dem Glück allein nachjagt, wird nicht nur im Falle des Unglücks bitter enttäuscht werden und schließlich sein Leben verlieren. Wenn man schließlich gegen den moralischen Standpunkt der Gesinnung eine Verantwortungsethik entwickelt, dann muß man sich die Grenzen deutlich machen, die im Gedanken der Verantwortung liegen, so wie wir ihn im Regelfall vertreten. Sein ganzes Leben verantworten zu wollen und für alles selbst die Verantwortung tragen zu wollen, führt entweder zu Handlungsunfähigkeit oder zu Verzweiflung und zum Wahnsinn.

Das zweite Resultat legt sich nahe, wenn man 2. die Einseitigkeit der vier genannten Positionen - und das sind gewiß nicht alle möglichen Ansätze der gegenwärtigen Ethik - für sich genommen begrifflich durchspielt und dabei erkennt, daß sie ihre Evidenz jeweils der negierten Gegenposition verdanken. Wie wir gleich sehen werden, müssen subjektive und objektive Reflexionen in einer Vernunftethik in eine Form des Wissens überführt werden, die alle wesentlichen Bestimmungsgründe menschlichen Handelns zusammenfassen und durchgängig bestimmen. Gegenüber dem bloß subjektiven Räsonieren und gegenüber dem reinen Erfolgsdenken wird beispielsweise so etwas wie eine »absolute Reflexion« gefordert. Mit anderen Worten, gesucht wird eine Form praktischen Wissens, in der sich subjektive und objektive Reflexionen gegenseitig befruchten und sich wechselseitig möglichst vollständig durchdringen oder hervorbringen.

Der Schlüssel für ein derartiges Wissen ist die von Aristoteles gestellte und von Hegel unter neuzeitlichen Bedingungen wiederholte Frage nach der inneren Zweckmäßigkeit eines an sich überzeugenden Handelns und überragender Werke. Es geht also zunächst und zuletzt in der Ethik um die alles entscheidende Frage, welche letzten Zwecke unser Handeln durchgängig bestimmen und welche Mittel im Hinblick auf diese maßgebenden Zwecke gerechtfertigt erscheinen. Dabei besteht die vorrangige Sorge des Handlungswissens offenbar darin, daß ein wahrhaft menschliches Leben in sachlich überzeugender Rede, in wirklich vernünftigem Denken sowie in einsichtigem Handeln und in den Werken der Kunst einen unverwechselbaren Ausdruck oder eine bleibende Gestalt gewinnt.

Zurückblickend auf dieses Schaukelsystem einander widersprechender und sich wechselseitig ablösender Positionen fällt auf, daß eine derartige Zuordnung von ethischen Konzepten nur möglich ist, wenn man 1. das Handlungswissen nach Maßgabe seiner inneren Zwecke interpretiert und die Ethik auf eben dieses Wissen durchgehend verpflichtet und wenn man 2. unter der genannten Voraussetzung den Standpunkt praktischer Vernunft durchgehend teilt, den seine modernen Kritiker nicht mehr begreifen.

Erst wenn man auf die immanente Vernünftigkeit und innere Zweckmäßigkeit einer in sich gelungenen Handlung reflektiert und wenn man die praktische Philosophie auf dieses Wissen unwiderruflich verpflichtet, durchschaut man das nämliche Gedankenspiel, dessen vorläufiges Ergebnis die Suspension und schließlich sogar die Negation aller praktischen Vernunft ist. M.a.W. erst wenn man das teleologische Argument innerhalb der praktischen Philosophie wieder geltend macht, begreift man, was der Ethik widerfuhr, als sie sich einseitig dem Gedanken des äußeren Erfolgs oder - im Gegenzug dazu - der reinen Maxime verschrieb. Denn das Abschätzen von möglichen Konsequenzen wie die Überprüfung der eigenen Absicht reflektieren sich gemeinsam, nur auf die entgegengesetzte Weise, vom Standpunkt handelnder Vernunft.

Die Maximenreflexion versteht sich vor einer möglichen Handlung und betrachtet die äußeren Umstände geradezu als unwesentlich. Umgekehrt beginnt die Folgenforschung dort, wo eine Handlung, die es zunächst in sich selbst zu beurteilen gilt, bereits an ihr eigenes Ende gekommen ist. Folgerichtig liefert weder die vulgäre Erfolgsethik noch die reine Moralphilosophie die Kriterien dafür, eine in sich geschlossene, aber in ihrer möglichen Bedeutung ausgreifende Handlung hinsichtlich ihrer immanenten Struktur und ihres eigenen Gelingens sachgerecht zu beurteilen. Wenn sich zu diesen beiden Grundfiguren der neuzeitlichen Ethik, nämlich der Erfolgs- und der Gesinnungsethik, nochmals Gegenpositionen ausbilden sollten, dann beschrieben sie das gleiche Elend jeweils nur von der Gegenseite.

Es drängte sich deshalb die Frage auf, ob es nicht besser wäre, zunächst wieder den Gedanken der inneren Zweckmäßigkeit einer in sich gelingenden Handlung in das Blickfeld des philosophischen Interesses zu rücken, um von daher auch Sinn und Reichweite typisch moralischen Räsonierens und des Erfolgsarguments recht abschätzen und im Zusammenhang eines in sich begründeten Handlungskonzepts entwickeln zu können. Denn nur auf diese Weise würde man wieder jener Gegenwart gerecht, die wir immer schon gemeint haben, wenn wir in praktischen Urteilen von gelingendem Handeln oder von geglücktem Vollbringen sprechen. Wir denken dabei an einen erfüllten Augenblick, an die Fülle der Zeit, die an sich selbst vollendet ist. Und weil sie an sich vollendet ist, hebt sie sich aus allem Gewohnten, aus allem Geplanten und Erwarteten heraus, ohne damit die Kontinuität mit dem Gewesenen und Kommenden, dem doppelten Nicht des Seins, zu verlieren. Wir denken also die gelingende Handlung gewissermaßen zeitlos als einen Akt, der in seiner Einmaligkeit gelegentlich *in nuce* ein ganzes, individuelles Leben und einen jeweils besonderen Charakter sehen läßt; bzw. wir denken an einen Akt, der als Anfang oder der genauer als »Ursprung« verstanden wird, aus dem eine Tat oder ein Werk hervorgeht, das auf unmittelbare und oftmals auf urbildliche Weise das Menschen-Mögliche, ja Göttliche, sehen läßt.

6. Von den Zwecken menschlichen Handelns und deren Vernünftigkeit

Was freilich derlei Zwecke betrifft, die den Komplex einer sinnvollen Handlung in sich ordnen und deshalb erst einsichtig machen, ist daran zu erinnern, daß derlei Zwecke und innere Maße, die ein Handeln zugleich ermöglichen und begrenzen, durchaus nicht vorrangig oder allein von der Art eines reflektierenden Selbstbewußtseins zu sein brauchen, wie wir dies im Zuge der Reflexions- und Willensmetaphysik vermuten. Die Zwecke, an denen sich menschliches Streben orientiert und die ein Handeln als Handeln erst einsichtig und gedanklich nachvollziehbar machen, sind doch zunächst und vor allem Zwecke der Natur: Selbsterhaltungs- und Gattungstrieb. Darüber hinausgehend lagern sich oberhalb dieser weitgehend noch instinktiv gesteuerten Verhaltensweisen Lebensformen und Handlungen an, deren Zweck weitgehend darin besteht, durch Nachahmung, Einübung und eigene Information in die sittliche Welt hineinzuwachsen, um in die Obhut und in den Genuß einer menschlichen Gesellschaft zu kommen, die nicht nur kollektive Selbsterhaltung, sondern die auch in physischer wie in kultureller Hinsicht eine Förderung und Steigerung der eigenen Vorstellungen, Fähigkeiten und Vermögen verspricht. Erst auf der Stufe der geistigen und moralischen Bildung erwacht also jenes Bewußtsein, das gelernt hat, für sich selbst allein aufzukommen, so daß ihm schließlich alle möglichen Zwecke seines Denkens, Redens und Handelns als seine Setzungen oder als eigene Leistung erscheinen.

Das alles sind uns Zwecke, die Angenehmes, Nützliches und Gutes bewirken und auf die hin unser Tun und Lassen - ob bewußt oder unbewußt - immer schon ausgerichtet ist, solange es zur Erhaltung und Vollendung unserer Existenz dient. Und es sind eben diese nämlichen Zwecke, deren Kenntnis uns auch erst erlaubt, das Handeln eines anderen

Menschen überhaupt zu verstehen, um es hernach im eigenen Urteil zu billigen oder zu verwerfen. Der letztgenannte Zweck aber, über den hinausgehend kein sinnvolles Handlungsmotiv mehr angegeben werden kann und der deshalb als Endzweck angesehen werden muß, schließt alle bisherigen Triebe der Selbsterhaltung, der Gattung und der Gesellschaftsbildung ein, ohne die er seinerseits unvollkommen und sogar lebensunfähig wäre.

Dieser in sich reflektierte Trieb zur eigenen Vollendung, den man denn auch treffend als »praktische Bildung« zu bezeichnen pflegt und der erst gelingende Handlungen ermöglicht, muß einerseits sehr scharf von den Gestalten des theoretischen Bewußtseins abgehoben werden, die einer anderen Logik folgen. Auf der anderen Seite muß die praktische Bildung, deren Zweck die Vollendung und Darstellung der eigenen Existenz im Rahmen einer menschlichen Gesellschaft und Kultur ist, von Vorstellungen freigehalten werden, die das Handeln vorrangig oder allein unter dem Blickwinkel des absichtlich Gewollten oder des technisch Machbaren sehen. Diese Gefahr ist umso höher einzuschätzen, weil die Logik der Technik darin besteht, die eigentlichen Zwecke menschlichen Handelns einseitig auf das willentlich Erstrebte zurückzuschrauben. Die Folge davon ist, daß in Fragen zweifelhafter Handlungsorientierung die Probleme auf das technisch Machbare oder selbst Herstellbare reduziert werden. Auf diese Weise wird aber das ursprüngliche Handeln sich selbst entfremdet.

Hat man nun gelernt, selbst gegenwendige Interpretationsmuster als Gegenseiten des gleichen Problems zu begreifen, dann sind derart gegensätzliche Argumente durchaus nicht auf konträre Positionen verteilt. Oftmals ist es doch der gleiche Gedanke, der sich im Laufe seiner Entwicklung sehr bald genötigt sieht, seine Opposition in die eigene Position einzufügen, um sie begrifflich umfassend ausarbeiten zu können. So hatte Kant beispielsweise, gegen die vulgäre Erfolgsethik gewandt, anfangs ausschließlich auf die Reinheit einer moralischen Maxime gesetzt, um dann später zu betonen, nicht »ein wachsendes Quantum der Moralität in der Gesinnung« bürge für den Fortschritt der Menschheit, sondern die »Vermehrung der Produkte ihrer Legalität in pflichtmäßigen Handlungen, durch welche Triebfedern sie auch veranlaßt sein mögen«. M.a.W. im Gegensatz zu seiner anfänglich rein moralischen Position sah sich Kant genötigt, einzuräumen, daß erst die »guten Taten der Menschen« zu einer wirklichen Verbesserung der Situation führen.

Zur rechten Einschätzung der nachfolgenden Geschichte des sittlichen Gedankens gehört freilich die Erkenntnis, daß wir uns bis heute nicht aus dem Widerspruch von sittlichen und moralischen Argumenten herausdrehen konnten. Weil wir aber nicht vermochten, aus dem Schatten dieser Art von Reflexionsphilosophie herauszutreten, bewegen wir weiterhin Gegensätze, die das sittliche Wissen zu spalten drohen und in die Entfremdung führen. Zu diesen Aporien gehört auch die geläufige Entgegensetzung von Sein und Sollen ebenso wie das Widerspiel von Endlichkeit und Unendlichkeit. In dieser Hinsicht nehmen sich die Versuche derer nicht besser aus, die sich schließlich auf nicht-rationale Motive willentlichen Handelns berufen. Deren Absicht besteht doch darin, sich dem Standpunkt praktischer Vernunft zu entziehen.

Die Folge dieser Verweigerung besteht denn auch darin, daß die Reflexion die sittliche Wirklichkeit erst gar nicht sachgerecht aufnimmt und die treibenden Motive des Handelns als Ideale oder Utopien in das Jenseits der eigenen Vorstellung verbannt. Damit ist aber nicht nur der Gedanke einer praktischen Wahrheit in sich zerrissen, sondern auch die anstehende Frage verstellt worden, was unter neuzeitlichen Bedingungen unter sittlichem Handeln zu verstehen sei. In Kennzeichnung dieser mißlichen Lage sprachen denn auch Schelling, Hegel oder Kierkegaard von verzweifelter Vernunft - eine Situation, die durch zweckrationale Systementwürfe ebensowenig überwunden wird wie durch Appelle eines Glaubens, der seine Gewißheit lediglich der Negation des Verstandes und der Vernunft verdankt.

Literatur:

Pleines, Jürgen-Eckardt: Praxis und Vernunft. Würzburg-Amsterdam 1983.

Ders.: Eudaimonia zwischen Kant und Aristoteles. Würzburg 1984.

Ders.: Einführung in praktische Vernunft. 2 Bde. Würzburg 1987/89.

Ders.: Studien zur Bildungstheorie. Darmstadt 1989.

Ders.: Begreifendes Denken. Hildesheim-Zürich-New York 1990.

Ders.: Studien zur Ethik. Hildesheim 1991.

Ders.: Zum teleologischen Argument in der Philosophie. Aristoteles, Kant, Hegel. (Hrsg. u. Mitarb.). Würzburg 1991.

Ders.: Verstand, Glaube, Vernunft. Ein Traktat zu praktischer Vernunft. In: Vierteljahrsschrift für wissenschaftliche Pädagogik 66 (1990), S. 129 - 157.

Ders.: Teleologie. Chance oder Belastung für die Philosophie? In: Zeitschrift für philosophische Forschung, Bd. 44 (1990), S. 375 - 398.

Ders.: Das Dilemma der Ethik. Positionen und Probleme der Gegenwart [Rezension]: K.-O. Apel, A. Heller, D. Henrich, V. Hösle, W. Marx, W. Schulz, R. Spaemann. In: Philosophische Rundschau 38 (1991), S. 48 - 82.

Ders.: Zur Lage der Ethik. Versuch einer vergleichenden Interpretation. In: Vierteljahrsschrift für wissenschaftliche Pädagogik 67 (1991), S. 136 - 164.

Yung-Yae Han
Anselm W. Müller

Moralische Erziehung ohne Fundament

VORBEMERKUNGEN

Die folgenden Bemerkungen skizzieren die Zielsetzung und den Aufbau dieses Beitrags. Sie grenzen das Thema ab und klären einzelne terminologische Fragen.

1. In diesem Beitrag stellen wir die Idee einer Begründung moralischer Erziehung infrage. Zunächst (I) konfrontieren wir die Forderung nach *moralischer Erziehung* mit dem Problem, Moral nicht begründen zu können. Um die Auflösung dieses Problems vorzubereiten, stellen wir sodann (II) als Gegenmodell zum kartesischen Deduktionismus Wittgensteins Analyse der *Gewißheit grundlegender Überzeugungen* vor. Im Hauptteil des Beitrags (III) wenden wir die Grundgedanken dieser Analyse auf moralische Überzeugungen an. Nachdem sich gezeigt hat, daß eine *Begründung moralischer Prinzipien weder möglich noch erforderlich* ist, untersuchen die anschließenden Abschnitte (IV und V), ob dann moralische Maßstäbe und ihre Vermittlung *rational vertretbar* seien. Unsere zunächst destruktive Argumentation führt nicht zum Skeptizismus, sondern zu einer realistischen Sicht der Rationalität moralischer Erziehung, zu einem vertieften moralphilosophischen Verständnis ihrer grund-legenden Bedeutung und zu Kriterien für die Möglichkeit von Kritik und Innovation im Bereich moralischer Maßstäbe.

2. Die moralische Erziehung, von der hier die Rede sein soll, ist pädagogische Hinführung zur *persönlichen Sittlichkeit*, zur *moralischen Einstellung*. Zu einer solchen Einstellung gehören (mehr und weniger prinzipielle, zunehmend eigenständige) moralische *Überzeugungen*, die wir allerdings im Sinne *praktischer* Urteile verstehen; sie sind also (unserer

Terminologie zufolge) von entsprechenden Verhaltensorientierungen untrennbar und per se - wenn natürlich auch nicht unfehlbar - handlungsleitend. Auch von moralischen *Maßstäben* und *Maximen* sprechen wir im selben Sinn. Sozialethische Wertungen, Normen usw. haben wir nicht in die Betrachtung einbezogen. Denn die Frage, wie eine Gesellschaft verfaßt sein solle, hat zwar - gerade unter den gegenwärtigen politischen, ökologischen und zivilisatorischen Bedingungen - nicht weniger Gewicht als die Frage, wie ein Individuum sich verhalten solle; aber im Kontext einer grundlegenden moralischen Erziehung stehen sicher Maßstäbe des individuellen Verhaltens im Vordergrund. Ihrem Gehalt nach mögen diese Maßstäbe durchaus von sozialethischen Vorstellungen mitbestimmt sein.

3. Wo wir Fragen der *Motivation* zu einer moralischen Verhaltensorientierung ansprechen, lassen wir metaphysische und religiöse Überzeugungen außer Betracht, um uns auf *unstreitige* Zusammenhänge zu konzentrieren. »Metaphysisch« nennen wir in diesem Kontext z.B. Kants Behauptung eines »Faktums der praktischen Vernunft«, Wittgensteins Mystik einer unaussprechlichen absoluten Forderung und die traditionelle religiöse Deutung des Gewissens als Stimme Gottes. Unter Voraussetzung einer metaphysischen oder religiösen Überzeugung ergäben sich zusätzliche Anhaltspunkte für das Thema Motivation.

4. Wir vermeiden Fragen nach der Vertretbarkeit *bestimmter* moralischer Maximen. Daher konzentrieren wir uns in unseren Beispielen auf jenen *Kern* der Moral, der in der Motivation des Verhaltens die *Rücksicht auf andere Menschen* verlangt. Dabei ist uns durchaus bewußt, daß als moralische Maximen auch Überzeugungen angesehen werden können, die nicht in dieser Motivation wurzeln. Das sind insbesondere Überzeugungen von der Notwendigkeit, in bestimmter Weise für das *eigene* Wohl zu sorgen, und Überzeugungen, die einen Hinblick auf menschliches Wohlergehen *überhaupt nicht* implizieren, wie z.B. die Überzeugung, man schulde Gott Verehrung, oder: alles, was lebt, sei zu schonen, und vielleicht die Überzeugung, man dürfe *niemals* lügen. Auch solche Überzeugungen betrifft unsere Argumentation; wir setzen aber hier nicht voraus, daß sie moralische Überzeugungen darstellen.

5. Moralische Erziehung kann sich vom Kleinkindalter bis zur Jugend erstrecken. Dementsprechend verwenden wir den Ausdruck »Erzieher« in einem weiten Sinn, der Mütter und Väter, Kindergärtner und Kindergärtnerinnen, Lehrer/innen, Jugendpfleger/innen und sonstige Personen einschließt, die dafür mit-verantwortlich sind, was Säuglinge, Kinder, Jugendliche lernen.

6. Wir verstehen unsere Arbeit als einen Beitrag zur philosophischen Klärung des *Verhältnisses zwischen Ethik und Pädagogik*, genauer: als Aufweis, daß Moralphilosophie für die Orientierung moralischer Erziehung weitgehend irrelevant sein muß, daß andererseits ein angemessenes Verständnis der Relevanz moralischer Erziehung für die Moral wiederum für die Moralphilosophie relevant ist. (Den Ausdruck »*Ethik*« vermeiden wir im folgenden zugunsten einer für das neuere Denken charakteristischen Unterscheidung zwischen *Moralphilosophie* und *Moral*.) Folgerungen für die pädagogische Ethik im Sinne von moralischen Maximen der erzieherischen Betätigung »werden dem Leser als Aufgabe überlassen«.

I. VORSTELLUNG DER PROBLEMKONSTELLATION

1. Die Pädagogik vor einem Dilemma

Die in der Erziehungswissenschaft um sich greifende Beschäftigung mit Fragen der Ethik und ihrer Bedeutung für die pädagogische Praxis steht vor einem Dilemma: Einerseits stellt sich (wieder) die Einsicht ein, daß pädagogisches Denken sein Thema verfehlt, wenn es die Frage ausklammert, welche Ziele erzieherische Bemühungen verfolgen und welche Rolle dabei insbesondere moralische Maßstäbe spielen sollen. Andererseits hat man - von der Schlange philosophischer Kritik verführt bzw. aufgeklärt - vom Baum der Erkenntnis von Gut und Böse gegessen: wir denken an die - zumindest vermeintliche[1] - Erkenntnis, daß Gut und Böse selbst durchaus keine Gegenstände der Erkenntnis sind, daß moralische Maximen sich nicht beweisen lassen, daß sich insbesondere aus Tatsachen nicht schließen läßt, was sein soll - also auch nicht, was ein Erzieher erstreben soll; für die *Beantwortung* der Frage nach den richtigen Zielen und speziell nach den vertretbaren moralischen Maßstäben scheint es also gar keine Anhaltspunkte zu geben.

Wie ist dem Dilemma zu entkommen? Ist man von seiner ersten Herausforderung, nämlich von der Notwendigkeit beeindruckt, die Frage nach pädagogischen Zielen und moralischen Maßstäben zu beantworten,

[1] Das Wort »vermeintlich« erlauben wir uns in diesem Zusammenhang, weil die Dichotomie von Wertungen und Tatsachenurteilen meist als eines der (wenigen) sicheren Ergebnisse, die die Moralphilosophie hervorgebracht habe, vorausgesetzt, nicht jedoch mit ernsten Argumenten vertreten oder überprüft wird. Als Gegengift eignen sich beispielsweise die Analysen von Anscombe, Foot und Frankena (Grewendorf / Meggle 1974).

so wird man versuchen, doch noch Wege zu finden, Ziele und Maßstäbe zu begründen. Hat man sich andererseits davon überzeugen lassen, daß so eine Frage nicht über Begründungen zu beantworten sind, so wird man agnostisch, vermutlich auch subjektivistisch reagieren. Als »moralischen Agnostizismus« bezeichnen wir die Auffassung, es gebe im Bereich moralischer Maximen und Urteile nichts zu *wissen*. »Subjektivismus« nennen wir den Versuch, trotz Agnostizismus dem moralischen Vokabular unter Rekurs auf individuelle Wertung, Option o.ä., also durch »non-kognitivistische« Deutung moralischer Urteile, einen Sinn abzugewinnen.

Die agnostische Position scheint uns - auch in der Form des moralischen Subjektivismus - weder für den Erzieher vollziehbar noch für den Erziehungswissenschaftler vertretbar zu sein. Wir begnügen uns im vorgegebenen Rahmen mit der Skizze einer Begründung dieser Auffassung. (Für den Zweck der weiteren Erörterungen empfiehlt sich eine *Terminologie*, die moralische Urteile ausschließt, wo von *»Tatsachenurteilen«* die Rede ist. Wir setzen aber nicht voraus, daß moralische Urteile nicht durch Tatsachen verifiziert werden können.)

Der beschriebenen Problemsituation müßte eigentlich in denkenden Menschen - und da sollen »agnostische« Erzieher natürlich nicht ausgenommen werden - eine Art Bewußtseinsspaltung entsprechen: Man »weiß«, daß es in Fragen des richtigen Verhaltens nichts zu wissen gibt; gleichzeitig setzt man im eigenen Verhalten - gegebenenfalls auch als Erzieher - und in der alltäglichen Reflexion und Diskussion über eigenes und fremdes Verhalten die Gültigkeit moralischer Maßstäbe und auch weitgehenden Konsens darüber mit großer Selbstverständlichkeit voraus. (Insbesondere scheint Agnostizismus keineswegs den Ton moralischer Entrüstung und Empörung auszuschließen, in dem »unmoralisches« Verhalten anderer Menschen »verurteilt« wird!)

Sofern ein Erzieher von dem überzeugt sein muß, was er vermittelt, läßt sich die beschriebene »Bewußtseinsspaltung« mit erzieherischer Betätigung nicht vereinbaren. Auch wird sich die Auffassung, es gebe über Gut und Böse nichts zu *wissen*, gerade bei dieser Betätigung nicht aus der Praxis heraushalten lassen. Denn der Erzieher steht, wenn schon nicht aufgrund einer Verantwortung (die der Agnostiker vermutlich leugnen muß), so doch angesichts der zunehmenden Eigendynamik seines heranwachsenden Gegenübers immer wieder vor der *praktischen* Notwendigkeit, zu überprüfen, was er vermittelt; nach welchen Maßstäben er dies auch tun mag: es ist undenkbar, daß wirklicher moralischer Agnostizismus sich hier nicht als Tendenz zur Indifferenz auswirkt. (Ein wenigstens partieller moralischer Agnostizismus dürfte, gerade auf dem Weg über entsprechend gefärbte Erziehung, den Schwund an moralischem Konsens in unserer Gesellschaft mitbestimmen.)

An dieser Stelle nun ist mit dem Einwand des Subjektivisten zu rechnen: Man muß zwar auf alles Streben nach Objektivität im Bereich der Moral verzichten; dennoch kann jeder als »moralisch gut« - innerhalb gewisser Grenzen - ohne Sprachmißbrauch bezeichnen, was er für wünschenswert hält oder wozu er sich »verantwortlich« entschieden hat. Warum sollte er seine Einstellung oder Option nicht als Erzieher zu vermitteln suchen? (Auch dies mag zu seiner Option gehören.)

Diese Position scheint uns konsistent zu sein - sofern der moralische Subjektivismus konsistent ist. Sie läßt sich aber nicht als *pädagogische* Position verstehen - jedenfalls nicht, solange Erziehung einen Anspruch auf Rationalität erhebt[2] und ihr Begriff impliziert, daß sie ihre Maßstäbe objektiven Gesichtspunkten individuellen Gedeihens und gesellschaftlicher Erfordernisse zu entnehmen sucht. Die Einflußnahme des Subjektivisten ist Überredung, nicht Unterweisung; Manipulation oder vielleicht Training, aber nicht Erziehung.

2. Herausforderung der Erziehungsphilosophie

In derartigen Erörterungen wird die Pädagogik aber keinen bleibenden Trost finden. Denn die Unvereinbarkeit erzieherischer Tätigkeit mit Agnostizismus und Subjektivismus ist keine Antwort auf die Frage, ob diese Theorien nicht vielleicht wahr sind. Und falls sie *nicht* wahr sind, bleibt unklar, wie denn 1. eine Gegenposition zu begründen und moralische Erziehung zu rechtfertigen und 2. Klarheit darüber zu gewinnen sei, *welche* moralischen Maßstäbe man zu akzeptieren und gegebenenfalls zu vermitteln habe.

Daher findet sich unter Moralphilosophen und Erziehungswissenschaftlern ein sachte ansteigendes Begründungsfieber nach dem Motto: Es

2 Die »Universalisierbarkeit« der Forderung, die nach präskriptivistischer Auffassung moralische von anderen Willensorientierungen unterscheidet, soll Zeichen der Rationalität sein. Allgemeinheit ist aber nur insofern ein Kennzeichen des Vernünftigen, als sie *grundlose Unterscheidung und Willkür ausschließt*. Die präskriptivistische Universalisierbarkeit dagegen beruht gerade *nicht* auf einem der moralischen Option *vorausliegenden*, begründenden Zusammenhang zwischen einem (»deskriptiven«) Aspekt einer Verhaltensweise und ihrer moralischen Einordnung.

hilft alles nichts; eine bessere ethische Theorie muß herbei, die - vielleicht auf neuen Wegen - die erforderlichen Nachweise führt. Moralische Erziehung ohne Fundament ist sozusagen unmoralische Erziehung.

Aber auch diese Reaktion auf das eingangs beschriebene Dilemma der Pädagogik ist unbefriedigend: Man kann zwar auf neuere, etwa transzendentalpragmatische, diskurs-ethische oder »aristotelische« Versuche verweisen, einen objektiven Geltungsanspruch moralischer Maximen zu begründen. Aber eine allseits oder auch nur weitgehend rezipierte moralphilosophische Grundlegung solcher Maximen gibt es nicht. Sollen also denkende Menschen mit dem Leben oder wenigstens Erzieher mit dem Erziehen so lange warten, bis ein Konsens erzielt worden ist?[3] Und ist es viel weniger unsinnig, sich einzureden, jede moralische Bemühung und insbesondere jeder Versuch moralischer Erziehung könne nur sozusagen auf Pump als vernünftig gelten: insofern sie nämlich auf eine Begründung bzw. Rechtfertigung vorgreifen, deren man sich erst in der Zukunft zu versichern hofft? Muß sich da nicht der Verdacht regen, daß der Begriff des moralischen Wissens mißverstanden und falsche Ansprüche an die begründende Vernunft gestellt werden? Das Begründungsfieber scheint eher Symptom des Gebrechens als seiner Überwindung zu sein.

Dennoch ist es nicht damit getan, daß Erzieher, von solchen Problemen unberührt, ihrer Aufgabe weiter nachgehen - schon deshalb nicht, weil akademische Dispute und Positionen auf Dauer die Praxis *nicht* unberührt lassen. Man wird zwar Eltern und sonstigen Erziehern *nicht* unbedingt eine Auseinandersetzung mit philosophischen Argumenten für den moralischen Agnostizismus abverlangen. Aber wie sollen ***Erziehungswissenschaftler*** und ***Moralphilosophen*** auf dem Hintergrund solcher Argumente das Verhalten des (vielleicht »unberührten«) Erziehers verstehen, einordnen, bewerten, rechtfertigen, kritisieren, korrigieren, verwerfen? Können sie es ohne Bewußtseinsspaltung dabei bewenden lassen, daß moralische Maßstäbe und moralische Erziehung zwar nicht begründbar sind, daß man aber einstweilen für den Erzieher (oder vielleicht doch nur für den Kollegen) Gedanken darüber entwickeln und publizieren kann, wie der ethische Anteil an Erziehung oder Unterricht zu gestalten sei, unter welchen Umständen z.B. Kohlbergs Fallbeispiele nützlich seien usw.? Soll Erziehungstheorie unter dem Vorzeichen von ***möglichen*** Erziehungszielen

[3] »Man pflegt uns daher zu raten, wir sollten erst philosophisch die geistige Einheit und Absolutheit erarbeiten [...]. Aber die Erziehung kann auf die Vollendung dieser Reife so wenig warten wie das Leben sonst. So wenig wir mit dem Leben pausieren können, so wenig können wir mit der Erziehung pausieren« (Spranger 1969, S. 74).

arbeiten, die vorläufig in der Luft hängen, vielleicht aber auch endgültig zu dieser schwebenden Existenz verurteilt sind?

II. GEGENÜBERSTELLUNG ZWEIER GEWISSHEITSMODELLE

3. Die Gewißheit von Tatsachenurteilen

In Kontroversen über die Begründbarkeit moralischer Urteile scheinen sich die unterschiedlichsten Positionen darüber einig zu sein, daß alles auf das logische Verhältnis zwischen »sein« und »sein sollen« ankommt. Die Idee einer Herleitung moralischer Maximen aus Tatsachenurteilen zieht offensichtlich alle Aufmerksamkeit in ihren Bann - auf Kosten anderer Probleme. Zu diesen gehört etwa die Frage, wie man denn zu *Tatsachenurteilen* gelangt. Freilich - wenn nicht Wertungen, sondern *Tatsachenurteile* aus Tatsachenurteilen *abgeleitet* werden, sind Skrupel nicht angebracht. Aber es ist klar, daß wir in wiederholten Schritten dieser Art theoretisch irgendwann und praktisch meist sehr bald zu dem Punkt gelangen, an dem wir ein Tatsachenurteil akzeptieren, ohne es mit anderen Urteilen begründen zu können.

Wir möchten im folgenden der Frage nachgehen, wie es um die Berechtigung eines solchen nicht begründeten Urteils steht, und dann prüfen, welches Licht eine Beantwortung dieser Frage auf den Bereich moralischer Urteile wirft.

Eine in der Philosophiegeschichte einflußreiche Antwort hat bekanntlich Descartes formuliert. Seinen *Regulae ad directionem ingenii* zufolge liegt der Ausgangspunkt »gewisser und unbezweifelbarer Erkenntnis« in Urteilen, deren Wahrheit uns durch »klare und evidente« *Intuition* gegeben ist (Regel II: 1973, S. 4); nur was aus diesem Fundament durch sichere *Deduktion* ableitbar ist, das wissen wir (Regeln III und V: 1973, S. 8 und S. 15)[4]. Dabei sind Überzeugungen anderer ebenso unmaßgeblich

---

[4] »Klarheit und Distinktheit« als Kriterium eines verantwortbaren Urteils formuliert die »erste Vorschrift« in Descartes' Discours de la Méthode (II 7), nämlich: »niemals eine Sache als wahr anzuerkennen, von der ich nicht evidentermaßen erkenne, daß sie wahr ist: d.h. Übereilung und Vorurteil sorgfältig zu vermeiden und über nichts zu urteilen, was sich meinem Denken nicht so klar und deutlich darstellte, daß ich keinen Anlaß hätte, daran zu zweifeln« (1960, S. 31).

wie eigenes Vermuten: die Grundlagen des Wissens muß jeder bei sich selbst legen (Regel III: 1973, S. 8)[5].

So jedenfalls das kartesische Programm. Der britische Intuitionismus des 19. Jahrhunderts, den z.B. Sidgwick vertritt und den Moore, Price und Ross in unserem Jahrhundert aufgreifen, läßt sich als analoge Unterscheidung unbezweifelbarer (fundamentaler) und begründbarer (herleitbarer) *moralischer* Urteile auffassen.[6] Die Position, die wir hier vortragen möchten, stellt diesen Intuitionismus - man könnte auch von Deduktionismus oder *foundationalism* sprechen - infrage. Sie lehnt sich an Wittgensteins Äußerungen über Wissen, Überzeugung, Begründung usw. in der 1969 postum erschienenen Schrift *Über Gewißheit* an. Diese Schrift - die übrigens moralische Überzeugungen *nicht* berücksichtigt - kann teilweise als Entmythologisierung (Abschnitt 4), teilweise als Zurückweisung (Abschnitt 5) der kartesischen Antwort verstanden werden.

4. Gewißheit und Handeln

Entmythologisiert wird der Begriff des *unbezweifelbaren* Urteils. Nicht, als gäbe es keine solchen Urteile. Aber ihre Gewißheit liegt für Wittgenstein nicht in einer Intuition der Wahrheit klarer und distinkter Ideen, sondern in der Sicherheit und fraglosen Selbstverständlichkeit des Verhaltens, in dem sich Überzeugungen manifestieren. »Woher *weiß* ich, daß das meine Hand ist? [...] nicht, daß ich im mindesten daran *zweifle*. Es ist hier eine Grundlage meines ganzen Handelns« (1969, § 414).[7] Überzeugungen dieser Art lassen sich dann auch als Urteile artikulieren. Aber sie liegen dem Verhalten nicht als Voraussetzungen oder Gesichtspunkte zu-

---

5 Für seine Person erklärt Descartes schon im Discours (II 2), »daß [...] ich, bezüglich all der Meinungen, die ich bisher unter meine Überzeugungen aufgenommen hatte, nichts Besseres unternehmen könne, als sie einmal ernstlich wieder abzulegen, um sie nachher entweder durch andere, bessere zu ersetzen oder auch durch dieselben, wenn ich sie an der Vernunft gemessen haben würde« (1960, S. 23; vgl. auch den Schluß des vorangehenden Abschnitts II 1, S. 21/23). Das Ideal einer Rationalität ohne jeden inhaltlichen Ausgangspunkt, die sich also am eigenen Schopf aus dem Sumpf zieht!

6 Im Discours (I 10) deutet Descartes selbst an, daß wie die Mathematik *so auch die Ethik*, von unbezweifelbaren Prämissen ausgehend, ihre Urteile deduzieren sollte (1960, S. 13).

7 Von ähnlichen Ausführungen wimmelt es in *Über Gewißheit*. Hier noch ein Beispiel: »Das Kind lernt nicht, daß es Bücher gibt, daß es Sessel gibt, etc. etc., sondern es lernt Bücher holen, sich auf Sessel [...] setzen, etc.« (Wittgenstein 1969, § 476).

grunde, die berücksichtigt wurden. Eher könnte man sagen: sie lassen sich als zugrunde liegende »Annahmen« aus dem Verhalten eruieren.[8]

Mit Descartes ist sich Wittgenstein darin einig, daß begründeten Urteilen unbegründete Urteile in irgendeinem Sinn[9] zugrunde liegen. Unbezweifelbar gewiß sind aber diese Urteile nicht etwa, weil sie eine Schau, eine Perzeption durch den Intellekt wiedergeben. Sondern weil sie in der Form der *Tatsachen-Aussage* nachträglich eruieren oder kodifizieren, was zunächst nur selbstverständliche Konstante einer *unerschütterlichen Vorgehensweise* ist. »Die Begründung aber, die Rechtfertigung der Evidenz kommt zu einem Ende; - das Ende aber ist nicht, daß uns gewisse Sätze unmittelbar als wahr einleuchten, also eine Art Sehen unsrerseits, sondern unser Handeln, welches am Grunde des Sprachspiels liegt« (Wittgenstein 1969, § 204). Also nicht: »Ich habe es mit eigenen Augen gesehen - nur eben in diesem Fall mit denen des Geistes.« Sondern: »Natürlich machen wir das so, wem käme denn etwas anderes in den Sinn?«

»Natürlich«. Hier dürfen wir uns von diesem Wort tatsächlich einmal an *Natur* erinnern lassen. Genauso natürlich wie andere Organismen erwarten wir beispielshalber von gleichen Dingen unter gleichen Bedingungen gleiche Reaktionen; genauso natürlich wie die begabteren Tiere übertragen wir Erlebtes auf gleichartige Situationen. Und genauso »natürlich« geht das - bei uns ebenso wie bei der Kohlmeise - ohne irgendeine Variante des *Axioms* »Gleiches verhält sich unter gleichen Umständen gleich, erst recht brauchen wir für dieses »Prinzip der Induktion« keine *Rechtfertigung*, bevor wir unser Verhalten »darauf bauen«.

»Das Eichhörnchen schließt nicht durch Induktion, daß es auch im nächsten Winter Vorräte brauchen wird. Und ebensowenig brauchen wir ein Gesetz der Induktion, um unsre Handlungen und Vorhersagen zu rechtfertigen« (Wittgenstein 1969, § 287; vgl. § 499 f.). Im Unterschied zur Kohlmeise und zum Eichhörnchen ist allerdings der Mensch in der

---

8 »Wenn ich sage '*Wir nehmen an*, daß die Erde schon viele Jahre existiert habe' (oder dergl.), so klingt es freilich sonderbar, daß wir so etwas *annehmen* sollten. Aber im ganzen System unsrer Sprachspiele gehört es zum Fundament. Die Annahme, kann man sagen, bilde die Grundlage des Handelns, und also natürlich auch des Denkens« (Wittgenstein 1969, § 411; vgl. §§ 151-153).

9 Grundlegende Überzeugungen können in Begründungen als Prämissen dienen. Sie können aber - Wittgensteins Konzeption zufolge - auch Bedingungen des Begründungsverfahrens betreffen (vgl. 1969, § 94-96); das gilt z.B. vom Induktionsprinzip (1969, §§ 167, 284, 287) oder von unserem Zutrauen in Gedächtnis- und Sinnesevidenz (1969, § 201) oder etwa (im Hinblick auf die Paläontologie) von der Annahme, die Erde habe schon lange existiert (1969, §§ 288, 231, 411).

Lage, in seinem eigenen Verhalten Erwartungen zu entdecken, die er als Verallgemeinerungen von Erlebtem darstellen kann. Wenn er philosophisch gesonnen ist, mag er darüber hinaus versuchen, im Zuge solcher Verallgemeinerung ein Induktionsprinzip und vor allem Regeln der verläßlichen Induktion zu formulieren. Und wenn seine Philosophie schlecht ist, wird er auch noch versuchen, das Induktionsprinzip zu begründen oder aber als irrational zu erweisen.

Die »Natürlichkeit« einer selbstverständlichen, unzweifelhaften Überzeugung kann auch soz. »*zweite* Natur« sein. D.h.: Wir treffen die Überzeugung nicht bei allen Menschen an; sie gehört zum Weltbild einer *bestimmten Kultur*, die Alternativen zuläßt. Aber diese Überzeugung wird den Individuen des jeweiligen Kulturkreises oder kulturellen Kontextes als *Selbstverständlichkeit* vermittelt. Und wüchsen sie nicht von Kind auf in *dessen* Überzeugungen hinein, dann eben in die eines anderen Kulturkreises. Die meisten von uns z.B. gehen in ihrem sozialen Verhalten implizit davon aus, daß man auf das Leben anderer Personen durch physische Einwirkung sowie durch überzeugende Argumente Einfluß nehmen könne, nicht aber durch schieres Wünschen. Dem stehen in anderen Gesellschaften selbstverständliche und erfolgsgewisse Praktiken des Verwünschens und des Segnens gegenüber - wie in der alttestamentlichen Geschichte von Balak und Bileam (Numeri 22-24).

Es geht hier nicht um logisch wahre Sätze, sondern um solche, die sich ihrem Inhalt nach auf Erfahrbares beziehen. Diese Erfahrungssätze sind allerdings dadurch ausgezeichnet, daß wir sie tatsächlich nicht an der Erfahrung überprüfen, sondern im Gegenteil bei der Überprüfung anderer Erfahrungssätze als gewiß in Anspruch nehmen. Dabei muß ihr Inhalt nichts Allgemeines an sich haben. Wittgensteins häufig herangezogener Beispielsatz »Ich heiße L. W.« (z.B. 1969, § 470) betrifft ein einzelnes ganz zufälliges empirisches Faktum und ist doch *für ihn* unbezweifelbar. Für ihn ist dieses Faktum in *tägliche Handlungszusammenhänge* verwoben, die es jedem *Zweifel* entziehen. Überhaupt sind die von Wittgenstein untersuchten Gewißheiten auf vielfache Weise voneinander verschieden. Gemeinsam ist ihnen, daß »sie alle im System unsrer empirischen Urteile eine *ähnliche* Rolle spielen« (1969, § 137), daß sie sich nämlich irgendwie in der Selbstverständlichkeit des Handelns und in den Bahnen manifestieren, die unser ganzes Denken, Forschen usw. leiten: »Die *Wahrheit* gewisser Erfahrungssätze gehört zu unserm Bezugssystem« (1969, § 83).

Eine Überzeugung, die uns auf die eine oder andere Weise selbstverständlich, »natürlich«, unzweifelhaft ist, muß nicht *wahr* oder prinzipiell inkorrigibel sein. Was wir in unserem Handeln als unfehlbar behandeln, ist deshalb noch nicht wirklich unfehlbar. Ein seit dem Astronauten Gagarin und erst recht seit der ersten Mondlandung berüchtigtes Beispiel liefert unfreiwillig Wittgenstein selbst mit seiner Antwort auf die Frage »Ist es nicht wahr, oder aber falsch, daß jemand auf dem Mond war?«: »Wenn wir in unserem System denken, so ist es gewiß, daß kein Mensch je auf dem Mond war. Nicht nur ist uns so etwas nie im Ernst von vernünftigen Leuten berichtet worden, sondern unser ganzes System der Physik verbietet uns es zu glauben. Denn diese verlangt Antworten auf die Fragen: 'Wie hat er die Schwerkraft überwunden?', 'Wie konnte er ohne Atmosphäre leben?' und tausend andere, die nicht zu beantworten wären.« (1969, § 108). Vor allem würden wir - so Wittgenstein im Jahre 1950 - ohne Zögern z.B. einem Kind, dem jemand von einer Reise zum Mond erzählt hat, versichern, »es sei nur ein Scherz gewesen, so und so sei nicht auf dem Mond gewesen; niemand sei auf dem Mond gewesen; der Mond sei weit, weit von uns entfernt und man könne nicht hinaufsteigen oder hinfliegen« (1969, § 106).

Das also meinen wir mit »Entmythologisierung des unbezweifelbaren Urteils«: Wenn wir das tatsächliche Auftreten eines solchen Urteils im Zusammenhang menschlichen Lebens studieren, erscheint es nicht als Wiedergabe einer geistigen Schau. Vielmehr fördert die Besinnung auf Selbstverständlichkeiten unseres alltäglichen *Handelns und Redens* Gewißheiten, fundamentale Überzeugungen zutage. Fundament sind diese Überzeugungen nicht so, als gründeten wir die Zuversicht, mit der wir etwas tun oder lassen, auf die Kenntnis ihrer Wahrheit. Vielmehr haben wir alles Mögliche *zu tun bzw. zu lassen gelernt*; die Tatsachen, ohne die das entsprechende Handeln nicht möglich oder nicht verständlich wäre, haben wir dabei *mitgelernt*; und die Gewißheit dieser Tatsachen[10] ist nichts anderes als die Zuversicht des Handelns, in dem sich manifestiert, von welchen Tatsachen wir überzeugt sind. An die Stelle des kartesischen Mythos von einer privaten geistigen Schau nicht weiter begründbarer aber grundlegender Wahrheiten setzt Wittgenstein die Beschreibung jedermann be-

---

[10] Hier ist zunächst an die »subjektive« Gewißheit zu denken. Vgl. Wittgenstein 1969, § 194.

obachtbarer Handlungszusammenhänge, deren fraglose Aneignung die Aneignung fragloser Überzeugungen einschließt[11].

5. *Gewißheit und Begründbarkeit*

Wittgenstein weist aber auch einen Aspekt der kartesischen Gewißheitsvorstellung ganz zurück: die Auffassung nämlich, daß unsere Überzeugungen prinzipiell in *grundlegende* und auf sie *gegründete*, in selbst-evidente und von anderen Überzeugungen abhängige eingeteilt werden können.

Das angeführte Beispiel einer Selbstverständlichkeit, die zu unserem Weltbild nicht mehr gehört, - die Überzeugung von der Unerreichbarkeit des Mondes - kann deutlich machen, was hier gemeint ist. Diese Überzeugung ist nämlich nicht nur dadurch interessant, daß sie falsch ist (und dadurch zeigt, daß nicht unbedingt unfehlbar ist, was unbezweifelbar ist). Sie illustriert auch die Komplexität der Abhängigkeitsverhältnisse zwischen Erfahrungssätzen. Sie gehört einerseits zu Wittgensteins »unerschütterlichen Überzeugungen«, zu denen er »nicht bewußt durch bestimmte Gedankengänge [...] gelangt« ist (1969, § 103; vgl. § 86) und die es ihm z.B. erlauben, gewisse Möglichkeiten von vorn herein auszuschließen - so etwa die Möglichkeit, daß die Geschichte von der Mondreise (1969, § 106) ernst gemeint sein könnte. Solche Überzeugungen dienen eher der Überprüfung anderer Annahmen als selbst eine Überprüfung zuzulassen. »Daß ich nicht auf dem Mond gewesen bin, steht für mich ebenso fest wie irgend eine Begründung dafür feststehen kann« (1969, § 111). *Gleichzeitig* läßt sich aber - wie es scheint bzw. schien - diese Überzeugung durch »unser ganzes System der Physik« *stützen* (1969, § 103; vgl. § 89 und die Andeutung von »Begründungen« in § 108). - Liegt darin nicht ein Widerspruch: Dieselbe Überzeugung soll einerseits aus Sätzen der Physik *ableitbar* und andererseits ein *grundlegender Maßstab* zur Prüfung von Erfahrungssätzen sein?

Der Schein des Widerspruchs verschwindet, wenn wir darauf achten, daß (deduktive oder sonstige) *Herleitbarkeit* und *Begründung* zwei Paar Stiefel sind.[12] Ein schon zitiertes Beispiel (1969, § 470) macht das sehr

---

[11] Wittgenstein 1969, § 110: »Als ob die Begründung nicht einmal zu Ende käme. Aber das Ende ist nicht die unbegründete Voraussetzung, sondern die unbegründete Handlungsweise.«

[12] Der Satz »5 + 7 = 12« läßt sich aus den Axiomen von Freges *Grundgesetzen der Arithmetik* ableiten. Wie Russell als erster bemerkte, ist aber Freges System inkonsistent; in

deutlich: Wie ich heiße, könnte ich Zeugnissen verläßlicher Menschen und verschiedenen Dokumenten entnehmen. Das wäre Herleitung, aber nicht Begründung. Denn wenn ich mir *meines eigenen Namens* nicht sicher wäre - wie könnte ich sicher sein, wem zu trauen ist, wer der Besitzer dieses Ausweises ist, ob ich dessen Angaben richtig lese usw. Ein Beispiel anderer Art: Daß kochendes Wasser schneller verdampft als kaltes, weiß ich, ohne diese Wahrheit aus Gesetzen der Physik abzuleiten; und zwar auch dann, wenn mir die Möglichkeit der Ableitung bekannt ist. Ich *begründe* mein Urteil nicht mit dem Hinweis auf thermodynamische Gesetze; vielmehr verlasse ich mich vielleicht auf eigene Beobachtung[13]. Aber auch die Beobachtung hat im vorliegenden Falle höchstens bestätigenden Wert: wenn nämlich das kalte Wasser schneller als das kochende zu verdampfen scheint, so suche ich nach *Erklärungen für den Anschein* - daß es nicht so *ist*, steht für mich fest.

In manchen Fällen ist Ableitung aus einem anderen Satz für die Begründung eines Urteils *notwendig*. Auch dann ist dieser logische Zusammenhang nicht *hinreichend*, um eine brauchbare Begründung zu garantieren. Darüber hinaus muß die begründende Auffassung oder Überzeugung *gewiß* sein - und auch gewisser als die (durch Ableitung) begründete. (Sprechen wir vom *Beweis* einer Auffassung, so behaupten wir damit außerdem die *Wahrheit* der begründenden Auffassung.) Das Beispiel vom Wasser ist ein Fall, in dem die Gesetze, *aus denen* wir ableiten, keineswegs gewisser sind als das, *was* wir gegebenenfalls ableiten. Sie liefern also keine Begründung[14]. Im Gegenteil, die Beobachtung unterschiedli-

---

ihm läßt sich also z.B. auch »5 + 7 nicht = 12« ableiten. Sind nun beide Aussagen gleich gut begründet? Oder müssen wir auf ein konsistentes System warten, um die Überzeugung, daß 5 + 7 = 12, als begründet ansehen zu dürfen? - Eine Herleitung kann auch hinter dem Anspruch, eine *Erklärung* zu sein, zurückbleiben, - sofern sie nämlich nicht wirklich einen *Grund* dafür angibt, daß es so *ist*, wie gefolgert wird. Im Kontext unserer Überlegungen geht es jedoch um einen anderen möglichen Mangel: nicht jede korrekte Herleitung einer Aussage ist eine *Begründung*; um das zu sein, muß sie *uns* einen *Grund* liefern, von der Wahrheit des Gefolgerten *überzeugt* zu sein. (Eine Herleitung kann eine Überzeugung begründen, ohne ihre *Wahrheit* zu erklären, oder aber umgekehrt eine solche Erklärung liefern, ohne eine Überzeugung zu begründen; das *Erklären* moralischer Wahrheiten gehört u.E. zu den Aufgaben der Moralphilosophie - vgl. Abschnitt 9)

13 Wo es sich nicht um eigene Beobachtung handelt, könnte ein Beobachtungssatz u.U. durch Deduktion aus ihrerseits bestätigten Gesetzen der Physik etc. *bestätigt* werden.

14 Wenn auch vielleicht eine Erklärung. In der Gleichsetzung von Begründung und Erklärung scheint uns der gravierendste Mangel der aristotelischen Theorie des Wissens zu liegen.

cher Verdunstungsgeschwindigkeiten kann ihrerseits zur Begründung einer thermodynamischen Theorie beitragen[15].

Im übrigen stehen eben unsere Überzeugungen gewöhnlich nicht in eindeutigen Begründungsverhältnissen zueinander. Auch diesen Gesichtspunkt mag Wittgensteins Mond-Beispiel verdeutlichen. Die Überzeugung, kein Mensch sei je auf dem Mond gewesen, wird durch unser ganzes System der Physik zwar nicht begründet, aber doch (angeblich) *gestützt*. Daß diese Stütze kein ***Fundament*** ist, zeigt sich daran, daß nicht die Gewißheit physikalischer Betrachtungen Wittgenstein davon überzeugt, daß niemand je zum Mond gelangen kann, sondern umgekehrt die Gewißheit *dieser* Überzeugung ihn sogar dazu verleitet, Bestätigungen anzuführen, die in Wirklichkeit keine sind!

Was als Stütze oder Bestätigung dienen kann, läßt sich wohl nur anhand von Beispielen erläutern. Eine erklärende Auffassung, eine Theorie, eine Verallgemeinerung wird von Sinneswahrnehmungen, Erinnerungen, Beobachtungsberichten, Erfahrungssätzen gestützt; sie stützt aber ihrerseits die »Botschaft« der Sinne und des Gedächtnisses, einzelne (vielleicht bezweifelbare) Beobachtungsberichte und vor allem Vorhersagen. Dieses Verhältnis gegenseitiger (aber natürlich verschiedenartiger) Stützung könnte man als ***Bestätigungsdialektik*** bezeichnen[16]. Eine einzelne Erfahrung stützt im allgemeinen nicht ein isoliertes Naturgesetz, sondern eine System von Gesetzen; dieses wiederum stützt eine Vorhersage nur unter der Voraussetzung von »Randbedingungen«.

Daß unsere Urteile auf noch weit komplexere Weise miteinander verknüpft sind, wird deutlich, wenn wir an die Verläßlichkeit (und Unverläßlichkeit) von Wahrnehmung, Erinnerung und Bezeugung denken, an Sorgfalt (und Fehlbarkeit) von Nachprüfung und Berechnung, an angenommene Wirkungsweisen von Rechnern und Meßinstrumenten, Haltbarkeit von Substanzen (oder von Fragebogen-Eintragungen!), Übereinstimmung im Wortgebrauch u.a.m. Es handelt sich hierbei um Realitäten, die normalerweise nicht den Gegenstand unserer Überzeugungen bilden,

---

[15] Überhaupt sind es selbstverständlich - wenn auch nicht ausschließlich - beobachtbare Tatsachen, auf die sich empirische Wissenschaften bei der Begründung von Theorien stützen müssen.

[16] Wittgenstein 1969, § 142: »Nicht einzelne Axiome leuchten mir ein, sondern ein System, worin sich Folgen und Prämissen *gegenseitig* stützen.« Vgl. hierzu auch §§ 145, 203, 275 und 167-169, wo es u.a. sogar von »Normen der Beschreibung« heißt, daß sie »sich stützen [...] auf Erfahrung« - obwohl sie ihrerseits die Scheidung zwischen Echtem und Trügerischem im Bereich der Erfahrung stützen oder gar steuern.

die aber diese Überzeugungen ausschlaggebend mitbestimmen oder mittragen (vgl. Anm. 9). Wenn wir »Tatsachen« lernen, sind es ganze Systeme von Überzeugungen, die wir sozusagen mitschlucken[17]. Die Elemente dieses Systems stabilisieren sich gegenseitig. Das Mitschlucken geschieht unbemerkt, weil die mitgeschluckten Überzeugungen im Hinblick auf das Gelernte subsidiäre Rollen spielen. Sooft z.B. der Name einer Sache oder einer Person gelehrt wird, wird »mit-gelernt«, daß das Benannte einigermaßen beständig und erneut identifizierbar sein wird, daß man sich auf andere Menschen im allgemeinen bei solchen Informationen verlassen kann, daß sie Wörter so verwenden wie man selbst, daß gleich ausgesprochene Laute im Ohr des Hörers gleich klingen u.ä. Dergleichen wird kaum ausdrücklich gemacht; aber Zweifel daran würden alles mögliche andere mitreißen.

Im übrigen stehen derartige Überzeugungen ihrerseits in verschiedenen Verflechtungen. Und, bezogen auf das Gelernte, sind ihre Rollen, wie die soeben gegebene exemplarische Aufzählung deutlich macht, ganz unterschiedlicher Art - so daß das System nicht überschaubar und nur schwer durchschaubar ist. Klar ist jedoch, daß ein solches System zwar ein Mehr und Weniger an Gewißheit kennt, daß aber an die Stelle kartesischer Konstruktionen auf einem unerschütterlichen Fundament ein Netz wechselseitiger Verknüpfungen getreten ist.[18] - Können auch moralische Urteile als Elemente in einem System dieser Art verstanden werden?

---

17 »Es wird mir z.B. erzählt, jemand sei vor vielen Jahren auf diesen Berg gestiegen. Untersuche ich nun immer die Glaubwürdigkeit des Erzählers und ob dieser Berg vor Jahren existiert habe? Ein Kind lernt viel später, daß es glaubwürdige und unglaubwürdige Erzähler gibt, [...]. Es lernt, daß jener Berg schon lange existiert habe, *gar nicht* [...]. Es schluckt, sozusagen, diese Folgerung mit dem hinunter, *was* es lernt« (Wittgenstein 1969, § 143). Die Rolle des Systems wird u.a. so erläutert: »Alle Prüfung, alles Bekräften und Entkräften einer Annahme geschieht schon innerhalb eines Systems. Und zwar ist dies System nicht ein mehr oder weniger willkürlicher und zweifelhafter Anfangspunkt aller unsrer Argumente, sondern es gehört zum Wesen dessen, was wir ein Argument nennen« (1969, § 105).

18 Das Bild vom Netz suggeriert folgender Satz aus dem berühmten Aufsatz »Two Dogmas of Empiricism« von Quine (1963, S. 42): »The totality of our so-called knowledge or beliefs, from the most casual matters of geography and history to the profoundest laws of atomic physics or even of pure mathematics and logic, is a man-made fabric which impinges on experience only along the edges.« Ein vergleichbares Bild findet sich bei Wittgenstein (1969, § 144): »Es bildet sich nach und nach ein System von Geglaubtem heraus und darin steht manches unverrückbar fest, manches ist mehr oder weniger beweglich. Was feststeht, tut dies nicht, weil es an sich offenbar oder einleuchtend ist, sondern es wird von dem, was darum herum liegt, festgehalten.«

III. ANWENDUNG AUF MORALISCHE ÜBERZEUGUNGEN

6. Moralischer Intuitionismus

Auch in der Moralphilosophie hat, wie schon bemerkt, Descartes' intuitionistische Position ihre Vertreter gefunden. Der bekannteste von ihnen dürfte in unserem Jahrhundert Moore sein. Für ihn ist *das an sich Gute* eine nicht-natürliche Qualität, die es zu *intuieren* gilt. (Bei ihm sind daher *Bewertungen des Verhaltens* schon aus dem eigentlichen Fundament der Moral, nämlich aus utilitaristischen *Zielsetzungen*, abgeleitet.) Läßt sich Wittgensteins Entmythologisierung des Begriffs eines unbezweifelbaren Urteils auf den ethischen Intuitionismus übertragen? Wir wollen es versuchen.

Eine intuitionistische Deutung moralischer Überzeugungen hat etwa folgende Basis: Zentrale moralische Urteile werden doch von vielen Menschen als gewiß und unbezweifelbar behandelt. Ihre Inhalte werden vom Gewissen geliefert, zu dem ein Wissen um Gut und Böse gehört; und dieses Wissen scheint auf so etwas wie Sehen zu beruhen - wie sonst ist das Wissen zu erklären?

Es gibt aber keinen tragfähigen Anhaltspunkt dafür, daß moralische Urteile wirklich einer Art Schau entspringen. Im Gegenteil, die teilweise Unverträglichkeit moralischer »Intuitionen« verschiedener Subjekte spricht eher dagegen. Auch Moores utilitaristischer Intuition stehen andere utilitaristische und nicht-utilitaristische Intuitionen entgegen. Bedenkenswert ist allerdings das Faktum, daß für viele Menschen das Vokabular des Sehens nahe liegt, wenn sie sagen sollen, warum sie sich nach einem bestimmten Maßstab richten zu müssen glauben. Viel näher als das Vokabular der Ableitung oder Folgerung aus schon gewonnenen Einsichten. Erst recht scheinen moralische Maßstäbe nicht etwas zu sein, wofür man optiert oder sich entscheidet.

Aus all dem ergibt sich aber nicht mehr, als daß der einzelne auf moralische Urteile in *ähnlicher* Weise zurückgreift wie auf Wahrnehmungsurteile: diese wie jene werden nicht weiter begründet (oder auch nur abgeleitet), in beiden Fällen aber ist mit Konsequenzen im Handeln und Denken zu rechnen. Im übrigen sind es keineswegs *grundlegende* moralische Wahrheiten, bei denen wir im Alltag zum Vokabular des Sehens greifen. »Ich sah einfach, daß ich ihr das nicht vorenthalten durfte.« Was da »gesehen« wird, ist ein Erfordernis, das sich in einer konkreten Situation meldet, sich als Inhalt des (situationsbezogenen) Gewissens bekundet. »Gesehen« wird bestenfalls von Philosophen *ein allgemeines Prinzip* (oder ein Gesamt von Prinzipien), das als Fundament eines darauf erbauten Systems moralischer Urteile dienen soll, die ihrerseits gefolgert werden. - Was also sollen wir an die Stelle des Modells der Intuition setzen?

7. Praktische Gewißheit als Ausgangspunkt moralischer Überzeugung

Im Grunde wissen wir ja, wie wir zu Maßstäben des Verhaltens - wie auch zu anderen Gewißheiten - kommen. Nur halten wir diesen ontogenetisch vorgezeichneten Zugang leicht für wenig respektabel, eher ein bißchen peinlich und für philosophisch belanglos. Gemeint ist natürlich das Kennenlernen von erlaubten und verbotenen, von geforderten, geschätzten und mißbilligten Verhaltensweisen in der Kindheit. Moralische Maßstäbe werden hier *zunächst* nicht in sittlichen Urteilen vermittelt (und schon gar nicht begründet). Vielmehr werden vorhandene Verhaltenstendenzen gefördert oder aber ignoriert, gezähmt oder bekämpft; teilweise durch das Beispiel, teilweise durch non-verbale und verbale Reaktionen von Menschen der Umgebung. Moralische Maßstäbe erhalten dadurch den Charakter von sich aufdrängenden Verhaltensorientierungen teils motivierender, teils ausfilternder Art. Was man hierbei lernt, ist übrigens nicht nur: was man tun und was man lassen soll, sondern auch: *daß* es überhaupt etwas zu tun bzw. zu lassen gibt.

Auch bei moralischen Überzeugungen ist also - wie bei Tatsachenurteilen - Unbezweifelbarkeit nicht »Klarheit und Deutlichkeit« des Geschauten, sondern Fraglosigkeit des Handelns. Die Zuordnung zwischen Urteilen und Handeln ist bei moralischen Urteilen sogar besonders eng, da diese - anders als Tatsachenurteile - in je *bestimmten* Verhaltensweisen zum Tragen kommen, die charakteristischerweise unabhängig von gerade verfolgten Zwecken auf den Urteilsinhalt hinweisen. Allerdings ist *fraglos* nicht die unmittelbare Orientierung des Handelns an den (mit)gelernten Maßstäben, also deren *Befolgung*, sondern die *Anerkennung ihrer Geltung.* Wenn ein Maßstab für mich fraglos gilt, so beurteile ich auch mein Verhalten nach ihm; ich erwarte, mit Formulierungen dieses Maßstabs konfrontiert zu werden; ich rechne bei Nicht-Befolgung mit mindestens unfreundlichen Reaktionen; ich verheimliche diese Nicht-Befolgung oder erbitte Nachsicht; ich erwarte die Befolgung des Maßstabs durch andere, verurteile Nicht-Befolgung, etc. - und all das mit Selbstverständlichkeit. Das Ganze konstituiert ein

Verhaltens- und Erwartungsmuster, dessen Zentrum freilich das tatsächlich maßstabsgerechte Verhalten bildet.

Diese Feststellung könnte man nun folgendermaßen kommentieren: »Es mag sein, daß diese *Geschichte* stimmt; daß also die subjektive Geltung des Maßstabs nichts anderes ist als ein Verhaltensmuster und daß bei einem Kind die feste Verwurzelung dieses Musters die Unbezweifelbarkeit des Maßstabs ausmacht. Aber die Geschichte einer Herkunft ist keine Begründung; faktische Geltung ist nicht normative Gültigkeit; angewöhnte Verhaltenskonstanz ist nicht sichere Erkenntnis; und was für Kinder genügen muß, ist zu wenig für Erwachsene.«

Dem stimmen wir zu. Aber Begründungen führen irgendwann zu unbegründeten Überzeugungen zurück, deren Konsensfähigkeit auf gemeinsamen Lebensformen und insofern auf Geschichten der soeben geschmähten Art beruht. Die Vorstellung objektiv gültiger moralischer Normen markiert aus dieser Perspektive das (teilweise vermutlich utopische) Ziel eines Weges, auf dem wir jeweils faktisch Geltendes *unter Rekurs auf ebenfalls faktisch Geltendes*, aber Unbezweifeltes, infragestellen, prüfen und gegebenenfalls aussortieren, ersetzen, ergänzen. An diesen Weg ist unser Erkenntnisfortschritt gebunden, ob es sich nun um theoretische oder moralische oder sonstige Erkenntnis handelt, ob das »unser« kollektiv oder individuell zu verstehen ist. Der Erwachsene unterscheidet sich dadurch vom kleinen Kind, daß er Begründungen moralischer Überzeugungen suchen und gegebenenfalls verstehen kann und daß für ihn Gewißheit durch Einsicht (oder vermeintliche Einsicht) in eine Begründung möglich ist. Aber ohne unbegründete, »praktische« Gewißheiten, die »nicht in seiner Macht liegen« (vgl. Wittgenstein 1969, § 173) und von denen Begründungen ihren Ausgang nehmen, gibt es auch für ihn keine (moralische) Erkenntnis.

Kann nicht der Erwachsene im Hinblick auf solche praktischen, etwa moralischen Gewißheiten die Wahrheitsfrage stellen? Dafür spricht, daß sich grundlegende moralische Überzeugungen ihrem Inhalt nach vielleicht auf Sätze einer korrekten Moralphilosophie zurückführen lassen (wie Kant wohl glaubt). Jedoch ist zu beachten, daß es dabei nicht um Begründung geht (vgl. Abschnitt 9.). Im Kontext moralischen Urteilens liegen praktische Gewißheiten unserem Gebrauch von »wahr« und »falsch« als Maßstab zugrunde; und man könnte deshalb zweifeln, ob sie selbst als wahr gelten sollen[19]. Wichtig ist, daß der Erwachsene zwischen dem, was ihm unbezweifelbar gewiß ist, und dem, was sich gegebenenfalls darauf gründet oder stützt, unterscheiden und daher seine Auffassungen prüfen und revidieren kann; daß er vor allem auch zwischen Verhaltensmustern und implizierten Auffassungen unterscheiden und daher einzelne, vielleicht selbstverständlich scheinende Verhaltensweisen und Einstellungen an neu gewonnenen Überzeugungen messen und u.U. reformieren kann.

8. Moralisches Urteil, Einstellung und Motivation

Mit unserer Auffassung, Fraglosigkeit des Handelns stelle bei moralischen Überzeugungen ebenso wie bei Tatsachenurteilen die Grundform der Gewißheit dar, leugnen wir selbstverständlich nicht, daß es hier auch bedeutsame Unterschiede gibt. Zwei seien angeführt: 1. Durch theoretische Annahmen lassen sich auch fraglose *Vorgehensweisen* kennzeichnen, durch die wir (andere) Erkenntnisse gewinnen, Vermutungen überprüfen usw. (vgl. Anm. 9). Dies scheint auf moralische Auffassungen nicht zuzutreffen.[20] 2. Die *praktische* Natur moralischer Urteile bedeutet, daß sie nicht von *Einstellungen* zu trennen sind. Daher stehen sie nicht nur zu anderen Urteilen, sondern auch zu Handlungsmotivationen in Verhältnissen der Unvereinbarkeit, der Abhängigkeit usw. Diese zweite Besonderheit moralischer Gewißheit ist hier näher zu erläutern.

Moralische Urteile sind aufgrund ihrer Bedeutung - weil sie nämlich etwas als gut (bzw. schlecht) oder als vorgeschrieben o.ä. hinstellen - mit der Motivation des Handelns eng verknüpft. Die aufrichtige Äußerung eines moralischen Urteils ist zugleich Äußerung einer Einstellung[21]. Daher erwartet man von der *Begründung* eines moralischen Urteils gleichzeitig *Grund und Motivation*, im Sinne dieses Urteils *zu handeln*.

---

[19] Vgl. Wittgenstein 1969, wo zwei Antworten sich zu widersprechen scheinen: »Die *Wahrheit* gewisser Erfahrungssätze gehört zu unserm Bezugssystem« (§ 83). Und: »Wenn das Wahre das Begründete ist, dann ist der Grund nicht *wahr*, noch falsch« (§ 205).

[20] Ethische Auffassungen bestimmen zwar in gewisser Weise unser Vorgehen, wenn es um Erkenntnisgewinn geht: Bestimmte Experimente mit Menschen werden durch moralische Gesichtspunkte ausgeschlossen; Wissenschaftler unterstellen ihren Kollegen nicht ohne besonderen Grund die Fälschung von Daten; u.ä. Durch entsprechende Maximen scheint jedoch die Vorgehensweise nicht so gekennzeichnet zu sein, daß etwa Mißachtung dieser Maximen den begrifflichen Rahmen des fraglichen Erkenntnisgebietes tangierte.

[21] Vgl. Vorbemerkung 2. zu Beginn dieses Beitrages.

Diese Erwartung mag in einzelnen Fällen unberechtigt sein: Wenn wir etwa Trauer über den Tod eines geliebten Menschen positiv beurteilen, also insofern meinen, man *solle* trauern, so wird unsere eventuelle *Begründung* dieser Auffassung - z.B.: das Fehlen der Trauer besage und fördere Gleichgültigkeit - kein typisches *Motiv* zu trauern liefern.

Beispiele dieser Art mögen dafür sprechen, nicht moralische Maximen, sondern moralische Qualitäten (die nicht nur zum guten Handeln, sondern primär zum guten Affiziertsein disponieren) zum Angelpunkt einer Reflexion der Moral zu machen. Solange man jedoch Affekt und expressives Verhalten außer Betracht läßt, kann man davon ausgehen, daß Urteilsbegründungen und Gründe zu handeln in der vermuteten Weise zusammenhängen; daß also z.B. eine korrekte Antwort auf die Frage »Warum soll ich keine Steuern hinterziehen?« nicht nur einen Grund liefert, zu glauben, daß man keine Steuern hinterziehen solle, sondern auch einen Grund, keine Steuern zu hinterziehen. Und umgekehrt: Hat jemand zu dem Zweck, der durch Steuerhinterziehung frustriert würde, keine bejahende Einstellung, so wird dessen Nennung ihm nicht als stichhaltige Begründung einer Maxime erscheinen, die Steuerhinterziehung verbietet.

Dieser Zusammenhang läßt erwarten, daß moralische Überzeugungen *nicht nur* mit anderen Überzeugungen, sondern, weil sie zugleich Einstellungen sind, auch mit anderen *Einstellungen* in Beziehungen begrifflicher Unverträglichkeit, Implikation usw. stehen. Das muß uns keineswegs daran hindern, Wittgensteins Beobachtungen zum Thema »begründen« grundsätzlich auch auf moralische Überzeugungen anzuwenden. Im Gegenteil: So wie Urteile werden auch Einstellungen durch Begründungen und überhaupt durch gegenseitige Abstützung miteinander verknüpft sein.

9. Begründung und Erklärung

Was ergibt sich aus diesen Überlegungen für die Suche nach einem Fundament moralischer Überzeugungen? Sofern es bei dieser Suche um Begründung geht, sollte man sich daran erinnern, daß die Frage nach einer Begründung - wie im Fall theoretischer Überzeugungen - nicht bloß eine korrekte Herleitung im Auge hat. Sondern die begründende Antwort muß auch gewisser sein als die hinterfragte Überzeugung.

Begründung in diesem Sinne gibt es selbstverständlich für moralische ebenso gut wie für Tatsachen-Urteile. Nehmen wir an, X habe eine Ahnung, daß sie eine Einladung von Y nicht annehmen darf. Eine Freundin, der X von ihrer Unsicherheit erzählt, überzeugt sie davon, daß Y mit der

Einladung auf den Ausgang eines Auswahlverfahrens, in dem er gewisse Chancen hat, Einfluß nehmen will und daß eine Annahme der Einladung unter den Umständen auf Bestechlichkeit hinausläuft. X selbst *ist bereits davon überzeugt*, daß Bestechlichkeit ein schweres Versagen darstellt. Sie folgert - korrekt -, daß sie die ergangene Einladung nicht annehmen darf. Hier hat X nun Gründe für diese Auffassung - und für entsprechendes Handeln.[22]

Allerdings ist mit der Möglichkeit solcher Begründungen das Problem einer Grundlegung moralischer Überzeugungen nicht gelöst. Uns interessiert - auf das Beispiel bezogen -, was für Gründe X denn hat, nicht bestechlich zu sein. Und wenn das eine Sache der Gerechtigkeit ist: Warum soll sie sich gerecht und überhaupt gut verhalten?

Unsere Antwort: Die Gründe, nach denen so gefragt wird, gibt es nicht. Genauer (und in Anlehnung an Wittgensteins Ablehnung einer Begründung für die Überzeugung, daß er nie auf dem Mond gewesen sei): Daß ich keine Bestechung annehmen darf, oder doch: daß ich nicht ungerecht handeln darf, steht für mich *ebenso* fest wie irgendeine Begründung dafür feststehen kann. Ja, wir müssen sagen, daß sich wohl kaum ein Mensch einer Begründung für gerechtes Verhalten auch nur *ebenso* sicher ist wie der Maxime, man müsse sich gerecht verhalten. (Es kann ihm natürlich an beiden Gewißheiten fehlen!) Auch Moralphilosophen gelangen ja nicht durch ihre subtilen - und mindestens mehrheitlich kritik-anfälligen - Grundlegungen der Moral zu moralischen Überzeugungen, sondern suchen sich über vorgefundene eigene und fremde Gewißheit *Rechenschaft* zu geben. Und das wäre - angesichts der schwierigen Materie - sogar dann der Fall, wenn sie sich über die richtige Grundlegung einig wären.

Das bedeutet für unsere Frage, daß dem Erzieher nichts abgeht, wenn er seinem Bemühen um moralische Erziehung kein »Fundament« geben kann. *Kein* Fundament - im Sinne eines Versuchs, grundlegende moralische Prinzipien und Verhaltensorientierungen nochmals zu begründen - würde ihn seiner moralischen Überzeugungen »*vergewissern*«. Deshalb gibt es für die Moral kein »Begründungsproblem«; dessen »Lösung« besteht in der Beseitigung eines Mißverständnisses: Was die Moralphilosophien suchen und anbieten, sind in Wirklichkeit nicht *Begründungen*,

---

[22] Selbstverständlich kann es auch in derartigen Zusammenhängen vorkommen, daß eine herleitbare moralische Überzeugung gewisser ist als die Prämissen der Herleitung. Dann kann von Begründung nicht die Rede sein.

sondern *Erklärungen.*[23] Erklärungen natürlich nicht der Tatsache, daß wir *überzeugt* sind, das und das tun zu sollen. Darum kümmern sich Psychologie und Soziologie. Erklärungen vielmehr der *Wahrheit* dieser Überzeugungen, sofern sie wahr sind.[24]

Eine philosophische »Grundlegung« der Moral ist nicht geeignet, uns begründend zur *Bejahung* moralischer Auffassungen zu bewegen; jedenfalls kann sie hier nicht mehr ausrichten als andere stützende Argumente. Vielmehr läßt sie uns *verstehen*, warum wir tatsächlich (im großen und ganzen) das tun sollen, was tun zu sollen wir überzeugt sind. Die Moralphilosophie sucht Erklärungen moralischer Wahrheiten nicht *viel* anders, als eine Wissenschaft Erklärungen empirischer Tatsachen sucht. (Wir könnten auch sagen: Nicht viel anders, als eine Erkenntnistheorie erklären will, wie es kommt, daß wir etwas erkennen. Jedoch neigt die Erkenntnistheorie ebenso wie die Moralphilosophie dazu, sich selbst als Begründung ansonsten zweifelhafter Überzeugungen mißzuverstehen.) Niemand käme auf den Gedanken, daß es sich bei wissenschaftlichen Erklärungen generell um *Begründungen* unserer theoretischen Auffassungen handelte. *Das* gilt nur für gewisse Voraussagen und sonstige Behauptungen nicht beobachteter Sachverhalte. Dagegen ist etwa unsere Überzeugung, Teeblätter sammelten sich beim Umrühren in der Mitte des Kannenbodens, mit Newtons Strömungslehre nicht zu *begründen* oder gar zu *rechtfertigen*, sondern diese Lehre erklärt (so hoffen wir) das Faktum. Warum also erwarten wir *Begründungen* von der Moralphilosophie?

---

[23] Wir verwenden den Ausdruck »Erklärung« nicht in der künstlichen Bedeutung, die ihn ausschließlich auf naturwissenschaftliche Bezüge festlegt.

[24] Wie erklärende Theorie und vorgefundene Überzeugungen sich soz. gegenseitig überprüfen, erfaßt überzeugend Rawls' Idee des »reflektiven Gleichgewichts« (1980, S. 20f. und 48-51). Wenn wir der Moralphilosophie eine erklärende Funktion zuweisen, so bestreiten wir natürlich nicht, daß sie *auf der Basis* moralischer Prinzipien und ihrer Erklärung im Einzelfall (z.B. im Hinblick auf veränderte sozio-ökonomische, technologische oder ökologische Verhältnisse) moralische Maßstäbe *begründen* kann.

Wir lassen diese Frage hier auf sich beruhen[25] und widmen den folgenden Abschnitt einem Problem, das sich daraus zu ergeben scheint, daß moralische Überzeugungen keiner Begründung zugänglich sind.

IV. FOLGERUNGEN FÜR DIE RATIONALITÄT MORALISCHER ÜBERZEUGUNGEN

10. Die Rationalität der Moral

Wenn unsere moralischen Überzeugungen kein Fundament haben, das einerseits unbezweifelbar ist und andererseits eine Herleitung dieser Überzeugungen erlaubt, wie steht es dann um die *Rationalität* der Moral? Lassen sich moralische Maßstäbe nicht vernünftig verteidigen, infragestellen, diskutieren, korrigieren, verwerfen oder neu entwickeln? Gibt es hier nicht Richtig und Falsch? Sind wir darauf angewiesen, die Geltung von Maximen, die uns vermittelt worden sind und *mit denen wir uns nun einmal vorfinden*, zu bejahen und - in der Rolle von Erziehern - unsererseits weiterzuvermitteln? Und wie kann es dann legitim sein, in einer pluralistisch wertenden Gesellschaft moralische Erziehung an einer bestimmten Tradition zu orientieren?

Bevor wir (unter V) auf die Frage nach der Rationalität der *Vermittlung* moralischer Maximen eingehen, hier zunächst einige grundlegende Gesichtspunkte zur Einbettung moralischer Maximen in das Netz von miteinander verknüpften Überzeugungen und Einstellungen und damit zur Möglichkeit, solche Maximen rational infragezustellen, zu vertreten usw.

1. In der Tat laufen unsere Überlegungen auf die Behauptung hinaus, Moral (und die entsprechende Einflußnahme von Erziehern) bedürfe keiner Rechtfertigung und lasse sich auch nicht *als ganze* begründen oder insgesamt infragestellen oder ersetzen. Das heißt aber nicht, für kritische Reflexion und für argumentative Absicherung oder Korrektur von Elementen der Moral lasse unsere Konzeption keinen Raum. Insbesondere

[25] Nahe liegt die Antwort: In den Wissenschaften sind die universellen erklärenden Aussagen der partikulären Erfahrung abgewonnen, während die Moralphilosophie nicht auf der (analogen) Grundlage einzelner Gewissensurteile, sondern *a priori* zu ihren erklärenden Prinzipien gelangt. - Falls moralphilosophische Prinzipien in diesem Sinne unabhängig von moralischen Alltagsüberzeugungen erkennbar sind, ist damit doch noch nicht gesagt, daß sie auch mit der größeren Gewißheit ausgestattet sind, die für ein Begründungsverhältnis erforderlich ist.

darf man nicht vergessen, daß die moralische *Tradition* unserer Kultur Impulse und Postulate der rationalen *Überprüfung* schon selbst *enthält*.

2. Selbst *grundlegende* moralische Überzeugungen sind dem Wandel nicht enthoben. Was gestern zum festen Bestand gehörte, gerät heute in die Diskussion, und morgen werden die Grenzen zwischen »grundloser« und begründeter Gewißheit anders verlaufen (vgl. hierzu einerseits Wittgenstein 1969, §§ 96-99, andererseits unten Abschnitt 11).

3. Die soeben formulierten Anfragen an die Rationalität unserer moralischen Überzeugungen erwecken den Eindruck, man entschlösse sich aufgrund einer Erwägung von Für und Wider (nach welchem Maßstab?) zur Annahme, ja zu einer Auswahl von moralischen Maßstäben - wie etwa beim Kauf eines Haushaltsgeräts zu diesem oder jenem Modell oder wie beim Tarok-Spiel zu dieser oder jener Variante. *Grundlegende* Überzeugungen sind nicht in dieser Weise disponibel; sie werden nicht gewählt und vor allem nicht abgewählt - auch (und gerade) nicht aufgrund von Argumenten. Der hier implizierten Illusion erliegen wir auch wohl nur, wenn wir philosophieren und unsere eigene Lebenswirklichkeit vergessen. »Liegt es denn in meiner Macht, was ich glaube? oder was ich unerschütterlich glaube?« (Wittgenstein 1969, § 173)

4. Für Kritik, Modifizierung und Weiterentwicklung moralischer Überzeugungen sind *Tatsachenfragen* vielfach bedeutsamer, als man zu denken neigt - etwa in der Geschichte der Sklavenhaltung oder des europäischen Kolonialismus; in anderen Fällen wäre für eine Klärung viel gewonnen, wenn sie eine größere Rolle spielten - z.B. bei der Diskussion um die Sittlichkeit eines Schwangerschaftsabbruchs oder um den verantwortlichen Umgang mit Medien. Es kann durchaus Situationen geben, in denen »unzweifelhafte« *moralische* Überzeugungen - auf dem Hintergrund noch allgemeinerer moralischer Überzeugungen - durch *Tatsachen* ins Wanken geraten. Überhaupt werden manche unserer moralischen Urteile einer Überprüfung unserer Überzeugungen auf *Konsistenz* nicht standhalten. Auch hier also Wege der Korrektur moralischer Urteile, ohne daß es um Begründung moralischer *Prinzipien* ginge.

5. Bei Fragen nach der Möglichkeit, für oder gegen moralische Überzeugungen zu argumentieren, ist zu bedenken, daß der Spielraum alternativer Maximen oder alternativer Systeme von Maximen dadurch *eng begrenzt* ist, daß es um eine Moral für die Species Mensch geht, um eine Verhaltensregulierung also, die insgesamt den Erfordernissen menschlichen Lebens nicht zuwiderläuft.

6. Dieser Hinweis gibt uns auch einen wichtigen Anhaltspunkt für einen Weg rationaler (und argumentativ explizierbarer) Absicherung oder Korrektur moralischer Maximen. In Abschnitt 8 war schon davon die Rede, daß moralische Urteile aufgrund ihrer Bedeutung eng mit der Motivation menschlichen Verhaltens verknüpft sind. Daher ist nicht nur an den Zusammenhang mit anderen *Überzeugungen* zu denken, wenn wir - in Anlehnung an Wittgensteins Beobachtungen über Gewißheit - moralische Maßstäbe als Elemente eines *Systems* betrachten. Diese Maßstäbe bedeuten ja, wie schon erwähnt, zugleich Einstellungen und stehen daher in Beziehungen der begrifflichen Implikation oder auch der Konkurrenz zu anderen grundlegenden *Gemüts- und Verhaltensorientierungen.* (Unter Gemütsorientierungen verstehen wir emotionale Dispositionen oder Einstellungen ebenso wie okkasionelle Emotionen, also Gemütsbewegungen.) Auch Gemüts- und Verhaltensorientierungen können sich gegenseitig stützen und stabilisieren, u.U. aber auch ausschließen. Denken wir etwa an fundamentale Einstellungen wie *Interesse* am Gemeinwesen, dem man angehört, oder *Freude* an der Zusammenarbeit in einem gemeinsamen Projekt oder *Mitgefühl* mit leidenden Menschen: ein Appell an derartige Einstellungen wird u.U. dazu geeignet sein, eine Stabilisierung oder eben eine Korrektur bestimmter Maximen der Gerechtigkeit oder der Bescheidenheit oder der Großzügigkeit o.ä. herbeizuführen. Mark Twain läßt Huckleberry Finns Orientierung an einer Sklavenhaltermoral durch die Sympathie für seinen Freund, einen entlaufenen Sklavenjungen, korrigieren. Die in dieser Sympathie enthaltene (vor-moralische) Einstellung ist die Basis eines Arguments: »Diese Einstellung, von der ich nicht lassen kann, schließt die mir beigebrachte Maxime aus.«

11. Grenzen moralischer Argumentation

Die an Wittgensteins Gedanken über Gewißheit orientierte Auffassung, daß moralische (wie auch andere) Überzeugungen kein »kognitives« Fundament haben, sondern Implikate frageloser Handlungsorientierungen und Einstellungen sind, bedeutet also keineswegs Immunisierung einer überlieferten Moral gegen Kritik und Revision (also keine »affirmative« Auffassung). Sie ist nur ebenso kritisch (und *deshalb* »realistisch«) im Hinblick auf die sehr begrenzten Möglichkeiten rationaler Begründung.

Soweit diese Begründung nicht eine Art Deduktion aus einer gewisseren *moralischen* Überzeugung ist, endet sie, wo man an sonstige praktisch eingewurzelte Überzeugungen und Einstellungen nicht weiter appellieren kann. Und wo dieser Appell möglich ist, werden solche Überzeugungen und Einstellungen oft nur als *Stützen* gelten können: Die einzelne Überzeugung oder Einstellung wird im allgemeinen die fragliche moralische Maxime entweder *nicht strikt ausschließen bzw. implizieren* oder aber (wenn doch) *nicht eindeutig fragloser verwurzelt sein* als jene Maxime.

Eine grundlegende moralische Überzeugung ist mit *verschiedenen* abstützenden Gemüts- und Verhaltensorientierungen verknüpft. Zu diesen gehören z.B. das Interesse am eigenen und das am fremden Wohlergehen, Gefühle von Loyalität und von Solidarität, Ideale der Lebensgestaltung und Emotionen wie Bewunderung und Abscheu. Diese verschiedenen Orientierungen liefern *Motive* für ein Verhalten im Sinne der moralischen Überzeugung. Aber keine einzelne kann als deren Fundament gelten.

Man könnte also sagen, daß sich gutes Handeln u.U. gleichzeitig auf *unterschiedliche* Weise »*begründen*« läßt, ohne daß dies in jedem Fall eine *Inkonsistenz* zwischen *konkurrierenden* Zwecken oder *Reduktion* der Moral auf *außermoralische* Zwecke bedeutete. Keine Inkonsistenz: denn die jeweilige »Begründung« nennt nicht die *Zielsetzung* des Verhaltens, sondern einen Gesichtspunkt zu ihren Gunsten. Keine Reduktion - von einer solchen könnte nur die Rede sein, wenn wir etwa behaupteten: »Moralischen Maximen ist es *wesentlich*, um einer *bestimmten* außermoralischen Verhaltensorientierung willen bejaht zu werden« oder »Eine moralische Einstellung *ist nichts anderes als* mittelbare Orientierung an Zwecken, die ihrerseits nicht spezifisch moralisch sind«.

Die moralische Einstellung eines Menschen geht also nicht in den außermoralischen Orientierungen auf, die er zu ihrer Stützung anführen kann. Auch könnte seinem System moralischer Überzeugungen vielleicht *jede einzelne* Stütze entzogen werden, ohne daß es zusammenbräche. Das heißt aber nicht, es könnte genauso gut weiterbestehen, wenn ihm *sämtliche* argumentativen Stützen entzogen würden. Eine Zuschauertribüne mag auf zahlreichen Stützen ruhen, deren jede, für sich genommen, statisch entbehrlich ist. Daß er auf sämtliche Stützen verzichten könnte, wird der Konstrukteur nicht folgern. Nun könnte jemand vielleicht an einem System moralischer Überzeugungen auch ganz ohne jede außermoralische Motivation und ohne die Auffassung festhalten, diesem oder jenem Interesse (o.ä.) komme entsprechendes Verhalten zugute. Es ist aber zu fragen, ob *dieses* Festhalten rational ist, und *deshalb* auch, ob seine Überzeugungen dann die Bezeichnung »Moral« verdienen. Auf jeden Fall ist klar, daß eine Bejahung dieser Fragen nicht daraus *folgt*, daß keine argumentative bzw. motivationale Stütze seiner Einstellung als deren »Fundament« zu bezeichnen ist.

Die Möglichkeit, durch Argumentation zu moralischen Überzeugungen zu gelangen oder zu bewegen, stößt an eine zweite Grenze: Da moralische Überzeugungen nicht von Einstellungen zu trennen sind und diese moralischen Einstellungen, von anderen Gemütsorientierungen gestützt, Verhaltensdispositionen ausbilden, ist die Stabilität moralischer Maßstäbe in hohem Maße Sache der Gewohnheit und anderer nicht-logischer Befestigungen. Der Erwerb moralischer Überzeugungen bedarf vor allem der Gewöhnung. Zu ihrer Entkräftung oder Veränderung genügen ebenfalls Argumente nicht. Hier werden Erlebnisse eine Rolle spielen, die unmittelbar - sozusagen an der Überlegung vorbei - auf die moralische Motivation wirken. So ein Erlebnis lehrt keine bislang verhüllten moralischen Prinzipien oder Tatsachen. Eher bewirkt es eine Art »Bekehrung«, indem es einen dazu bringt, »die Welt anders zu betrachten« (vgl. Wittgenstein 1969, §§ 92, 262, 609-612). Und häufig wird - wie etwa im Fall verbreiteter Korruption - erst der Wandel struktureller Bedingungen, der stützende Motive stärkt, einen Menschen für neue Einstellungen aufschließen.

Einsicht in die (vielfältige) Verflochtenheit moralischer Einstellungen in feste Gemütsdispositionen schmeichelt uns nicht und mag desillusionierend erscheinen. Sollte eine moralische Einstellung nicht das Werk der Vernunft sein, erhaben über Ansprüche des Affekts und die Macht der Gewohnheit? Sollen etwa ursächliche an die Stelle von rationalen Zusammenhängen treten? Aber es geht nicht um Rücksicht auf »Ansprüche« oder mögliche Auswirkungen des Affekts. Auch nicht nur um eine realistische Sicht der menschlichen Natur und insbesondere des Gewichts der Gewohnheit. Es geht darum, daß die *begriffliche Analyse* der Moral ebenso wie der Rationalität nicht von der menschlichen Natur absehen kann, *in deren Kontext* allein bestimmte Maximen überhaupt eine Moral ausmachen und Normen der Rationalität diese Bezeichnung verdienen.

V. FRAGEN DER PÄDAGOGISCHEN RATIONALITÄT

Wir schließen zwei Fragen an, die wir hier nicht mehr ausführlich behandeln können. Sie betreffen ebenfalls die Rationalität moralischer Erziehung, nun aber nicht die Begründbarkeit von Überzeugungen, sondern die *Vertretbarkeit* ihrer Vermittlung. Zunächst wird gefragt, ob moralische Einstellungen einem Heranwachsenden durch eine Motivierung nahe gebracht werden sollten, die an außermoralische Einstellungen appelliert. Die zweite Frage betrifft die Rationalität moralischer Erziehung aus unterschiedlichen Perspektiven. Wir deuten beidemale an, in welcher Richtung Antworten im Anschluß an unsere bisherigen Erörterungen zu suchen sind.

12. Außermoralische Motivierung

Wenn außermoralische Faktoren unvermeidlich als Stützen moralischer Einstellungen wirken, stellt sich eine pädagogisch höchst wichtige Frage: In welchem Umfang soll ein Erzieher an *solche* Faktoren appellieren, wenn es um die Vermittlung moralischer Maßstäbe geht? Verzichtet er (etwa im Geist einer reinen Pflichten-Ethik) ganz auf diesen Appell, so trennt er die moralische Motivation des Kindes (soweit dies gelingen kann!) von seinen übrigen (auch sozialen!) Antrieben und Einstellungen; er riskiert den Eindruck des Willkürlichen und verstellt dem Bewußtsein des Kindes den konstitutiven Zusammenhang zwischen Tendenzen der menschlichen Natur und moralischen Erfordernissen. Gibt er (in extrem eudämonistischem Geist) der moralischen Motivation keinerlei Unabhängigkeit von außermoralischen Stützen, so überläßt er das Kind, wenn nicht dem Zufall wechselnder Wünsche, so doch den Regeln einer ausschließlich selbstbezogenen Klugheit.

Nach unserer Auffassung steht der Erzieher hier vor Fragen des Abwägens, nicht vor Grundsatzentscheidungen, deren Basis erst von der richtigen Moralphilosophie noch zu liefern wäre. Das Grundsätzliche ist ihm vertraut bzw. durch Reflexion zugänglich: daß nämlich seine eigenen moralischen Maßstäbe, soweit sie nicht aus gewisseren moralischen Überzeugungen abgeleitet sind, *sowohl* fundamental *als auch* von einem Netz von Überzeugungen und Einstellungen gehalten, also auch motiviert sind. Und auch: daß die *Einwirkung* dieser Faktoren die Reinheit moralischer Handlungsmotivation mindert. Es besteht kein vernünftiger Grund, Heranwachsenden nicht ebenfalls beides zu vermitteln: die praktische Fraglosigkeit grundlegender moralischer Einstellungen (mitsamt dem Ideal ihrer unbedingten Motivationskraft) *und* ihre Verknüpfung mit außermoralischen Gemüts- und Verhaltensorientierungen.

Diese Orientierungen können moralische Einstellungen *stützen* und *motivieren*; an sie appellierend, liefert der Erzieher dem Kind *Argumente* - aber nicht *Begründungen* - für die Aneignung jener Einstellungen. Woher weiß aber das Kind, daß nicht Begründung, sondern ein anderer Zusammenhang gemeint ist? Nun, ein System von Gewißheiten, Abhängigkeiten und Verknüpfungen *entsteht* erst im Kinde - insbesondere durch Erziehung. *Arten* von Zusammenhängen lernt es unterscheiden, indem es z.B. die jeweilige Rolle kennenlernt, die sein eigenes Interesse unter verschiedenen Umständen spielen darf.

13. Rationalität und Interesse

Dieser Gesichtspunkt muß auch unsere Reaktion auf die Frage nach der Rationalität moralischer Erziehung leiten, wenn wir versuchen, diese Rationalität an die Interessen des Heranwachsenden zu knüpfen. Die Frage soll sich nicht mehr auf das argumentative Element in der Vermittlung einzelner moralischer Maßstäbe beziehen, sondern auf die Legitimität solcher Vermittlung überhaupt: Ist es aus der Perspektive des Kindes rational, moralisch erzogen zu werden? Würde es, wenn es wählen könnte, eine solche Erziehung wählen?

»Wenn es wählen könnte« - hinter dieser Formulierung verbirgt sich die Inkohärenz der Frage. Denn die Frage hat nur Sinn, wenn es um *vernünftige* Wahl geht. Also setzt sie einen angeborenen, kultur-unabhängigen Maßstab von Rationalität voraus. Diese Voraussetzung ist teilweise berechtigt; jedenfalls rechnen wir mit angeborenen Motivationsstrukturen, und wir glauben nicht, daß ein Kind z.B. beliebige Muster von Satzverknüpfungen als *Argumentationsformen* zu behandeln lernen wird. Aber nichts spricht dafür, daß - unabhängig von sozialem Einfluß - für jeden Menschen in gleicher Weise feststeht, was ein gültiges Argument und was ein »echtes« Motiv ist. Insbesondere spricht nichts dafür, daß *Orientierung an eigenen, nicht aber an fremden Wünschen und Interessen* zu einer angeborenen Urform von Rationalität gehört.

Menschen können nicht leben, ohne wenigstens zwei Weisen, ihr Verhalten zu erklären, zu begründen usw., als rational zu behandeln: Rekurs auf eigene Wünsche und Interessen und Rekurs auf Wünsche und Interessen anderer. (Es kann hier offen bleiben, ob es andere Formen der Rationalität gibt, und insbesondere, ob Rekurs auf *Regeln* als unabhängige, irreduzible Form praktischer Rationalität zu gelten hat oder auf die beiden genannten zurückgeführt werden kann.) In der Tat ergibt sich aus dem Begriff der Moral, daß moralische Einstellungen nicht als rational zu erweisen sind, *wenn ausschließlich* eigene Wünsche und Interessen den Maßstab praktischer Rationalität abgeben. Ob aber ein Mensch sein Verhalten allein an diesem Maßstab mißt oder sich auch an Wünschen und

Interessen anderer orientiert (oder vielleicht moralische Maximen als eigene Form von Rationalität behandelt), ist schon Sache der *Erziehung*. Die Frage nach der Rationalität moralischer Erziehung darf also nicht als »Frage aus der Perspektive des Kindes« verstanden werden, weil sie andernfalls einen Maßstab zur Beurteilung moralischer Erziehung impliziert, dessen Inhalt durch die Art der Erziehung selbst mitbestimmt ist.

Vielleicht soll also die Frage so formuliert werden: Hat man gute Gründe, einem Kind moralische Überzeugungen zu vermitteln? Wenn diese Frage sich nicht auf *bestimmte* Personen oder *besondere* Umstände bezieht, ist sie schwer verständlich. Menschen scheinen keiner Gründe zu bedürfen, um Kinder zu erziehen. Daß sie auch moralische Erziehung brauchen, gehört zu den Grund-Annahmen unserer Kultur, vielleicht unserer Moral. Freilich erhofft man sich »gute Folgen«; man hofft, daß der moralisch erzogene Mensch sich selbst und anderen eine Quelle der Zufriedenheit ist o.ä. Aber würden wir von einem (vernünftigen) Erzieher unbedingt erwarten, daß er sagen könnte: »Ich leite diesen Menschen zu Aufrichtigkeit und Großmut usw. an, *damit* er anderen nicht schadet, *damit* er sich selbst und anderen einmal Achtung abverlangt, [...]«? Wäre es nicht inkongruent, wenn Eltern sagten: »Das Wohlergehen unserer Gesellschaft und der ganzen Menschheit ist auf die Verbreitung moralischer Einstellungen angewiesen; und die Menschheit liegt uns am Herzen; deshalb soll unser Kind [...]«?

Hier wird man vermutlich einwenden, daß die Frage nach der Rationalität von Erziehung weder aus der Perspektive des Kindes noch aus der des Erziehers zu stellen ist, sondern eine gesellschaftliche Institution betrifft. Die Frage sollte also lauten: Ist moralische Erziehung ein vernünftiges Element im menschlichen Zusammenleben? Und hierauf liefert der Hinweis auf gute Folgen der moralischen Erzogenheit für den Erzogenen wie für andere schlicht die Antwort: Ja.

Diesen Zusammenhang wollen wir keinesfalls leugnen. Wir weisen nur darauf hin, daß man auch nach Gründen fragen kann - und in letzter Analyse: muß -, *aus denen ein einzelner handelt*, also z.B. Kinder moralisch erzieht. Unsere Antwort erklärt die »gesellschaftliche Rationalität« moralischer Erziehung keineswegs für irrelevant. Die individuelle Wertschätzung moralischer Erzogenheit bedarf der *Stützung* durch die Wertschätzung ihrer Folgen. Allem Vermuten nach gäbe es gar keine moralische Erziehung, wenn sie keine Funktion für das Wohlergehen der Gesellschaft hätte; und zur Rationalität des Erziehers gehört wohl ein Wissen um diese Funktion. Ein vernünftiger Erzieher würde die Art seines Vorgehens modifizieren, wenn er wüßte, daß sie sich für das Kind und für andere übel auswirkte. Dennoch: Stützung ist eben nicht Begründung. Von Begründung dürften wir reden, wenn es dem Erzieher *in seinem Tun um die Folgen der moralischen Erzogenheit ginge*. Dies mag auf manche Erzieher zutreffen; wie aber steht es um das Tun der übrigen: ist es irrational? Das könnte man nur behaupten, wenn *für diese Erzieher* oder in irgendeinem Sinne *objektiv* der Wert jener Folgen gewisser wäre als der Wert moralischer Erzogenheit.

Moralische Erziehung ist also nicht *in dem Sinne* rational, daß die Überzeugung des Erziehers, ein Kind zur persönlichen Sittlichkeit hinführen zu sollen, generell in einer noch gewisseren Überzeugung begründet wäre, bestimmte andere Zwecke fördern zu sollen. Das bedeutet nicht, moralische Erziehung sei irrational. Sie scheint vielmehr (wie andere Grundvollzüge menschlichen Daseins) Wertvorstellungen und Überzeugungen zu implizieren, an denen wir die Rationalität sonstiger Überzeugungen, Einstellungen und Verhaltensweisen *messen*.

RÜCKBLICK UND AUSBLICK

Einige Ergebnisse unseres Beitrages und die Fragen, die unter Voraussetzung dieser Ergebnisse akut werden, lassen sich in sechs Punkten zusammenfassen:

1. Insofern es keine kartesische Gewißheit moralischer Überzeugungen gibt, ist moralische Erziehung notwendigerweise ohne Fundament. Der Erzieher steht nicht vor einem Grundlagenproblem der Rechtfertigung seiner Moral, sondern vor *einzelnen* Fragen nach Inhalten und Vorgehensweisen bei der Hinführung zu einem sittlichen Leben. (Vgl. 2. und 3.)

2. Die moralischen Überzeugungen des Erziehers selbst haben ihren Ausgangspunkt zunächst in Handlungsgewißheiten, die auf Natur, Gewöhnung und Lernen zurückgehen, sodann in der kritischen Reflexion dieser Überzeugungen - und auf ihrer Grundlage! (Vgl. 5.)

3. Wenn grundlegende moralische Überzeugungen weder inner- noch außermoralisch begründbar sind, wenn Ausgangspunkte und Muster rationaler Überzeugungsbildung selbst erst vor-rational in praktischer Gewöhnung erworben werden, dann können Erklärung und Begründung speziell zu Beginn einer moralischen Erziehung nur eine untergeordnete Rolle spielen. Daraus ergibt sich die Frage nach anderen Vorgehensweisen und beeinflußbaren Bedingungen, letztlich wohl auch nach morali-

schen Qualitäten des Erziehers, die für eine Hinführung zu persönlicher moralischer Einstellung von Bedeutung sind.

4. Ob die - nicht begründende - *Vermittlung* moralischer Maßstäbe doch als *rational* gelten könne, ist keine eindeutig gestellte Frage. Weder die Perspektive des Kindes noch die des Erziehers gibt eine »Begründung moralischer Erziehung« her. Auch insofern also: Moralische Erziehung ohne Fundament. Jedoch erlaubt moralische Erziehung als (Teil oder Aspekt einer gesellschaftlichen) *Institution* die Frage nach ihrer Rationalität. Diese Frage läßt sich aktualisieren und spezifizieren: Für welche Erfordernisse menschlichen Zusammenlebens unter den Bedingungen heutiger Komplexität der Gesellschaft ist welche Art moralischer Erziehung vernünftig? Angesichts etwa systemtheoretischer Anfragen (vgl. Luhmann 1990) stehen Moralphilosophie und Erziehungswissenschaft vor der Aufgabe, hier Antworten zu formulieren. Ergeben sich diese Antworten aus einer Konfrontation fragloser moralischer Überzeugungen mit den Tatsachen einer modernen Gesellschaft? Wie müssen sie vertreten werden, um in die Reflexion von Erziehern über Ziele und Vorgehensweisen moralischer Erziehung einzugehen und gegebenenfalls *auch fraglose* Überzeugungen infrage zu stellen?

5. Diese Frage weist auch auf eine Forderung hin, die an den Erzieher zu stellen ist, wenn moralische Überzeugungen kein kognitives Fundament haben: Er sollte möglichst »moralisch souverän«, d.h.: bereit sein, vom Bestand selbstverständlicher Überzeugungen ausgehend, Aspekte seiner Moral zu überprüfen, »bevor« er sie »weitergibt«; und er sollte im Heranwachsenden *auch* diese Bereitschaft zu wecken suchen.

6. Was ergibt sich aus unseren Erörterungen für das Verhältnis zwischen *Pädagogik* und *Ethik*? In seinem Einladungsschreiben zur Tagung, auf der dann u.a. eine frühere Version dieser Überlegungen vorgetragen wurde, formulierte Helmut Peukert als eine Voraussetzung des Tagungsthemas die Auffassung, »daß Bildung und Erziehung nicht nur Anwendungsfelder einer philosophischen Ethik sind, vielmehr auch die erziehungswissenschaftliche Analyse von Problemen pädagogischer Praxis grundlagentheoretische Bedeutung für eine philosophische Ethik haben kann«. Wir glauben, mit unserem Beitrag etwas für die Klärung oder gar Begründung genau dieser Auffassung getan zu haben. Denn unser Ergebnis lautet: Ein kognitives Fundament zur Begründung moralischer Überzeugungen oder zur Rechtfertigung ihrer Vermittlung ist weder möglich noch erforderlich. Auch Moralphilosophie kann der Pädagogik ein solches Fundament nicht liefern. Wohl aber muß die Moralphilosophie der Tatsa-

che Rechnung tragen, daß am Grunde begründeter Maximen, rationaler Argumente und moralphilosophischer Erklärung und Moral-Kritik als Ausgangspunkt praktische Gewißheiten stehen, deren Formung nicht auf gute Gründe, sondern auf gute Erziehung angewiesen ist.

LITERATUR

Descartes, R.: Discours de la Méthode - Von der Methode des richtigen Vernunftgebrauchs und der wissenschaftlichen Forschung. Hrsg. v. L. Gäbe. Hamburg 1960.

Descartes, R.: Regulae ad directionem ingenii. Hrsg. v. H. Springmeyer / H. G. Zekl. Hamburg 1973.

Grewendorf, G. / Meggle, G. (Hrsg.): Seminar: Sprache und Ethik. Zur Entwicklung der Metaethik. Frankfurt am Main 1974.

Luhmann, N.: Paradigm lost: Über die ethische Reflexion der Moral. Frankfurt am Main 1990.

Quine, W. V. O.: From a Logical Point of View. Nine Logico-philosophical Essays. Second, revised, edition. New York 1963.

Rawls, J.: A Theory of Justice. Oxford 1980[5].

Spranger, E.: Die Generationen und die Bedeutung des Klassischen in der Erziehung (1924). In: Gesammelte Schriften Bd. 1. Hrsg. v. G. Bräuer / A. Flitner. Heidelberg 1969, S. 70-89.

Wittgenstein, L.: Über Gewißheit. Hrsg. v. G. E. M. Anscombe / G. H. von Wright. Oxford 1969.

Arnold Schäfer

Die aktuellen Gefährdungen der verständigungspraktischen Voraussetzungen für die Realisierbarkeit einer kommunikativen Ethik und Erziehungspraxis

Es gibt gute Gründe, ein kommunikatives Erziehungsverständnis zu favorisieren: Verständigungsprozesse sind konstitutiv für Rationalität; »kommunikatives Handeln« dient »der Tradition und Erneuerung kulturellen Wissens«, der »sozialen Integration und der Herstellung von Solidarität« und der Ausbildung von personalen Identitäten,[1] und die kommunikative Qualität des pädagogischen Austausches ist maßgebend für die Erziehungsbereitschaft, für das kreative Lernpotential des pädagogischen Umgangs und für die Legitimierbarkeit der Erziehungshandlung.[2] Daß eine in ihrer Grundlegung sich der Konditionen kommunikativer Rationalität versichernde Erziehungskonzeption eine strukturelle Affinität zur kommunikativen Ethik aufweist, versteht sich.

In diesem Zusammenhang bekommt die Frage nach der Realisierbarkeit - nicht zu verwechseln mit der Begründbarkeit - dieser Ethik ein besonderes Gewicht. Und wenn die Voraussetzungen für das Praktischwerden einer kommunikativen Ethik gefährdet sein sollten, so müßte dies krisenwirksam durchschlagen auf eine kommunikativ angelegte Erziehungspraxis.

Unter einer sachlogischen Rücksicht wäre es in diesem Zusammenhang gewiß sinnvoll und auch der Verständlichkeit der intendierten kritischen

---

1 Habermas, Jürgen: Theorie des kommunikativen Handelns. Bd. 2. Zur Kritik der funktionalistischen Vernunft. Frankfurt am Main 1981, S. 208 (im folgenden als TKH, II bezeichnet).

2 Vgl. dazu: Schäfer, Arnold: Kritische Kommunikation und gefährdete Identität. Zur anthropo-soziologischen Grundlegung einer kritischen Erziehungstheorie. Stuttgart 1978; hier: Einleitung: Kommunikation und Pädagogische Anthropologie, S. I-XXV (im folgenden als KKI bezeichnet).

Analyse förderlich, zunächst die moraltheoretischen Eckdaten einer kommunikativen Ethik zu reformulieren. Das ist in dem hier vorgegebenen Rahmen leider nicht möglich. Ich setze also eine relative Vertrautheit mit der kommunikativen Ethik voraus und verweise im übrigen vor allem auf Jürgen Habermas: Diskursethik - Notizen zu einem Begründungsprogramm.[3]

Bei den nachfolgenden Überlegungen bin ich von der folgenden Hypothese geleitet: Das Praktischwerden der kommunikativen Ethik, die Reichweite, in der sie realisiert werden kann, ist abhängig von der Verständigungskompetenz bzw. von deren soziokulturell spezifischen Konditionen. Mit der *ersten These* umschreibe ich eine Paradoxie: Verstehen und Verständigung sind konstitutiv für Menschlichkeit; sie gewinnen in der gegenwärtigen Situation - vor allem im Kontext moralischer Kompetenz - zunehmend an Bedeutung, und zugleich erweist sich die Verständigungskompetenz als tendenziell gefährdet (1). Diese Gefährdungsthese versuche ich zu verifizieren, indem ich die Habermassche Diagnose von der »Kolonialisierung der Lebenswelt«[4] reformuliere und die damit implizierten Reduktionen der hermeneutischen und verständigungspraktischen Kompetenz aufzeige (2). Die *zweite These* lautet: Die Verluste lebensweltlicher Ressourcen der kommunikativen Rationalität einerseits und die Expansion »funktionaler Imperative« (Habermas) andererseits beeinträchtigen die Voraussetzungen der alltagspraktischen Realisierung einer kommunikativen Ethik. In dem hier vorgegebenen Rahmen kann dies nicht in einer systematischen moraltheoretischen Hinsicht nachgewiesen werden. Statt dessen will ich der *Frage* nachgehen, wie sich die alltagspraktischen Blockaden in der Erziehung manifestieren (3). Dabei werde ich mich nicht - wie es naheläge - mit den pädagogischen Irritatio-

---

[3] In: Habermas, Jürgen: Moralbewußtsein und kommunikatives Handeln. Frankfurt am Main 1983, S. 53-125 (im folgenden als DE bezeichnet). Hinzuweisen ist hier u.a. auch auf: Apel, Karl-Otto: Das Apriori der Kommunikationsgemeinschaft und die Grundlagen der Ethik. Zum Problem der rationalen Begründung der Ethik im Zeitalter der Wissenschaft. In: Ders.: Transformation der Philosophie, Bd. II. Das Apriori der Kommunikationsgemeinschaft. Frankfurt am Main 1973, S. 358ff.; Lorenzen, Paul und Schwemmer, Oswald: Konstruktive Logik, Ethik und Wissenschaftstheorie. Mannheim-Wien-Zürich 1973; Wellmer, Albrecht: Ethik und Dialog. Elemente des moralischen Urteils bei Kant und in der Diskursethik. Frankfurt am Main 1986; Frank, Manfred: Die Grenzen der Verständigung. Frankfurt am Main 1988.

[4] Habermas, Jürgen: Einleitung. In: Ders. (Hrsg.): Stichworte zur »Geistigen Situation der Zeit«. 1. Band: Nation und Republik. Frankfurt am Main 1979, S. 7-35 (im folgenden als Einleitung bezeichnet); Habermas, Jürgen: TKH, II.

nen in der Ebene der Zielartikulation, der Legitimation und der Motivation beschäftigen, sondern exemplarische dilemmatische Rückwirkungen ins Auge fassen, die im Kontext der *Verantwortung für die eigene Identität* virulent werden.

(1) Die fortschreitende Sensibilisierung des aufgeklärten zeitgenössischen Bewußtseins für die Dignität diskursiver Problemlösungspraxis und die *»Institutionalisierung von Diskursen«*[5] in den Bereichen der Wissenschaft und des parlamentarischen Betriebs können prinzipiell nicht hoch genug eingeschätzt werden. Aber meine Skepsis hinsichtlich der sozialkulturellen Konditionen der Verständigungskompetenz wird dadurch nicht beschwichtigt. Mit der ersten These, die ich in drei kurzen Schritten entfalte, stoßen wir nicht nur auf eine untergründige Paradoxie, sondern auf einen Befund, der - sollte er der Überprüfung standhalten - für die Realisierbarkeit einer kommunikativen Ethik sehr bedeutsam ist.

(1.1) *Die Menschlichkeit des Menschen ist in mannigfachen Hinsichten durch das Verstehen und die Verständigung gewährleistet.* Wir brauchen sie u.a.:
- um die mit den Erfahrungen der Geschichte eingeräumten Erkenntnismöglichkeiten einzuholen;
- um in Verständigungsprozessen Intersubjektivität »herzustellen«;
- um uns in diskursiver Kommunikation unserer moralischen Kompetenz zu versichern;
- um in der Selbstverständigung und in der Identitätsprojektion über den Alltagshorizont und die mit ihm favorisierte Naturwüchsigkeit hinauszukommen;
- um die theoretischen und praktischen Befreiungspotentiale künstlerischer Objektivationen einzuholen;
- um unsere Sinnkompetenz zu erhalten und zu verbessern;
- um die in mythischen Figurationen sedimentierte Welt- und Existenzerfahrung zu entschlüsseln;
- um uns unserer symbolischen Produktivität zu versichern und mit ihr die Frage offen- und auszuhalten, die wir selber sind, damit wir der immer noch ausstehenden Humanität auf der Spur bleiben.

---

[5] Habermas, Jürgen: DE, S. 102.

(1.2) *Wir brauchen das Verstehen und die Verständigung heute mehr denn je*, weil der moderne Mensch angesichts der Erosion überkommener Lebensformen mit einer neuartigen Deutungszumutung konfrontiert ist, weil die überkommenen normativen Ordnungen problematisiert sind und dem Menschen die eigene Lebensgeschichte als Substrat einer permanenten Identitätsarbeit anheimgegeben ist. Der Bedarf an hermeneutischen Erkenntnis- und praktischen Verständigungsleistungen war nie zuvor so groß. Wir brauchen sie heute u.a.:

- um in den pluralistisch angelegten Deutungs- und Orientierungshorizonten und in der progressiven Individualisierung der Lebensstile dem Universellen auf der Spur zu bleiben;
- um die Frage nach der Gerechtigkeit diskursiv thematisieren zu können;
- um im kooperativ gedeuteten Aufgabengehalt der geschichtlichen Situation einen Projektionshorizont für die eigene Identität zu gewinnen;
- um im Überschreiten eines eurozentrisch limitierten Kulturbewußtseins den wirkungsgeschichtlichen Zirkel einheimischer Traditionen aufzubrechen und im Brüderlich-Fremden Anstoß und Anhalt zu gewinnen für eine menschheitlich verstandene Gemeinsinnigkeit;
- um trotz der Absurditäten auf der Weltbühne an der »Lesbarkeit der Welt« (H. Blumenberg) festzuhalten.

(1.3) *Die Fähigkeit zum Verstehen und zur Verständigung ist aber tendenziell gefährdet, weil* mit der Expansion einer »funktionalistischen Vernunft«[6] die Ressourcen der Verständigung aufgezehrt und nur unzureichend regeneriert werden. Wir können aber nur so gut verstehen und uns nur so gut verständigen, wie die Verständigungsverhältnisse dies ermöglichen. Eine beschädigte kommunikative Vernunft ist eine in ihrer hermeneutischen und verständigungspraktischen Kompetenz reduzierte Vernunft.

(2) Diesen diagnostischen Befund in seiner Begründungsfähigkeit auszuweisen und hinsichtlich der Implikationen zu befragen, erscheint notwendig, denn weder in der jüngsten Diskussion um die Geisteswissenschaften[7] noch in der Kommunikationstheorie wurde nach meiner Kenntnis der

---

[6] TKH, II.

[7] Kursbuch 91: Wozu Geisteswissenschaften? Berlin 1988; Loccumer Protokolle 18/1988: Was sind und zu welchem Ende brauchen wir Geisteswissenschaften? Geisteswissenschaften zwischen Krise und neuem Selbstbewußtsein. Hrsg. v. Karl Ermert, Rehburg-Loccum 1989. Im Rahmen der unter diesem Titel dokumentierten Ta-

Problemzusammenhang bisher angemessen thematisiert. Odo Marquard hat mit seiner These von der *»Kompensationsrolle der Geisteswissenschaften«*[8] nicht nur eine bedenkliche »kulturkonservative Funktionsbestimmung«[9] aufgebracht, sondern zugleich die durch die gesellschaftliche Modernisierung verursachten lebensweltlichen Verluste indirekt trivialisiert und die Frage nach den Konsequenzen stillgestellt. Nach meiner Auffassung ist die hermeneutische Kompetenz selbst in den Verlustprozeß einbezogen. Daß die Frage nach den tendenziellen Restriktionen des Verstehens und der Verständigung nicht gestellt wird, obgleich wir mehr denn je auf beide Funktionen angewiesen sind, mutet an wie eine paradoxe Verdrängung. Ihr will ich mich mit der nachfolgenden Analyse widersetzen.
In einem ersten Schritt werde ich die Habermassche Diagnose von der Gefährdung kommunikativer Ressourcen in aller Kürze reformulieren (2.1), um sie anschließend hinsichtlich ihrer Implikationen für die hermeneutische und verständigungspraktische Kompetenz zu analysieren (2.2).

(2.1) Mit dem Begriff der »Kolonialisierung der Lebenswelt«[10] verbindet sich bei Jürgen Habermas die Analyse eines evolutionären Syndroms, das in seiner Tendenz auf eine folgenschwere Deformation der kommunikativen Rationalität hinausläuft. Die über die Medien Geld und Macht verselbständigten Systeme der Wirtschaft und der staatlichen Administration dringen mit ihren funktionalen Imperativen in Lebensbereiche ein, die »dem Eigensinn moralisch und ästhetisch-praktischer Rationalität gehorchen [...]«.[11] Unter dem parasitären Zugriff einer offensiven funktionalistischen Vernunft werden die symbolischen Ressourcen »kommunikativ strukturierter Lebensformen«[12] aufgezehrt. Was dabei auf dem Spiel steht, ist die »kommunikative Infrastruktur jeder Form humanen Zusammenlebens.«[13]

---

ten Tagung habe ich mich bereits mit der hier thematisierten Frage befaßt: Schäfer, Arnold: Sozialpathologie und Hermeneutik: Anmerkungen zur Ortsbestimmung des Verstehens angesichts der Gefährdungen der »Kommunikativen Vernunft«, a.a.O., S. 167ff.

[8] Marquard, Odo: Über die Unvermeidlichkeit der Geisteswissenschaften. In: Ders.: Apologie des Zufälligen, Stuttgart 1986, S. 102f.

[9] Schnädelbach, Herbert: Kritik der Kompensationstheorie. In: Kursbuch 91, S. 36.

[10] Habermas, Jürgen: Einleitung, S. 7-35 und Habermas, J.: TKH, II.

[11] Einleitung, S. 29; vgl. auch S. 18 u. 27f.

[12] A.a.O., S. 23f.

[13] A.a.O., S. 24.

Wenn ich das Verhältnis von Systemrationalität und kommunikativer Rationalität unter einigen genetischen und konstitutiven Rücksichten rekonstruiere, muß ich mich in dem hier gegebenen Rahmen auf eine vergröbernde Skizze (in Form einiger Thesen) beschränken.

- Mit der für die kulturelle Modernisierung konstitutiven Ausdifferenzierung der »'kulturellen Wertsphären' von Wissenschaft und Technik, Recht und Moral, Kunst und Kritik«[14] und der damit korrespondierenden »Wertgeneralisierung« wird das im kommunikativen Handeln angelegte »Rationalisierungspotential« freigesetzt, denn die »Handlungskoordinierung« kann von tradierten normativen Ordnungen auf den »Verständigungsmechanismus«[15] umgepolt werden. Kulturelle Reproduktion, soziale Integration und Sozialisation können sich auf den »Verständigungsmechanismus« stützen. In ihm ist die kommunikative Vernunft verankert.
- Kommunikatives Handeln speist sich aus den Ressourcen der Lebenswelt, und diese regenerieren sich im Medium des kommunikativen Handelns. Konsensbildung ist möglich im Rückgriff auf »Strukturen des *Vor*verständigtseins in einer intersubjektiv geteilten Lebenswelt«[16]. Vorverständigung und Verständigungsleistungen der Kommunikationsteilnehmer verkörpern in ihrer Komplementarität und funktionalen Verschränkung kommunikative Rationalität.
- Diese verständigungsproduktive Interdependenz, die zugleich die Reproduktion lebensweltlicher Ressourcen ermöglicht, ist gefährdet: Wirtschaftssystem und Staatsapparat haben sich als gesellschaftliche Teilsysteme funktional verselbständigt, indem sie die Handlungskoordinierung von sprachlichen Konsensbildungsprozessen auf die »Steuerungsmedien [...] Geld und Macht«[17] umstellten. Das impliziert eine »Entkoppelung von System- und Sozialintegration«. Handlungen können nicht nur koordiniert werden über den »Konsens der Beteiligten«, sondern können auch über »funktionale Handlungszusammenhänge zustande«[18] kommen.

---

[14] Habermas, Jürgen: Entgegnung. In: Honneth, Axel und Joas, Hans (Hrsg.): Kommunikatives Handeln. Beiträge zu Jürgen Habermas' Theorie des kommunikativen Handelns. Frankfurt am Main 1986, S. 340 (im folgenden als »Entgegnung« bezeichnet).

[15] TKH, II, S. 268f.

[16] Entgegnung, S. 339.

[17] TKH, II, S. 273.

[18] A.a.O., S. 278.

- Wenn die Imperative dieser Subsysteme durch fortschreitende Verrechtlichung in die kulturelle Reproduktion, die soziale Integration und die Sozialisation eingreifen, werden die lebensweltlichen Ressourcen für die Legitimationsbeschaffung und die Zwecke der ökonomischen Optimierung verbraucht. Und sie können über die Mechanismen der Systemintegration nicht regeneriert werden, weil diese die sprachlichen Konsensbildungsprozesse vielfach suspendieren.
- Zugleich spalten sich Wissenschaft, Kunst und Moral als »elitäre Expertenkulturen« von der kommunikativen Alltagspraxis ab mit dem Effekt, daß die kommunikative Infrastruktur verödet.

Mit den unvermeidlich aufkommenden Störungen der symbolischen Reproduktion gerät das kommunikative Handeln in ein Verlustgefälle. Der »Wissensvorrat, aus dem sich Kommunikationsteilnehmer, indem sie sich über etwas in der Welt verständigen, mit (konsensträchtigen) Interpretationen versorgen«, schrumpft; die »legitimen Ordnungen, über die Kommunikationsteilnehmer ihre Zugehörigkeit zu sozialen Gruppen regeln und damit Solidarität sichern«, werden unscharf hinsichtlich ihrer zweifelsfreien Verbindlichkeit, und die »Kompetenzen, die ein Subjekt [...] instandsetzen, an Verständigungsprozessen teilzunehmen und dabei die eigene Identität zu behaupten«[19], nehmen ab. Mit den Störungen im Bereich der kulturellen Reproduktion werden *Sinnverluste* unausweichlich; Beeinträchtigungen der sozialen Integration bewirken Verunsicherungen der kollektiven Identität und befördern die *anomische Verfaßtheit der Gesellschaft*, und die krisenhaft verlaufende Sozialisation beeinträchtigt die Identitätsbildung und mündet immer häufiger in *Psychopathologien.*[20]

Daß hier strukturell tiefgreifende und folgenschwere Veränderungen im Gange sind, wird durch ein breites Spektrum von Phänomenen belegt. Sie reichen von den Wert- und Sinnungewißheiten, den sich häufenden pathologischen Ängsten und dem verbreiteten Zukunftspessimismus, den epidemisch um sich greifenden Verhaltensstörungen und Suchtphänomenen, der steigenden Selbstmordrate und der wachsenden Jugendkriminalität, von den zerquälten, bisweilen aber auch grotesk anmutenden Ausbruchsversuchen bis zum aktiven Protest, wie er sich in den sozialen Bewegungen vielfältig artikuliert.

---

19 A.a.O., S. 209.

20 Vgl. a.a.O., S. 214ff.

(2.2) Dieses Krisenpanorama ist das alarmierende Äquivalent zu den vielfältigen Störungen der symbolischen Reproduktion der Lebenswelt. Das damit verbundene menschliche Leiden gibt der Frage nach dem Zusammenhang von »Kolonialisierung der Lebenswelt« und hermeneutischer Kompetenz ein besonderes Gewicht. Hier meine diesbezügliche These: *Eine beschädigte »kommunikative Vernunft« ist eine in ihren hermeneutischen und verständigungspraktischen Kompetenzen reduzierte Vernunft.* Auch hier beschränke ich mich auf eine thesenförmige Begründungsskizze.

- Wenn der Traditionsfluß auszutrocknen droht, weil die verständigungspraktische Überlieferung und Erneuerung kulturellen Wissens durch eine expandierende »funktionalistische Vernunft« blockiert sind, wird die wirkungsgeschichtliche Verflechtung des historischen Bewußtseins brüchig und das Verstehen in seinen Voraussetzungen beeinträchtigt.[21]
- Die *Verwerfungen der Wirkungsgeschichte* behindern oder vereiteln die Anwendung des sachlichen Gehalts des Tradierten, seine Einschmelzung in das Selbst- und Situationsverständnis des Interpreten und seine produktive Übersetzung in die »Intersubjektivität handlungsorientierender Verständigung«. Dadurch wird das für das Verstehen konstitutive *erkenntnisleitende Interesse beschädigt.*[22]
- Wenn die kulturellen Wissensvorräte und Deutungsschemata nur lükkenhaft reproduziert werden, verliert der Gegenwartshorizont seine differenzierte geschichtliche Tiefenstruktur. Das schlägt durch auf die horizonteröffnende Funktion der *Phantasie* und ihre bedeutungsschöpferische Kraft. Die Gefangenschaft der Phantasie im Gegenwärtigen hat fatale *Einbußen unserer Lernkompetenz* zur Folge. Wenn nämlich die Phantasie nicht an vergegenwärtigungsfähiger Geschichte jene Kontingenzen aufspüren kann, aus denen sie ihre sinnschöpferischen Antriebe und die Kraft des Sich-Versetzens gewinnt, ist es ihr verwehrt, im Gegenwärtigen das Verkehrte und die unter Verschluß gehaltenen Möglichkeiten zu entdecken.

Je mehr wir unsere Sinnfragen, Sinnerwartungen und Sinnhypothesen vom Kontext substantieller geschichtlicher Aneignung abkoppeln und im geschichtsverarmten Gegenwartshorizont festmachen, desto oberflächli-

---

21 Vgl. Gadamer, Hans-Georg: Wahrheit und Methode. Grundzüge einer philosophischen Hermeneutik. Tübingen 1965², S. 284 u. 289f.

22 Habermas, Jürgen: Erkenntnis und Interesse. In: Ders.: Technik und Wissenschaft als Ideologie. Frankfurt am Main 1968, S. 158 und 162.

cher sind unsere Sinnerfahrungen angelegt und entsprechend dürftiger sind die Lerngewinne, die sich mit deren Verarbeitung verbinden.

Der Funktionsverlust der Wirkungsgeschichte, die tendenzielle Restriktion des hermeneutischen Erkenntnisinteresses und die Einbußen in der hermeneutischen Lernstruktur verbinden sich schließlich mit einem *expandierenden hermeneutischen Relativismus.* Wenn die überkommenen Deutungsmuster - aus dem Zusammenhang konventioneller Weltbilder herausgelöst - in ihren Konsensprofilen unscharf werden, wird der in seiner Infrastruktur beschädigte Verständigungsmechanismus immer häufiger überlastet. Diskursive Bemühungen sind vielfach mit einer chronischen Mißerfolgserwartung besetzt und kippen darum immer häufiger in die kurzschlüssige Freistellung von intersubjektiv ausgewiesenen Geltungsansprüchen. Die Originalität oder genauer: das entwaffnend und schockierend Innovatorische an den aufgebrachten Interpretationsleistungen soll die intersubjektive Überprüfung von Geltungsansprüchen ersetzen. Chronische hermeneutische Enttäuschung koaliert mit forcierten Individualisierungsambitionen. Im Kreativitätspathos und in der gewollten Originalität verbirgt sich eine schleichende Enthistorisierung des Bewußtseins.

(3) Wenn die symbolische Reproduktion der Lebenswelt gestört ist, sind die verständigungspraktischen Voraussetzungen für die Realisierbarkeit einer kommunikativen Ethik in Mitleidenschaft gezogen. Dies will ich mit einer krisendiagnostischen Skizze an dem pädagogisch signifikanten Beispiel *der Verantwortung für die eigene Identität* nachweisen. Daß dieser Verantwortung im Erziehungszusammenhang eine zentrale Bedeutung zukommt, wird deutlich, wenn ich mein Erziehungsverständnis in einem Definitionsversuch vorstelle. Ich tue dies ungeschützt und mit dem Risiko, in der Rezeption intuitive Plausibilitäten zu verfehlen, wenn ich dies ohne reflexionsgeschichtliche, begriffskritische und metatheoretische Vorkehrungen tue.

Erziehung ist der kommunikativ angelegte Versuch einer Hilfe, die den Heranwachsenden auf den Weg bringt in ein Erleben, Denken, Sprechen und Vollbringen, in denen der junge Mensch er selbst ist. Er ist in einem erzieherisch legitimierbaren Sinne er selbst, wenn er im gemeinsam interpretierten Aufgabengehalt der geschichtlichen Situation einen Projektionshorizont für seine Identität gewinnt und sein Identitätskonzept in kritisch-verstehendem und kommunikativ-einfühlendem Bewußtsein mit einem konsensfähigen Orientierungssystem und einem revisionsfähigen

Deutungssystem vermittelt. Diese Vermittlung zielt darauf, in diskursiv-reflektierter Solidarität universell legitimierbar Humanität auszumachen und zu realisieren.[23]

Auch ohne eine differenzierte Explikation wird deutlich, daß diese Definition im Topos der Identität Vorgaben der pädagogischen Reflexionsgeschichte aufnimmt, sie aus der bewußtseinstheoretisch-idealistischen Konzeption herausführt und sie mit einem handlungstheoretischen Verständnis des Erzieherischen vermittelt, das der kommunikativen Rationalität verpflichtet ist. Das implizierte Identitätsverständnis beinhaltet eine funktional-anthropologische Komponente, eine hermeneutisch-geschichtliche, eine normativ-emphatische, eine Lernkomponente und in all dem eine kommunikative Komponente. Damit sind Konditionen einer Begriffskonzeption avisiert, die explizit zu formulieren in diesem Rahmen nicht möglich ist. Für die hier vorschwebende krisendiagnostische Skizze muß ich mich darum mit einer Definition begnügen, der - gemessen an den hier geltend gemachten Strukturkomponenten - nur ein strukturtheoretischer Annäherungswert zukommt.

Identität beinhaltet nach meiner Auffassung die auf Verständigungsvorgänge gestützten und - mit ihnen - aus kulturellen Ressourcen und aus den normativen Ordnungen der Lebenswelt gespeisten Prozesse der Selbstwahrnehmung, Selbstdeutung, Selbstprojektion und Selbstlegitimation, mit denen sich eine »symbolische Struktur« konstituiert, »die es einem Persönlichkeitssystem erlaubt, im Wechsel der biographischen Zustände und über die verschiedenen Positionen im sozialen Raum hinweg Kontinuität und Konsistenz zu sichern.«[24]

Und noch eine Limitierung muß angezeigt werden. Ich werde mich bei der nachfolgenden Analyse weder durch die Identitätsdefinition noch durch die Erziehungsdefinition unter die Zumutung bringen lassen, der mit ihnen implizierten Systematik bei der Beantwortung der Frage nach der Verantwortung für die eigene Identität nachzukommen. Es kann hier nur darum gehen, einige essayistische Schlaglichter zu setzen, die die Be-

---

23 Vgl. dazu: A. Schäfer, a.a.O., S. IX.

24 Döbert, Rainer/Habermas, Jürgen/Nunner-Winkler, Gertrud (Hrsg.): Entwicklung des Ichs. Köln 1977, S. 9. Ich bin mir bewußt, mit der Verkoppelung einer genetischen, die symbolischen Strukturierungen veranlassenden Komponente mit einem strukturellen Definitionsmoment eine begriffskritisch zu sehende Komplikation aufzubringen. Sie kann hier nicht abgearbeitet werden. Ich nehme sie einstweilen in Kauf, um das dynamische Moment in das Begriffsverständnis der Identität einzuholen.

dingungen der Realisierbarkeit einer kommunikativen Ethik im Handlungsraum des Erzieherischen problematisieren sollen.

Identität erwerben, behaupten und über Schädigungen und Verluste hinweg wieder herstellen, ist nicht nur ein unabschließbarer Prozeß, sondern auch eine Aufgabe, die ein sich diskursiv prüfendes Gewissen sich zu eigen machen muß.[25] Solche Verantwortung soll der junge Mensch in pädagogischen Verständigungsprozessen übernehmen lernen. Erzieherisches Handeln ist verständigungsorientiertes Handeln. Es fungiert als Vermittlungsmedium des jung-menschlichen Selbstverhältnisses. Die vielfach pädagogisch eingelenkten und nicht selten auch unmittelbar kommunikativ begleiteten Prozesse reflexiver Selbstthematisierung sind für die »symbolische Struktur« bedeutsam. Die für Identität konstitutive »symbolische Struktur« hat nämlich eine normative Dimension. Sie ist die Bedingung der Möglichkeit, Kontinuitätsbrüchen und Fragmentierungen und den Diffusions- und Destabilisierungsrisiken konsistenzsichernd entgegenzuwirken. Sie verbürgt so einen prinzipiellen Schutz gegen den Verlust biographischer Substanzen und gegen selbstkorrumpierende Vereinnahmungen. Die Selbstwahrnehmung aber ist täuschungsanfällig, die Selbstdeutung und die implizierte Selbstbewertung können zur Fehldeutung pervertieren, der Selbstentwurf kann am Selbst und an der geschichtlichen Wirklichkeit vorbeigreifen, und die Selbstlegitimation kann sich in Rationalisierungen und in den Tarnkünsten der Selbstgerechtigkeit verirren. Darum kommt jenen in die pädagogische Zuständigkeit fallenden Kontexten der Selbstthematisierung in unserem Zusammenhang entscheidende Bedeutung zu.

Ich erinnere: In der pädagogischen Kommunikation geht es u.a. darum, daß der junge Mensch »im gemeinsam interpretierten Aufgabengehalt der geschichtlichen Situation einen Projektionshorizont für seine Identität gewinnt.« Die Verständigung der Erziehungspartner kann hier nur so vor sich gehen, daß sie in einem kooperativen Deutungsprozeß auf den vorgegebenen kulturellen Wissensvorrat zurückgreifen, um sich mit »kon-

---

[25] Mit dieser Auffassung ist eine prinzipielle Differenz markiert zu Hermann Lübbes Verständnis von der »Rechtfertigungsunbedürftigkeit« (O. Marquard) der Identität. Nach H. Lübbes Auffassung ist »Identität (nämlich) kein normativer, sondern ein deskriptiver Begriff« (Lübbe, Hermann: Identität und Kontingenz. In: Marquard, Odo u. Stierle, Karlheinz (Hrsg.): Identität. München 1979, S. 657; siehe dazu auch: Odo Marquard: Identität - Autobiographie - Verantwortung (ein Annäherungsversuch), a.a.O., S. 690ff.

sensträchtigen Interpretationen [zu] versorgen«[26]. Und zugleich werden sie die lebensweltlich vorgegebenen legitimen Ordnungen in den Blick nehmen, um ein Aufgabenverständnis artikulieren zu können, das handlungskoordinierende Funktion hat und so der »sozialen Integration und der Herstellung von Solidarität«[27] dient. Das Lernniveau pädagogischer Kommunikation ist dabei abhängig von der Reichweite, in der die mit den Lernprozessen verbundenen Geltungsansprüche »diskursiv eingelöst werden können.«[28] Personale Identität, eine symbolische Struktur also, kann der junge Mensch nur gewinnen, indem er sich in den über Verständigungsprozesse aufgebrachten Kontexten kognitiver Welt- und Geschichtsdeutung und normativer Orientierung zu sich selbst verhält. Der Mensch kommt über Lebensprozesse der kognitiven Welterschließung und der praktischen Weltgestaltung auf sich selbst zurück. Und hier folge ich Ernst Tugendhat, der eine Kierkegaardsche Denkfigur korrigiert und produktiv aufhebt, wenn er »das Sichzusichverhalten [...] als ein Sichverhalten nicht der Person zu der Person, sondern der Person zu ihrem Leben, ihrer Existenz«[29] versteht.

Der junge Mensch versichert sich mit Hilfe des Erziehers in theoretischen und praktischen Diskursen, die auf die Artikulation geschichtlicher Aufgabengehalte abheben, der theoretischen und praktischen Kontexte, die ihm die reflexive Selbstthematisierung und damit auch einen verantwortbaren Selbstentwurf ermöglichen.

Wenn nun aber die Reproduktion symbolischer Strukturen der Lebenswelt gestört ist, so hat dies nicht nur Sinnverluste, gesellschaftliche Anomie und Psychopathologien zur Folge.[30] Die mit den Reproduktionsstörungen implizierten Verluste an konsentiertem Wissen und an Gruppensolidarität schlagen durch auf die Bedingungen der Realisierbarkeit diskursiver Praxis und damit indirekt auch auf die Fähigkeit, Verantwortung für die eigene Identität zu übernehmen.

---

[26] Habermas, Jürgen: Der philosophische Diskurs der Moderne. Zwölf Vorlesungen. Frankfurt am Main 1985, S. 397.

[27] Habermas, J.: TKH, II, S. 208.

[28] Habermas, J.: Legitimationsprobleme im Spätkapitalismus. Frankfurt am Main 1973, S. 28.

[29] Tugendhat, Ernst: Selbstbewußtsein und Selbstbestimmung. Sprachanalytische Interpretationen. Frankfurt am Main 1981, S. 161 u. 158ff.

[30] Vgl. Habermas, J.: TKH, II,. S. 213ff.

Nicht das diskursive Geltungsprinzip und die Unausweichlichkeit der in die Diskursregel investierten Präsupposition[31], also nicht die Begründungsfähigkeit einer diskursiven Ethik erscheint mir problematisch. Die kritischen Bedenken beziehen sich vielmehr auf die empirisch-faktische handlungsleitende Funktion des Diskurses in der Orientierungs-, Entscheidungs- und Rechtfertigungspraxis. Dies gilt auch für die pädagogische Handlungsstruktur.

Die pädagogische Situation ist heute dadurch gekennzeichnet, daß es tendenziell schwieriger wird, verallgemeinerungsfähige Interessen zu ermitteln, wenn man auf intersubjektiv geteilte Überlieferungen, also auf Konsensvorräte nicht zurückgreifen kann. Bedürfnisse werden ja im Lichte kultureller Werte interpretiert.[32]

Wenn nun aber die im lebensweltlichen Horizont vorgegebenen Wertstandards anämisch, diffusioniert und mit Relativierungsvorbehalten behaftet sind, wird stillschweigend die in Verständigungsprozesse investierte Einigungserwartung zurückgenommen. Und die Einfädelung der Bedürfnisse in verständigungsproduktive Deutungsmuster und korrespondierende Figurationen intersubjektiver Praxis gerät ins Stocken. Der Universalisierungsgrundsatz wird abgelöst durch partikularistische Individualisierungstoleranzen. Selbstbestimmungsansprüche werden nicht mit einem diskursiv-reflexiven Gebot der universellen Solidarität vermittelt. Gestützt auf partikularistische Beziehungsgewißheiten wird die Frage nach jener Humanität stillgestellt, die erst in kontinuierlichen diskursiven Lernprozessen aufleuchtet.

Pädagogische Kommunikation, die mit solchen Deformationsrisiken der kommunikativen Rationalität tendenziell behaftet ist, begünstigt Selbstinterpretationen, Selbstprojektionen und Selbstlegitimationen des jungen Menschen, die diskursiven Geltungsansprüchen der Wahrheit und Richtigkeit nicht standhalten. Die symbolischen Strukturierungsprozesse drohen ins Unverbindliche, ins nicht Verantwortbare abzudriften. Das Selbstverhältnis wird tendenziell entmoralisiert; es erweist sich als zunehmend disponiert, einem Prinzip des Spielerischen Raum zu geben.

Mit den Störungen der »symbolischen Reproduktion der Lebenswelt« werden auch lebensweltlich vorgegebene Identitätskonzepte eingeebnet. Ihre Orientierungsverbindlichkeit wird unscharf. Erzieherische Intervention kann sich nicht im Rückgriff auf sie legitimieren. Pädagogische Ver-

---

31 Vgl. Habermas, J.: DE, S. 100.

32 Vgl. a.a.O., S. 78.

ständigung ist Verständigung über die *zu suchende* Identität. Die Lösung dieser Verständigungsaufgabe wird erheblich erschwert durch eine expandierende *Individualisierung*. Im Zusammenhang mit der beschleunigten Erosion kollektiver Lebensformen diagnostizieren Soziologen und sozialwissenschaftliche Biographieforschung einen »neuen Individualisierungsschub«.[33] Nach Ulrich Beck sind es die kollektiven Zuwächse »an Einkommen, Bildung, Mobilität, Recht, Wissenschaft, Massenkommunikation«, die »einen Prozeß der *Individualisierung und Diversifizierung* von Lebenslagen und Lebensstilen in Gang gesetzt« haben.[34] Immer mehr Menschen werden »aus traditionalen, familiären, nachbarschaftlichen, beruflichen und kulturellen Bindungen herausgelöst.«[35] Dieser Freisetzungsprozeß bringt nicht nur ein wachsendes Autonomiepotential mit sich, sondern auch einen »Anstieg an reflexiver Selbstthematisierung.«[36]

Für das, was unter dem Terminus der »Biographisierung« als »Dauerreflexion lebensgeschichtlich relevanter Ereignisse«[37] beschrieben wird, gibt es noch kein pädagogisches Äquivalent. In ihren derzeitigen Zurüstungen ist die Erziehung keineswegs so eingerichtet, daß sie die jungen Menschen auf die »Biographisierung der Lebensführung« und d.h. auf »eigenständige Planungen, Relativierungen, Umorientierungen, Neuanfänge«, auf »Unterbrechungen, Krisen und Wendungen«[38] und auf die Verarbeitung von Kontingenzerfahrungen vorzubereiten vermöchte. Die mit der »Kolonialisierung der Lebenswelt« implizierte Verminderung der Konsensvorräte hat auch zur Folge, daß die pädagogische Kommunikation angesichts der aktuellen »Entwicklung und Vervielfältigung von Individualisierungsformen«[39] einem Verständigungsdilemma zutreibt. Erschwert und blockiert ist sowohl die Verständigung über ein transsubjektiv geltendes Allgemeines als auch über die Konditionen, unter denen die Vermittlung von Individuell-Besonderem und Gesellschaftlich-Allgemei-

---

[33] Kohli, Martin: Normalbiographie und Individualität: Zur institutionellen Dynamik des gegenwärtigen Lebenslaufregimes. In: Brose, Hans-Georg/Hildenbrand, Bruno (Hrsg.): Vom Ende des Individuums zur Individualität ohne Ende. Opladen 1988, S. 33.

[34] Beck, Ulrich: Risikogesellschaft. Auf dem Weg in eine andere Moderne. Frankfurt am Main 1986, S. 122.

[35] A.a.O., S. 132.

[36] Brose, Hans-Georg/Hildenbrand, Bruno: Biographisierung von Erleben und Handeln. In: Dieselben: Vom Ende ..., a.a.O., S. 21.

[37] A.a.O., S. 18.

[38] Kohli, M., a.a.O., S. 40.

[39] Brose/Hildenbrand, a.a.O., S. 11.

nem vor sich gehen kann. Diese Vermittlungsleistung aber hat nicht nur eine identitätskonstituierende Funktion, sondern von der Art der Vermittlung hängt auch die Verantwortbarkeit der Identität ab. Individualisierung ist nur legitimierbar in der Reichweite, in der mit ihr eine diskursiv verifizierbare Verbesserung von Intersubjektivität möglich bzw. gewährleistet ist. Darüber darf auch die prinzipiell unstrittige emanzipatorische Dimension von Individualisierung, ihre unverkennbare Modernisierungsfunktion nicht hinwegtäuschen. Wenn nämlich Individualisierung gleichsam als pauschalierendes Modernitätspostulat kulturell festgeschrieben wird, tendiert pädagogische Kommunikation dahin, die Frage, ob die Individualisierung mit der Herstellung von Solidarität vereinbar, ob mit ihr auch soziale Integration gewährleistet ist, auszublenden oder ihre diskursive Bedeutung zu vernachlässigen. Die sich so einschleichende Individualisierungstoleranz fungiert als Legitimationstäuschung. Bei dem unter solchen Mangelbedingungen Erzogenen ist die Unentschiedenheit hinsichtlich der Vermittlung von Individuell-Besonderem und Gesellschaftlich-Allgemeinem strukturell festgemacht. Die Verantwortungskompetenz hinsichtlich der eigenen Identität bleibt defizitär und dies angesichts einer mit dem neuerlichen Individualisierungsschub expandierenden Verantwortlichkeitszumutung.

An diesen diagnostischen Befund will ich nur noch zwei Fragen anschließen, die auf Theorieebenen verweisen, auf die gestützt, die erst eröffnete Analyse fortgesetzt werden könnte.

(a) Ist der von Ulrich Oevermann jüngst vorgestellte, vor allem in akademischen und künstlerischen Milieus anzutreffende »*Typus der versozialwissenschaftlichten Identitätsformation*«[40] eine besondere Variante der von mir beschriebenen Insuffizienz der Verantwortung für die eigene Identität? Die auch hinsichtlich der individuellen Lebenspraxis »zunehmende Begründungsrationalität« führt einerseits zur »Problematisierung von Traditionen [und] andererseits zur Erweiterung von Wahlmöglichkeiten«[41]. Daraus resultiert, daß »die Individualisierungschancen beschleunigt ansteigen«, zugleich aber auch »der individuelle Problemdruck jedenfalls bei jenen Entscheidungen zunimmt, die per se durch wis-

[40] Oevermann, Ulrich: Eine exemplarische Fallrekonstruktion zum Typus versozialwissenschaftlichter Identitätsformation. In: Brose/Hildenbrand, a.a.O., S. 243 (Hervorhebung v. A. S.).

[41] A.a.O.

senschaftliche Rationalität nicht bewältigt werden können«[42]. Oevermann identifiziert zwei Varianten einer regressiven Problemlösung:

In der hier interessierenden Variante sucht man Entlastung vom »Individuierungs- und Problemdruck« durch »die als Aufgeklärtheit definierte Ausrichtung der eigenen Lebensführung an den jeweils am weitesten fortgeschrittenen Erkenntnissen der Human- und Sozialwissenschaften«[43]. Kennzeichen der unter solchen Bedingungen sich konstituierenden Identitätsstruktur sind: Das »verwissenschaftlichte *Wahrnehmungs-Ich* [beobachtet] das erleidende *Gefühls-Ich*«; die intendierte Selbstverwirklichung ist ohne einen ethischen Bezug zum Gemeinwohl der Gesellschaft; die »Pflege des eigenen Ich« korrespondiert mit der »Verweigerung lebenspraktischer Verpflichtungen«; an die Stelle der »Orientierung an einer allgemein verbindlichen Gemeinwohl-Konzeption« tritt die »Solidarität einer aufgeklärten Gesinnungselite«; und die Legitimation für die so angelegte Identitätsformation stützt sich auf »avantgardhafte Sondermoralen«[44]. Die »versozialwissenschaftlichte Moral des richtigen Bewußtseins« soll die Distanz zum »System« begründen, und als Komplement zur »verweigerten Lebenspraxis« fungiert ein Lebensentwurf, der sich in der »Selbsterfahrungsprogrammatik« erschöpft.[45]

(b) Die leerlaufende Selbsterfahrung korrespondiert nach meiner Auffassung mit dem von Richard Sennett beschriebenen »Intimitätskult«[46]. Und damit wäre ich bei meiner zweiten Frage: Besteht nicht ein Zusammenhang zwischen der von Sennett beschriebenen zwanghaften Selbstoffenbarung, der »Tyrannei der Intimität«[47] und der von uns aufgezeigten Insuffizienz der Verantwortung für die eigene Identität?

Für Sennett besteht ein ursächlicher Zusammenhang zwischen dem »Absterben des öffentlichen Raumes« und dem »obsessiven Interesse«[48] am eigenen Selbst, das den narzißtisch angetriebenen Bezie-

---

[42] A.a.O.

[43] A.a.O., S. 244. In der anderen Variante sucht das Individuum Entlastung »durch eine Rückkehr zu tradierten religiösen Weltbildern oder durch eine Kombination von Elementen aus verschiedenen religiösen Weltbildern«.

[44] A.a.O., S. 263ff., 269 u. 244.

[45] A.a.O., S. 276f.

[46] Sennett, Richard: Die Gesellschaft auf dem Wege zur Intimität. Situationen einer kulturellen Verfallsgeschichte. In: Neue Rundschau, 94. Jg. 1983, Heft 3, S. 20.

[47] Sennett, Richard: Verfall und Ende des öffentlichen Lebens. Die Tyrannei der Intimität. Frankfurt am Main 1986[4].

[48] Sennett, R.: Die Gesellschaft ..., S. 35 u. 21.

hungstypus kennzeichnet. Wenn soziales Handeln verstärkt an der wechselseitigen Selbstoffenbarung gemessen wird, wenn die Menschen vielfach von dem Wunsch getrieben sind, sich durch die »Ausstellung der eigenen Qualität« und d.h. der »eigenen Gefühle und Motive [zu] authentisieren«,[49] so steht dahinter der Zwang zur Selbstrechtfertigung. Sennett stellt dazu fest: »Narzißtische Gefühle konzentrieren sich oft auf die zwanghafte Frage, ob 'ich gut genug bin', ob ich der oder die 'Richtige' bin«[50]. Das forcierte autoreflexive Interesse korrespondiert mit der »nachlassenden sozialen Anteilnahme«; es hat seinen Grund darin, daß der »öffentliche Raum« abstirbt.[51] Das zwanghafte Sich-Entblößen »gegenüber denen, mit denen [man] in Berührung kommen will«[52], soll die Entleerung der Öffentlichkeit kompensieren.

Sennetts Diagnose macht deutlich, daß das moderne Individuum an einer tiefgreifenden Störung des Identitätsgefühls leidet. Es sind die tiefsitzenden Zweifel an der Legitimierbarkeit der eigenen Verfassung, die den chronischen Authentizitätsnachweis antreiben.

Dies hängt wohl auch damit zusammen, daß die Reproduktion der »symbolischen Strukturen der Lebenswelt« gestört ist. Mit dem Vormarsch der »funktionalistischen Vernunft« verliert das kommunikative Handeln an Kurswert. Das »Absterben des öffentlichen Raumes« ist dazu das strukturelle Komplement. Im Anschluß an meine Diagnose komme ich zu der hier nicht mehr explizierbaren Feststellung: Weil der Wunsch, zu sich selbst zu kommen, ganz zu sein, in Ordnung zu sein, sich zugehörig zu wissen und in all dem sich verantworten zu können, in den bestehenden Kommunikationsverhältnissen nur schwer zu realisieren ist, wird er abgewehrt, indem man sich seiner Erfüllbarkeit im magischen Ritual der obsessiven Selbstoffenbarung versichert. Die gesuchte Nähe soll gesellschaftliche Kälte erträglich machen; die beschädigte Verantwortung für die eigene Identität manifestiert sich im Bestätigungszwang.

Wenn auch - wie die Analyse gezeigt hat - die Bedingungen der Realisierbarkeit einer kommunikativen Ethik unter einschneidenden Restriktionen zu sehen sind, so gibt es doch keinen anderen Weg als den, der sich mit der Parteinahme für »kommunikative Vernunft« eröffnet. Die Philo-

---

[49] A.a.O., S. 19.

[50] A.a.O.

[51] A.a.O.

[52] A.a.O.

sophie der Erziehung wird mit darüber nachzudenken haben, wie man auf diesem Weg vorankommen kann.

Jan Masschelein

Pädagogisches Handeln und Verantwortung. Erziehung als Antwort

Schleiermacher behauptet mit Recht, daß sich alles, was wir als Theorie der Erziehung kennen, auf die Grundlage des Verhältnisses der älteren zur jüngeren Generation stützt. Ich möchte behaupten, daß der Versuch, dieses Verhältnis *unmittelbar* als intersubjektives zu verstehen, darauf hinausläuft, daß die pädagogische Beziehung als eine *genuin* ethische Beziehung, eine Beziehung der Verantwortung, verstanden werden muß. Diese These soll im folgenden skizzenhaft erläutert werden, und zwar im Sinne einer Andeutung der Richtung, in der, vor dem Hintergrund einer Krise von Erziehung und Erziehungswissenschaft, eine Antwort auf die wieder aktuelle Frage nach einem pädagogischen Grundgedankengang (Flitner) versucht werden kann. Vielleicht gelingt dadurch ein Schritt in die Richtung, wie Fischer sagt, »das Pädagogische neu und anders zu denken und zur Sprache zu bringen« (Fischer 1989, 405).

1. Krise in der Erziehung: Problemhorizont

Das heutige Erziehungsdenken profiliert sich größtenteils als Reaktion auf eine pädagogische Denktradition, deren Erziehungsmuster ein *Gewaltmodell* ist. Die beiden Grundsätze dieses Erziehungsmodells sind: die Handlungsunfähigkeit des jungen Menschen (die moralische Hilflosigkeit des Kindes) und die Verantwortung der Eltern oder, wenn diese fortwährend versagen, der Gesellschaft (die stellvertretende Verantwortung des Erziehers) (Hellemans 1984).

Auf Kants Spuren hat sich die Gewalt als das Medium ersten Ranges gezeigt, um das Kind aus seinem Zustand der natürlichen (moralischen) Hilflosigkeit zur Autonomie zu führen. Dabei hat Gewalt eine Repräsentationsfunktion, d.h. sie vergegenwärtigt die Zukunft des Kindes (die moralische Autonomie) in dessen Gegenwart. Die Gewalt des Erziehers wird durch die der Existenz des Kindes (des Menschen) inhärente Bestimmung zur Autonomie und Mündigkeit gerechtfertigt. Das Paradox, das dem Gewaltverhältnis eigen ist, besteht darin, daß man die Freiheit durch Unfreiheit ermöglicht. Dieses Paradox war in der pädagogischen Diskussion der sechziger Jahre ein wichtiger Kristallisationspunkt. Zahlreiche alternative Modelle, etwa die humanistische Psychologie im Sinne Rogers oder psychoanalytische und neomarxistische Ansätze haben sich durch dieses Paradox provozieren lassen und lehnten Gewalt radikal ab. Autonomie konnte nur durch Autonomie selbst realisiert werden. Das Erziehungsverhältnis sollte nicht länger als ein Gewaltverhältnis, sondern als eine Beziehung Gleichberechtigter aufgefaßt werden.

Die Kritiker des Gewaltverhältnisses befürworten eine *gleichberechtigte Position des Kindes*, oder allgemein des Educandus, innerhalb erzieherischer Verhältnisse. Die Elemente, die zur Rechtfertigung der Kritik angegeben wurden, können, ohne die unterschiedlichen Positionen zu sehr zu nivellieren, in einer gemeinsamen Ausgangslage verknüpft werden. Der Gewaltcharakter der Erziehung wurde unter Berufung auf die radikale Offenheit der menschlichen Existenz, auf ihre wesentliche Geschichtlichkeit, abgelehnt. Damit entfiel die Legitimationsgrundlage der Gewalt. Aufgrund der prinzipiellen Unbestimmtheit menschlicher Existenz wurde das Kind ein grundsätzlich gleichwertiger Partner in der wesentlich gemeinschaftlichen Unternehmung zur Bestimmung des Menschseins.

Die Schwierigkeiten, die bei dem Versuch, die Idee der Partnerschaft in der Erziehung mit einer *spezifischen* Rolle des Erziehers zu versöhnen, auftraten, wiesen jedoch darauf hin, daß das Ablehnen der Gewaltposition des Erziehers viel tiefgreifendere Folgen hatte, als man zunächst vermutete. Es handelte sich um deutlich mehr als eine bloße Neuformulierung der Positition und der Aufgabe des Erziehers. Es zeigte sich nämlich, daß Erziehung nicht länger adäquat mit dem Ausdruck »Aktivität des Erziehers« umschrieben werden konnte. Das Handeln des Erziehers verlor seinen vermittelnden Charakter. Die wirkliche Krise der Erziehung bezog sich auf das Verschwinden des Zweck-Mittel-Charakters von Erziehung.

Die ganze pädagogische Tradition hatte Erziehung als ein Mittel umschrieben, um den Übergang von einer Situation zu einer anderen unter der Maßgabe eines bestimmten Zweckes zu bewirken. In dem Augenblick, in dem die Möglichkeit, diesen Zweck adäquat zu bestimmen, verschwand und zugleich Zweifel in bezug auf die Wirksamkeit des pädagogischen Handelns als Mittel, d.h. als dem Erzieher zuzuschreibende Beeinflussung, aufkam, verlor das erziehende Handeln seinen vermittelnden Charakter. Der eigentliche Kern der Kritik am Gewaltmodell bestand in einer Kritik der Zweck-Mittel-Relation.

Die Pädagogik stand vor der Herausforderung, Erziehung neu zu durchdenken. Diese Herausforderung hat sie auf unterschiedliche Weise angenommen. Die pädagogischen Theorien, die von einer Kritik am traditionellen Modell ausgingen, sind trotz ihrer Unterschiedlichkeit durch eine gemeinsame Fragerichtung zu charakterisieren. Sie alle versuchen, das Erziehungsverhältnis als ein intersubjektives zu bestimmen. Dabei kommt ein zweiter Erziehungsbegriff ins Spiel, der nicht neu ist, sondern in der gesamten Tradition schon immer eine mehr oder weniger wichtige Rolle gespielt hat. Man kann sagen, daß dieser Erziehungsbegriff stets als Alternative zum intentionalen Erziehungsbegriff gegenwärtig war. Im Rahmen dieser Alternative wird Erziehung als ein Prozeß der Persönlichkeitsentwicklung begriffen, der wesentlich interaktiv angelegt und nicht mit Hilfe von Zweck-Mittel-Relationen zu begreifen ist. Menschwerdung bzw. Persönlichkeitsentwicklung kann folglich nicht ohne Erziehung vonstatten gehen, aber mit Erziehung ist hier im wesentlichen die persönliche Beziehung von Mensch zu Mensch gemeint.

Die Varianten dieser Erziehungsvorstellung entsprechen den verschiedenen Weisen, wie Intersubjektivität gedacht wird. In der pädagogischen Tradition hat es bis vor kurzem zwei vorherrschende Modelle gegeben, nämlich die Erziehung als Interaktion (Emanzipatorische und Kommunikative Pädagogik)[1] und die Erziehung als Dialog (Dialogische Pädagogik)[2]. Diese Versuche, das Erziehungsverhältnis als eine Beziehung Gleichwertiger zu denken, sind meiner Meinung nach mißlungen. Meine Vermutung geht dahin, daß dieses Fehlschlagen in der Gleichsetzung von Intersubjektivität und Reziprozität gründet. Dies soll im folgenden ausgeführt werden.

Die Anerkennung der Geschichtlichkeit und Bodenlosigkeit der menschlichen Existenz war der Anlaß, Autorität in der Erziehung abzulehnen: Der Erzieher und der Educandus befinden sich aus dieser Sicht in einer grundsätzlich gleichwertigen Position, d.h. sie teilen dieselbe Existenzbedingung. Diese *prinzipielle* Gleichwertigkeit war der Anlaß, den instrumentalen, den Zweck-Mittel-Charakter der Erziehung zu bestreiten

---

1 Als wichtigste Vertreter seien hier nur Mollenhauer und Schaller (vgl. auch Meyer-Drawe 1984, 21) genannt.

2 Erwähnt sei hier Martin Buber (vgl. Buber 1953).

und Erziehung als Dialog, Interaktion, Gespräch, d.h. als ein intersubjektives Geschehen aufzufassen. Allerdings gelingt es nicht, Intersubjektivität tatsächlich als den eigentlichen Kern der Erziehung zu begreifen, wenn man sie nur prinzipiell annimmt und faktisch immer noch von der Subjektivität her denkt. Die Tatsache, daß in den erwähnten Erziehungstheorien der dialogische und kommunikative Charakter unmittelbar zurückgenommen wird durch den Hinweis auf ihren Status der Simulation (der *tatsächlichen* Ungleichwertigkeit, Inkompetenz, Unmündigkeit oder Hilflosigkeit des Educandus wegen), ist ein Hinweis darauf. Die (Un)gleichwertigkeit ist also nicht unmittelbar von der Intersubjektivität aus gedacht, sondern sie ist eine (Un)gleichwertigkeit, die Anlaß gibt, im Anschluß daran von einem dialogischen oder kommunikativen Verhältnis zu sprechen. Man betrachtet Erziehung (das erzieherische Verhältnis) noch immer als ein Mittel, und man sucht deshalb auch weiterhin nach einem Maßstab (Norm), der gleichzeitig erlaubt, das Mittel zu beurteilen und das Ziel anzugeben. Anders gesagt, man denkt Erziehung nicht radikal von der Intersubjektivität aus und nimmt deshalb in einer bestimmten Weise auch die Bodenlosigkeit und die Geschichtlichkeit unserer Existenz nicht ernst.

Dieses Mißlingen, aber auch die Perspektiven, die durch ein radikaleres Denken der Intersubjektivität für ein Denken der Erziehung eröffnet werden, können in einem ersten Schritt exemplarisch anhand der Art und Weise, in der man Habermas' Begriff des kommunikativen Handelns in der Pädagogik verwendet hat und verwenden kann, verdeutlicht werden.

2. Die Problematisierung des Verhältnisses von Subjektivität und Intersubjektivität: Pädagogisches Handeln ist kommunikatives Handeln[3].

In der Tradition hat man Erziehung in zunehmendem Maße als einen Prozeß der Menschwerdung gedacht, der sich in einer intersubjektiven Beziehung realisiert. Diese intersubjektive Beziehung hat man anfänglich aus der Perspektive eines der Partner entworfen: aus der Sicht des Erziehers, die auf die Verwirklichung des *Erziehungsziels* gerichtet ist. Der Status des anderen Partners wird als das zugehörige Korrelat charakterisiert: Es ist der Zögling, der durch *Bildsamkeit* gekennzeichnet wird (und Unmündigkeit). Immer mehr ging man dazu über, diese intersubjektive Beziehung als eine Wechselwirkung mit dialogischen Strukturen aufzu-

---

[3] Im Hinblick auf eine präzisere und ausführlichere Dokumentation vgl. Masschelein 1991.

fassen. Man weist einen Erziehungsbegriff in der Terminologie des »Beeinflussens«, »Bewirkens«, »Behandelns« zurück und betont immer stärker die zentrale Einsicht, die in der Kritik am technologischen Charakter der Pädagogik zum Ausdruck kommt, nämlich daß Erziehung Interaktion oder Dialog sei. Es gelang jedoch nicht, dieser Intuition hinreichend Gestalt zu geben und die Kritik greifbar zu machen.

Der radikale Charakter von Interaktion kommt dann nicht in den Blick, wenn man von einer sinnkonstituierenden und souveränen Subjektivität ausgeht, die den *gemeinsamen* Sinn und das *gemeinsame* Handeln immer in die konstitutiven Akte dieses Subjekts zurücknimmt. Der Dialog wird voreilig als ein »führender Dialog« (Tischner 1985) begriffen, der zum Ziel hat, den Educandus zur Mündigkeit zu leiten. Der Begriff »führender Dialog« weist darauf hin, daß der Educandus sich noch auf dem Weg befindet. Mit der voreiligen Gleichsetzung von Dialog und »führendem Dialog« wird jedoch die Tragweite der Idee des Dialogs reduziert. Dieser wird lediglich wie eine Methode behandelt. Interaktion selbst wird damit auf das intentionale Handeln des Erziehers verkürzt, der sich an einen Zögling wendet, ihm etwas bietet, ihn etwas lehrt, etwas an ihn heranträgt, ihm Vertrauen schenkt, *damit* er Mensch werden kann. Das Ernstnehmen der Interaktionspartner, das Sprechen selbst, erhält so eine instrumentelle Bedeutung und wird in die *Verfügung* eines der Beteiligten gestellt.

Auch der Versuch der emanzipatorischen Pädagogik (vor allem Mollenhauers), durch eine Identifikation von pädagogischem und kommunikativem Handeln (Habermas) der Sackgasse des instrumentellen Denkens zu entkommen, ist zweifellos mißglückt. Die emanzipatorische Pädagogik suchte in jener Identifikation nicht nur eine Möglichkeit, ein nichttechnologisches Konzept der Erziehung zu entwickeln, sondern sie hoffte eigentlich, auf diese Weise eine Antwort auf die Frage nach Handlungsorientierungen finden zu können. Sie ging davon aus, daß vermittelndes Handeln richtungslos geworden sei, weil es seine Zweckgerichtetheit verloren habe. Sie suchte deshalb ein immanentes Kriterium zur Beurteilung pädagogischen Handelns und identifizierte es zu diesem Zweck mit dem kommunikativen Handeln, weil damit - jedenfalls dachte man Habermas so verstehen zu können - mitgegebene Normen verbunden wurden (z.B. »ideale Sprechsituationen«). Dieses Kriterium stellte sich jedoch bei genauerem Hinsehen selbst als bedingt heraus, weil man kommunikatives

Handeln als eine spezifische Form intentionalen Handelns[4] begriff. Ungeachtet des Rückgriffs auf Habermas' Begriff des kommunikativen Handelns interpretiert Mollenhauer kommunikatives Handeln selbst wieder in zweckrationalen Begriffen. Ausgehend von einer Parallelisierung von Intentionalität und Subjektivität begreift Mollenhauer Interaktion als eine Wechselwirkung zwischen intentionalen Subjekten. Die Möglichkeitsbedingungen von Interaktion, die er von Habermas übernimmt, sind nach ihm Handlungsintentionen. Oder anders ausgedrückt: Mollenhauer begreift kommunikatives Handeln als eine besondere Art des Handelns eines intentionalen Subjekts. Gerade weil er diese Möglichkeitsbedingungen des kommunikativen Handelns als Intention begreift, kann Erziehung nur als simulierte Interaktion erscheinen, d.h. als Einwirkung des einen auf den anderen Partner. Die Gleichwertigkeit der Partner erweist sich so als Schein, denn sie wird vom Erzieher geschenkt. Dies ist die unmittelbare Folge, wenn man behauptet, daß die gegenseitige Intentionalität von einer »pädagogischen« Meta-Intentionalität getragen wird. Die Intention des Zöglings kann nur dadurch zu ihrem Recht kommen, daß der Erzieher sie auf eine bestimmte Weise begreift und ihr eine Chance gibt, d.h. die Situation derartig strukturiert, daß der Zögling »seine« Intention verwirklichen kann: Der Erzieher tut so, als sei der Zögling bereits kompetent. Dies ist ein Mittel zum Zweck. Die emanzipatorische Pädagogik endet letztlich bei dem bereits erwähnten Gedanken. Die Gemeinsamkeit der Intention wird durch den Erzieher bewirkt. Der Dialog ist ein »führender Dialog«.

Der Grund dieses Scheiterns liegt darin, daß man auch in der emanzipatorischen Pädagogik Intersubjektivität von der Reziprozität von intentionalen Subjekten herleitet. So bleibt die intersubjektive Beziehung immer von der Sinngebung und Freiheit dieser Subjekte abhängig. Der Dialog bleibt ein verfügbares Mittel. Anders gesagt: Man kann keine *grundlegende* Unterscheidung zwischen einer instrumentellen und einer zwischenmenschlichen Beziehung treffen.

Seitdem scheint vielen der Versuch, pädagogisches und kommunikatives Handeln miteinander zu verbinden, nun wirklich das Ende von Erziehung zu bedeuten. Das Problem liegt nach meiner Auffassung aber nicht darin, daß man pädagogisches Handeln zu sehr mit dem kommunikativen

---

4 »Intentional« verweist in diesem Kontext auf die Ziel- und Zweckgerichtetheit des Handelns. »Intentionalität« verweist aber auch, allgemeiner gesprochen, auf Gerichtetheit im Sinne von »etwas meinen«, d.h. im wesentlichen »Sinn«-Gebung (vgl. Masschelein 1991, bes. 28 ff., 89).

Handeln identifiziert hat, sondern, daß man dies gerade zu wenig und in einer bestimmten Hinsicht überhaupt nicht getan hat. Deshalb soll erneut nach der Bedeutung des Begriffs »kommunikativen Handelns« für die Konzeptualisierung pädagogischen Handelns gefragt werden. Hierbei ist es sehr wichtig, auf die Bedeutung der »kommunikationstheoretischen Wende« zu achten, die im Begriff des kommunikativen Handelns zum Ausdruck kommt. Die Bedeutung dieser Wende liegt vor allem in einer doppelten Umkehrung: Eine Umkehrung in der Fragestellung und, wie Wellmer es formuliert hat, eine Umkehrung des traditionellen »Vorrang[s] der propositionalen Wahrheit vor anderen Geltungsmodi [...] in einen Vorrang der normativen Richtigkeit« (Wellmer 1986, 147).

Im Ausgang von subjektiver Sinngebung (und subjektiven Normen) kann man nach Habermas nicht angeben, wie intersubjektiver Sinn (und intersubjektiv geltende Normen) zu begreifen ist (sind). Oder anders gesagt: Man kann keine *grundlegende* (oder strukturelle) Unterscheidung mehr zwischen einem intentionalen Handeln (Subjekt - Objekt) und einem interaktiven (Subjekt - Subjekt) treffen. Im Gegenteil: die Interaktion wird selbst in die Perspektive einer Zweck-Mittel-Struktur und einer Subjekt-Objekt-Beziehung gestellt. Die Unterscheidung beschränkt sich dann auf eine Differenzierung der Intention und des *Objekts* in einer Subjekt-Objekt-Beziehung. Wenn man von einem intentional handelnden, sinngebenden und souveränen Subjekt ausgeht, ergibt sich die Schwierigkeit, daß man in die Beziehung zum »anderen« einen *strukturellen Vorbehalt* einbaut, den der *letzten Sinngebung*, den der *letzten Freiheit*. Dieser Vorbehalt kann dann nicht mehr aufgegeben werden, so daß es ohne ihn einen »anderen« im strengen Sinne nicht mehr geben kann und damit keine gemeinsame Bedeutung, keine gemeinsame Welt, kein gemeinsames Handeln mehr gedacht werden können, jedenfalls nicht mehr *ohne* diesen Vorbehalt (Apel 1983). So bietet sich die Beziehung zum anderen immer wieder als ein instrumentelles Verhältnis dar. Dieses Problem erkannte Habermas in seiner Kritik am bewußtseinsphilosophischen Fundament des zweckrationalen oder intentionalen Handlungsbegriffs. Dasselbe Problem stellt sich auch dem Denken der pädagogischen Beziehung. Um einen fundamentalen Unterschied zwischen einer Subjekt-Objekt-Beziehung und einer Subjekt-Subjekt-Beziehung angeben zu können, muß man verdeutlichen, wie ein und dieselbe Welt mit anderen *ohne* Vorbehalt geteilt werden kann, wie Intersubjektivität möglich ist. Habermas' Antwort auf dieses Problem besteht in einer Umkehrung: ausgehend von der Intersubjektivität muß angegeben werden, wie Subjektivität möglich ist. Der

Begriff des kommunikativen Handelns ist Ausdruck genau dieser Umkehrung.

Habermas versteht Intersubjektivität als »Sprache« oder »Lebenswelt«. Was »Sprache« oder »Lebenswelt« sind, klärt er anhand der Struktur des Gesprächs. Intersubjektivität ist in diesem Sinne eine kommunikative Praxis. Die Struktur des Gesprächs bedeutet nach Habermas, daß sich die Interaktionspartner gegenseitig ernstnehmen, d.h. daß sie sich gegenseitig als zurechnungsfähig anerkennen. Dies impliziert eine gemeinsame Welt, d.h. gemeinsame Bedeutung und Normen. Diese gemeinsame Welt nennt Habermas unsere »Lebenswelt«. Die Struktur des Gesprächs bedeutet weiterhin, daß die Beteiligten gegenseitig Erwartungen (Geltungsansprüche) aneinander stellen und gegebenenfalls akzeptieren - das ist der Sinn von Zurechnungsfähigkeit. Habermas verweist auf die handlungsmotivierende Kraft der konkreten kommunikativen Praxis, die durch eine wechselseitige Behauptung von Geltungsansprüchen in Bewegung gehalten wird. Dieses »Behaupten« ist nicht als ein intentionaler Akt zu verstehen, sondern muß als eine mit der konkreten Kommunikation gegebene Notwendigkeit zur Stellungnahme begriffen werden. Diese Notwendigkeit, Stellung zu beziehen, zu antworten, verantwortlich zu sein, stellt die Basis der Intentionalität dar und nicht umgekehrt. Das Akzeptieren und Behaupten liegt nicht in der Macht des Subjekts, sondern ist seine Möglichkeit zu handeln. Ansprüche gegebenenfalls zu akzeptieren, ist keine Fähigkeit eines intentionalen »Ich«, sondern eine konstitutive Bedingung für das »Ich«. Die Fähigkeit zur Akzeptanz oder Ablehnung als ein intentionaler Akt ist nur aufgrund von Strukturen der Lebenswelt möglich, durch die unser Verstehen und Handeln vermittelt wird. Nach Habermas vermittelt und ermöglicht Intersubjektivität subjektives Verstehen und Handeln.

Wenn man also den eigentlichen Kern von Erziehung mit Habermas als kommunikative Praxis auffaßt, wenn man also die Beschreibung von Erziehung als intersubjektiv vermittelte Überlieferung von Kultur ernstnimmt, dann hat das sowohl für den Status der Interaktionspartner als auch für pädagogische Fragen und Probleme zahlreiche Implikationen.

Es bedeutet vorerst, daß wir Handeln in einem grundlegenden Sinn als Interaktion begreifen. Handeln ist nur deshalb möglich, weil wir uns mit anderen in einer gemeinsamen Welt vorfinden. In diesem Sinne als Interaktion verstanden, impliziert Erziehung die Gleichwertigkeit von Erzieher und Zögling. Die Struktur der Interaktion bedeutet das gegenseitige Ernstnehmen der Interaktionspartner (d.h. die Anerkennung als zurechnungsfähig) und eine gemeinsame Lebenswelt (vgl. auch Habermas 1986, 331). Die Voraussetzung der Kompetenz der Interaktionspartner ist Bedingung der Sinnhaftigkeit von Sprechen und Handeln. In dem Moment, in dem das Wort eine instrumentelle oder eine »willkürliche« Bedeutung erhält, genau in diesem Augenblick ist es kein »Wort« mehr (es gibt keine Subjektivität und keine Intersubjektivität), und dann ist die »Antwort« auch keine Antwort mehr, sondern Wirkung oder Ergebnis. Auch das Sprechen (oder Handeln) mit einem Kind impliziert, daß die Geltung des im Sprechen behaupteten Sinnes bezweifelt werden kann. Es ist dies die Bedingung dafür, daß »etwas« von »jemandem« gesagt oder getan werden kann. Schließt man dies aus, dann spricht man nicht mehr mit jemandem, sondern »wirkt auf ihn ein«. Erziehung als Interaktion bedeutet somit die Anerkennung der Gleichwertigkeit der Interaktionspartner.

Diese Anerkennung ist jedoch keine Aktivität des Erziehers oder des Zöglings. Die Bedingungen von Interaktionen beziehen sich auf die Struktur und nicht auf subjektive Eigenschaften oder Qualitäten (Habermas 1985, 108). Die Anerkennung der Zurechnungsfähigkeit ist eine Implikation des Sprechens und Handelns, so daß das erste Wort, das man an einen »neuen Menschen« richtet, eigentlich immer auch eine *Antwort* ist.

Man darf es sich daher nicht so vorstellen, daß man, um Erziehung als Interaktion zu denken, davon ausgehen müsse, das Kind stelle diese Ansprüche in einem intentionalen Sinn. Das Kind stellt immer Ansprüche, wie jeder andere Mensch auch, nämlich auf passive Art. Das Kind ist nicht in erster Linie ein »Noch-nicht«. Es muß kein Interaktionspartner werden. Sein Status als Interaktionspartner ist die Bedingung für die Sinnhaftigkeit von Erziehung als soziale Praxis. Weder das »Erscheinen« des Kindes noch was es tut und sagt ist von der Intentionalität des Erziehers abhängig, denn dann gäbe es kein sinnvolles Sprechen und Handeln. Die anerkannte Gemeinsamkeit ist für die Intentionalität des Erziehers konstitutiv.

So kann man der Behauptung, daß Erziehung ihren Ausgangspunkt in der »Wirklichkeit des Kindes« finde, eine andere Bedeutung geben. Diese Wirklichkeit ist nicht auf die Tatsache zu reduzieren, daß es ein unmündiges Wesen gibt, das unseren Beistand benötigt. Die Wirklichkeit des Kindes besteht keineswegs darin, nicht handeln und sprechen zu können, sondern im *neuen* Handeln und Sprechen, das eine Person enthüllt und das uns und unsere gemeinsame Welt berührt.

Man muß von dem Gedanken Abschied nehmen, daß die intersubjektive Beziehung für die Entwicklung eines prinzipiell autonomen Menschen funktional wäre, als sei Intersubjektivität eine Antwort auf die Schwäche des Menschen (auf seine Unmündigkeit). Als Bedingung oder Hilfe, damit der Mensch seine wahre Autonomie realisieren könne, wird Intersubjektivität sowohl in der intentionalen als auch in der funktionalen Vorstellung von Erziehung begriffen. Intersubjektivität ist auf diese Weise immer ein »Instrument«. Die kommunikative Praxis, die Kern der Erziehung ist, gibt jedoch keine Hilfestellung, ist kein Instrument, sondern die »lebengebende« Macht, die das »Selbst« bildet. Oder, wenn man so will, diese Praxis verweist auf eine Bundesgenossenschaft und Schicksalsgemeinschaft, die das individuelle Handeln übersteigt und bestimmt: ein Bund, der den Menschen in dem normativen Sinn in sich aufnimmt, daß er ihn zur Übernahme eines Engagements verpflichtet. Wird er vernachlässigt, so nur unter der Strafe, nichts mehr zu bedeuten, niemand mehr zu sein. Die kommunikative Praxis ist die Bedingung der Selbstverwirklichung, weil die vermittelte Kultur und das sich verwirklichende Selbst nicht vor der Kommunikation existieren. Kommunikative Praxis, die Subjektivität und Objektivität (im Sinne intersubjektiver Gültigkeit) konstituiert, ist nicht von Intentionalität abhängig, und kann folglich nicht als Mittel in Anspruch genommen werden. Das Werden von Subjektivität durch Intersubjektivität - Menschenbildung - ist nicht durch Zweck-Mittel-Relationen zu verstehen. Interaktion ist nicht verfügbar. Sie ist keine *technische* Bedingung für die Verwirklichung des Erziehungsziels (die Selbstverwirklichung), sondern sie strukturiert das »Selbst«. Kommunikatives Handeln als Bedingung der Verwirklichung des »Selbst«, Erziehung als Menschenbildung, kennt in diesem Sinne keinen Anfangs- oder Endpunkt. Erziehung ist kein »Weg zu ...« (ist nicht in der Perspektive einer Methode zu verorten). Es gibt kein (inneres) Zentrum, das am Ursprung von Erziehung läge. Erziehung ist weder eine Selbstaktivität des Zöglings noch ein intentionales Handeln des Erziehers. Der Kern von Erziehung, das Handeln, das im Dienste der »Selbstermöglichung des anderen« (Klafki) steht, ist eine kommunikative Praxis, die in der Bildung von Subjektivität und Objektivität, in der sich Subjektivität verwirklicht, wirksam ist.

Dies bedeutet, daß in der kommunikativen Praxis sowohl die Identität (wie man ist) als auch die Gemeinsamkeit der Welt (intersubjektive Geltung: was wahr, gerecht, wertvoll ist) *auf dem Spiel stehen*, d.h. verletzbar bzw. kritisierbar (oder veränderbar) sind. Die Verletzbarkeit ist dabei nur das Korrelat des Engagements, das man auf eine Weise *ist* und von dem man seine Identität herleitet. »Jemand-zu-sein« ist darum aufgrund der kommunikativen Struktur immer auch mit dem Umstand verbunden, daß man grundsätzlich und unausweichlich *verletzbar* ist.

So kann behauptet werden, daß die »pädagogische« Problematik in erster Linie auf die Verletzlichkeit des kommunikativen »Selbst« Bezug hat, eine Verletzlichkeit, die man nicht als Hilflosigkeit mißverstehen darf. Das Selbst kann nur in dem Maße eine Identität ausbilden, in dem es sich in einem immer dichteren und subtileren Netz zwischenmenschlicher Beziehungen, in einer stets komplexeren gemeinsamen Geschichte engagiert und sich enthüllt, indem es sich darin verliert. Identität wird auf dem Gebiet der zwischenmenschlichen Beziehungen ausgebildet. Dieses Selbst wird dadurch vom »Leben« der gemeinsamen Praxis auch immer abhängiger. Auf diese Verletzlichkeit des Selbst, des neuen Anfangs (Arendt), bezieht sich die pädagogische Frage. Die Verletzlichkeit des Selbst hängt mit der Qualität und dem Schicksal der kommunikativen Praxis zusammen. Aber die Qualität der kommunikativen Praxis und ihr Schicksal sind kein Ziel, das angestrebt werden kann, und es können für sie aus dem einfachen Grunde keine technischen Normen angegeben werden, weil ihre Qualität und ihre Schicksale nicht in der Macht der Subjekte liegen. Die kommunikative Praxis ist in *diesem* Sinne »nicht greifbar«. Die Qualität der kommunikativen Praxis ist weder Werk noch Funktion der Erziehung, sie ist vielmehr eine prinzipiell unvollendbare Aufgabe, für die es keine idealen anzustrebenden Normen gibt (vgl. auch Masschelein 1991a).

3. Die Frage nach der Eigentümlichkeit pädagogischen Handelns

Pädagogisches Handeln aufzufassen als kommunikatives Handeln und dieses als Handeln zu verstehen, das seinen Ursprung nicht im Subjekt und dessen Autonomie hat, sondern das Subjekt als verantwortliches Subjekt gerade ins Leben ruft, war der Anknüpfungspunkt an die Theorie von Habermas. Dieser Versuch, der es nicht nur erlauben soll, ein pädagogisches Denken in Termini von Gespräch und Kommunikation grundsätzlich von einem Denken in Zweck-Mittel-Strukturen zu unterscheiden, sondern es auch ermöglichen soll, neue pädagogische Problem- und Fragestellungen zu entwickeln, ruft die Frage nach der Eigentümlichkeit *pädagogischen* Handelns, also erneut die Frage nach einem *pädagogischen* Grundgedankengang hervor. Die daraus folgende Notwendigkeit einer weiteren Präzisierung führt dazu, die Perspektive der Intersubjektivität erneut und radikaler auszuarbeiten, als dies bisher in bezug auf Habermas möglich war. Obwohl ich diese Sicht bereits vom Modell des Gesprächs aus entwickelt habe und dies mir der richtige Ausgangspunkt zu sein scheint, weisen die bisher daran anknüpfenden Begriffe zur Thematisierung der Subjektivität (als Antwort, als verletzbarer Neuanfang, als verantwortlich) und der Intersubjektivität (als Sprache, als gemeinsamer Sinn oder gemeinsame Welt, als gemeinsames Handeln, als Bund) eine gewisse Unklarheit und Doppeldeutigkeit auf. Eine Präzisierung scheint mir nur möglich über eine Radikalisierung. Diese radikalere Perspektive der Intersubjektivität ist vor allem seit dem Zweiten Weltkrieg, nämlich ausdrücklich als Reflexion auf die Bedeutung der Erfahrung von Auschwitz, in verschiedenen (sozial-)philosophischen Denkansätzen entwickelt worden. Ich verweise hier vor allem auf die Ansätze von Hannah Arendt und Emmanuel Levinas, aber ich denke auch an Jean-François Lyotard. Diese Ansätze haben bisher nur wenig Bedeutung für die pädagogische Reflexion gehabt, so daß sich die Frage nach einem pädagogischen Grundgedankengang, der dieser Perspektive von Intersubjektivität gerecht wird, auch als Wiederholung der Frage Adornos: »Erziehung nach Auschwitz?«, formulieren läßt.

Die gemeinte Perspektive wurde aus dem pädagogischen Diskurs verdrängt. Diese Verdrängung ist wahrscheinlich in der sogenannten »Sprachfeindschaft«, auf die Bollnow schon 1966 hinwies (Bollnow 1966, 9) begründet (vgl. auch Wimmer 1988), aber sie kommt auch im »logischen und anthropologischen Skandal« zum Ausdruck (Saner 1975), daß man in der ganzen pädagogischen Tradition der Bedeutung der Geburt fast keine Aufmerksamkeit gewidmet hat. Im folgenden wird dagegen der Vermutung nachgegangen, daß Intersubjektivität nur neu bewertet werden kann, wenn man den Gedanken Hannah Arendts aufarbeitet, daß Handeln eine Antwort auf die Tatsache der *Geburt* ist (Arendt 1960). Dies wird eine Präzisierung des Denkens der Erziehung als *Antwort* auf den *Neuanfang* erlauben und zu der Formulierung eines pädagogischen Grundgedankengangs führen, demzufolge Erziehung nicht mehr in Ausdrücken wie Verwirklichung, sondern in solchen von Verantwortung formuliert wird, und demzufolge das erzieherische Verhältnis als ein *genuin* ethisches Verhältnis gedacht wird.

Soweit ich das Denken bezüglich der Besonderheit pädagogischen Handelns übersehen kann, steht immer dann, wenn diese Frage zur Sprache kommt, ein bestimmter, angeblich selbstverständlicher Erziehungsbegriff und selbstverständlicher pädagogischer Gedankengang im Hintergrund[5]. Das Eigentümliche wird mit der Notwendigkeit eines Neubeginns innerhalb einer Tradition oder einer Fortsetzung dieser Tradition oder einer Lebensform verbunden. Entsprechend dazu wird immer wieder der Noch-nicht-Status des Educandus und die Erwartung der Selbstverwirklichung und vor allem der Verwirklichung der Autonomie betont. Diese Auffassungsweise von Erziehung basiert auf einer Theorie des Selbstbewußtseins, in der Subjektivität letztlich mit Autonomie und *Selbstverwirklichung* gleichgesetzt wird (vgl. Theunissen 1981). Intersubjektivität erscheint in dieser Perspektive als *Reziprozität* von autonomen Subjekten: Die Autonomie des einen ist das Spiegelbild der Autonomie des anderen. Intersubjektivität verweist auf ein Verhältnis zwischen gleichen, die sich nur als Verwirklichung der Menschlichkeit unterscheiden, als konkrete Gestalten derselben Autonomie. Die Ungleichheit zwischen Erzieher und Educandus ist dann auch höchstens eine zeitlich begrenzte Differenz. Diese Vorstellungsweise gehört zur pädagogischen Tradition, in der man die Bedeutung der Geburt des neuen Daseins unmittelbar in Richtung einer möglichen »Vervollkommnung« (Kant), als »perfectibilité« (Rousseau), »Verbesserung« (Schleiermacher), »Bildsamkeit« (Herbart) interpretiert und die Bedeutung des »Neuen« zu einem Noch-nicht umgedeutet hat (Masschelein 1991b).

In dieser pädagogischen Tradition definiert man das Besondere pädagogischen Handelns in zweierlei Hinsicht:

1. vom Seinsstatut oder von der Seinsverfassung des Betroffenen her, nämlich negativ formuliert, vom Noch-nicht-Statut des Kindes her, wobei dieses Noch-nicht relativ gemeint ist: »Ich, Kind, im Verhältnis zu dem Menschen, der ich potentiell bin«, gleichgültig, ob diese Potenz als Vermögen oder als unbestimmtes Projekt verstanden wird;

2. von der Intention her, den konkret gegebenen Zustand zu transzendieren, also im Hinblick auf Selbstverwirklichung.

Die Eigenart des pädagogischen Handelns und der pädagogischen Beziehung wird in dieser Tradition über etwas anderes als die Beziehung selbst festgelegt, nämlich über das Seinsstatut oder die Seinsverfassung der Betroffenen, also nicht unmittelbar von der Intersubjektivität her, die

[5] Dieser »Grundgedankengang« scheint in der Pädagogik auch heute unbeschädigt weiter zu leben. Die verschiedenen kritischen Ansätze aus unterschiedlichen Richtungen, von der Systemtheorie bis zur postmodernen Rationalitätskritik, kommen in der theoretisch-pädagogischen Diskussion bestimmt an die Reihe, scheinen aber erstaunlich wenig »Effekt« zu haben, jedenfalls in bezug auf die Basiskategorien des pädagogischen Denkens.

für die Betroffenen in einer anderen Perspektive gerade konstitutiv ist. Die Charakterisierung der Position des Erziehers und des Educandus ergibt sich *nicht* aus ihrer Beziehung, sondern diese wird charakterisiert über ihr Menschsein und ihre subjektive Verwirklichung oder Bewährung. Die Beziehung zum anderen ist immer indirekt. Eben da, wo man über ein »Zusammenhandeln« spricht, ist

1. die Verbindung (das Verbundensein in der doppelten Bedeutung von Zusammen- und Verpflichtetsein) eine Verbindung entweder über den Zweck oder über das Teilen einer »Identität« (z.B. im Hinblick auf eine Welt, eine Geschichte, eine Lebenswelt, eine Sprache, eine Norm oder Erwartung, eine Idee), wobei die Teilhabe an der Identität jeweils als Möglichkeitsbedingung *jedes* Verhältnisses zum anderen aufgefaßt wird, und

2. wird das Handeln (und die Beziehung selbst) mit dem Ausdruck eines Bewirkens (desselben Zwecks) oder als Verwirklichen oder Bewähren der unter 1. erwähnten Identität verstanden.

Obwohl eine präzisere und nuanciertere Analyse der Bestimmung der Eigentümlichkeit pädagogischen Handelns und der pädagogischen Beziehung in der pädagogisch praktischen Tradition sicher notwendig ist, scheint mir die These zu verteidigen zu sein, daß *auf der Ebene der Grundbegriffe* die Verwirklichung z.B. einer Idee, eines Zwecks, eines Bildes oder einer Identität die zentrale Denkfigur ist, die das ganze pädagogische Denken durchzieht[6], und daß die pädagogische Beziehung erst *im Anschluß* daran begriffen wird als ein grundsätzlich technisches oder instrumentelles[7] Verhältnis, d.h. eigentlich als ein Verhältnis zwischen vorgegebenen Entitäten (Identitäten), die letztlich durch eine *objektive*, d.h. konstatierbare Differenz gekennzeichnet sind.

---

[6] Meines Erachtens ist die Frage nach der Eigentümlichkeit die von Fischer gestellte Frage nach dem Pädagogischen. Diese Frage muß wahrscheinlich angesichts ihrer antiken Wurzeln mit einer Frage nach dem Politischen und vor allem und gerade mit einer Frage nach dem Poetischen, nach der Kunst, verbunden werden: Welche Rolle spielen im Pädagogischen alle Bedeutungen von »techné«?

[7] »Instrumentell« oder »technisch« drückt hier keine ethische Bewertung aus, sondern eine bestimmte Denkweise. Technisch muß hier in Verbindung zu »techné« gesehen werden.

4. Die Besonderheit pädagogischen Handelns in der Perspektive der Intersubjektivität. Ein pädagogischer Grundgedankengang nach Auschwitz?

Eine Möglichkeit, der Perspektive von Intersubjektivität in ihrer Radikalität gerecht zu werden, besteht darin, daß man Hannah Arendts Gedanken folgt, daß Handeln eine *Antwort* auf die Tatsache der *Geburt* ist. Dies impliziert den Versuch, die Position der Partner und die Bedeutung des Handelns (und der Intentionalität) unmittelbar vom intersubjektiven Verhältnis her, von der Beziehung zum anderen her, zu definieren. Dann könnte sich zeigen, daß das Verhältnis zum Kind eigentlich für das intersubjektive Verhältnis überhaupt paradigmatisch ist.

4.1. Handeln: Pluralität und Solidarität

Für Hannah Arendt ist Handeln nur unter der Bedingung von *Pluralität* möglich. Dies impliziert, daß jedes Handeln immer Zusammenhandeln ist. »Handeln, im Unterschied zum Herstellen, ist in Isolierung niemals möglich; jede Isoliertheit, gewollt oder ungewollt, beraubt der Fähigkeit zu handeln« (Arendt 1960, 180). Dies muß so verstanden werden, daß Pluralität nicht erst dann entsteht, wenn wir als Handelnde bereits agieren, sondern daß sie fundamental ist[8]. Wir finden uns nicht als handelnde Wesen vor, die anschließend in Beziehung zu anderen treten, sondern wir finden uns vor als zusammenhandelnde Wesen. Handeln ist nicht Ausdruck einer Identität, die erst *im Nachhinein* mit anderen Identitäten konfrontiert wird. Pluralität ist nicht eine Vielheit von Identitäten, sondern bezieht sich auf das Inter-esse. Unser Sein (esse) ist handelndes Sein, ist ein zusammenhandelndes Sein. Sein ist Inter-esse. Das Inter-esse ist das, was sich im Zusammenhandeln zeigt, aber ungedacht ist, oder besser: den Status des Vergessenen hat - ich folge hier einem Vorschlag Ricoeurs, der

---

[8] D.h. daß im Gegensatz zu den Studien über das Handeln, so z.B. Wiggers Studie (Wigger 1983), die Frage nach der Intersubjektivität einer Handlungstheorie nicht sekundär ist, nicht an erster Stelle mit der Differenzierung von Tätigkeits- und Handlungsformen zu tun hat, nicht nach der Bestimmung des Handelns kommt, sondern für diese Bestimmung grundlegend ist. Das Zitat Arendts muß in seiner Radikalität ernstgenommen und erklärt werden. Die einfache Verneinung, daß wir »selbstverständlich« allein handeln können, womit z.B. Ebert dieses Zitat und damit eigentlich auch die Problematik der Intersubjektivität verneint (Ebert 1976), verfehlt völlig die Tragweite dieser Aussage. Sie ist typisch für die Weise, in der eine bestimmte Tradition die Frage nach der Intersubjektivität behandelt.

von »le statut de l'oublié« (Ricoeur 1988, 148) spricht. Diese Intersubjektivität zeigt sich im Zusammenhandeln, und erst in dieser Öffentlichkeit entsteht das individuierte Sein und nicht umgekehrt.

Wenn jetzt der Ausgangspunkt das Zusammenhandeln ist, dann ist die Bedeutung, die ich stifte, nicht eine Bedeutung, die ich gebe und der anschließend jemand anders begegnen kann, sondern sie ist immer schon eine gemeinschaftliche Bedeutung, die nur im Gespräch, in der Rede und Gegenrede, in Frage und Antwort zustandekommen kann. Dadurch, und das ist ein erster wichtiger Punkt hinsichtlich der Charakterisierung des Handelns als Antwort, bekommt das Handeln nicht an erster Stelle den Charakter einer Antwort auf eine Situation, sondern es ist immer eine Antwort an einen anderen, eine Antwort auf eine Frage, die von einem anderen ausgeht. Außerdem, und das ist ein zweiter wichtiger Gesichtspunkt, bedeutet dies auch, daß das »Verbindende« im Gespräch selbst liegt. Es ist kein anderes verbindendes und einheitsstiftendes Element nötig, weil das wirkliche Gespräch weder das *Über*-etwas-einig-werden noch das Realisieren einer Einheit ***durch*** etwas ist, sondern immer Rede ***und*** Gegenrede, Wort und Antwort (d.h. anderes Wort, Wort des Anderen). Das, was immer wieder aus der Tradition, gegen die sich meine Ausführungen wenden, auftaucht, ist der Gedanke, daß Verbundenheit notwendig einen Einheitsgrund neben Verschiedenheiten impliziert. Der Ruf nach einem einheitsstiftenden Element (z.B. der Vernunft) wird in der Tat immer durch die Angst angestachelt, den sozialen Zusammenhang (das Bindende und das Verbindende) zu verlieren. Nach Arendt verneinen aber alle Darstellungen des »Verbindenden«, die von einem Einheitsgrund ausgehen, die originäre Bedeutung von Pluralität, weil die Individuen so zu bloß austauschbaren Exemplaren werden. Die Verbundenheit weist also nicht auf einen Einheitsgrund hin, sondern hat den Charakter einer Verantwortung oder Rechtfertigung: Wir werden verbunden, weil unser Handeln und unser Sprechen einen verbindenden Charakter haben und uns mit einem anderen, der uns eine Frage stellt und zum Antworten zwingt, verbinden. Die Antwort ist an erster Stelle nicht eine Antwort auf die Situation oder auf ein Problem, sondern eine Antwort an den anderen und deshalb auch nie bloß willkürlich. Die Notwendigkeit einer Antwort verbindet uns unmittelbar und nicht auf dem Weg des Teilens eines Einheitsgrunds. Das Verhältnis zum Kind ist hier paradigmatisch.

Man kann den Status des Kindes kennzeichnen als »demande de vie« (Vasse 1984), als Aufforderung zur Stellungnahme (zum Urteil) und zur Antwort. Man könnte unter Verweis auf Levinas diese Kennzeichnung so erläutern, daß man sagt, daß das Kind in der Beziehung die Position des Juden einnimmt, der an die Tür klopft, um Aufnahme bittet und uns so zur Stellungnahme, zur Antwort verpflichtet. Es handelt sich hier um eine Verpflichtung, die sich unmittelbar als intersubjektive Beziehung definieren läßt. Die Notwendigkeit des Urteils und der Antwort und die Gleichwertigkeit der Partner in dieser Hinsicht bestehen nicht aufgrund der Offenheit und Geschichtlichkeit der menschlichen Existenz, sondern unmittelbar aufgrund der Intersubjektivität, und sie ist bedingungslos: Das Neugeborene (der andere) stellt mich unwiderstehlich in Frage und verpflichtet mich zu einer Antwort. Die Frage ist keine Frage, die mir vom Kind im Sinne von »willst Du mich aufnehmen« gestellt wird. Auch die Antwort ist keine Frage des Mitfühlens, des Erbarmens, der Liebe oder welcher Zuneigung auch immer. Die Verpflichtung zu einer Antwort kommt nicht über den Umweg einer Intention zustande, sie ist unmittelbar.

Die Kennzeichnung des Kindes als »demande de vie« führt aber zu einem weiteren Punkt, nämlich indem die Position, die das Kind in der Beziehung einnimmt, die Position des Fremden ist, der nicht in unsere Geschichte und unsere gemeinsamen Antworten und Urteile eingepaßt ist, und so zu neuen Antworten, d.h. zu einem Urteil über diese Geschichte verpflichtet, und uns so *exklusiv* in die Verantwortung stellt.

4.2. Handeln: Kontingenz und Singularität

Es gibt also ein zweites wichtiges Merkmal, das uns hier in bezug auf die Bestimmung des Handelns als Antwort interessiert, nämlich daß, wie Ricoeur bemerkt, es sich um eine Antwort und nicht um eine *Fortsetzung*, »une réponse, non le prolongement« (Ricoeur 1988, 148) handelt, und dies führt uns zur Problematik der Kontingenz, der Intentionalität und des *Neu*anfangs. Die Ausarbeitung dieser Problematik impliziert eine Reflexion auf die Bedeutung des *Nichtseins*, die ähnlich wie die Bedeutung der Geburt in der Tradition, die hier zur Diskussion steht, abwesend ist. Dies ist, wie ich vermute, kein Zufall, sondern gerade typisch für eine Tradition, die von der Evidenz des Seins ausgeht und die eigentlich nur das Zusein-haben und das Nicht-mehr-sein (Tod) als Problem kennt, während sie die Evidenz des Seins selbst nicht in Frage stellt. Das Geborensein selbst ist, auf bestimmte Weise unproblematischer Ausgangspunkt.

Peukert macht darauf aufmerksam, daß das am wenigsten kontroverse Kennzeichen der Neuzeit wahrscheinlich ist, »daß ihr eine radikalisierte

Erfahrung der Endlichkeit und der Zufälligkeit alles Gegebenen zugrundeliegt: Es ist zufällig und endlich, also »kontingent« insofern, als es auch anders oder auch *nicht* sein könnte« (Peukert 1984, 130, meine Hervorhebung). In Anlehnung an Heideggers Sprachgebrauch kann man sagen, daß man stillschweigend von der Evidenz vom »Gegebenen«, vom Dasein ausgeht und damit eine Freiheit verbindet, die als ein Zu-sein-haben (Sorge) verstanden wird, wobei dieses Sein nicht geschlossen, sondern offen ist. Wir müssen und können etwas mit unserem Dasein anfangen. Wir sind Seiende, für die es in ihrem Sein ums Sein selber geht. Wir sind Seiende, für die die Verwirklichung von verborgenen bzw. nichtverborgenen oder unterdrückten bzw. nicht unterdrückten Möglichkeiten Aufgabe ist. Unser Sein als handelndes Sein ist hier Projektsein, so daß das Handeln eine Kreation ist, aber keine creatio ex nihilo: Das Handeln ist ein Zusein, aber dieses Zu-sein ist ein Zu-sein in einer konkreten Situation: es ist ein geworfener Entwurf.

Das Akzeptieren der Kontingenz impliziert so den Verzicht auf Teleologie, aber nicht den Verzicht auf den Gedanken der Verwirklichung: Das Nicht-Sein wird als Nicht-verwirklicht-sein (oder Nicht-wirklich-Sein) gedacht. Mit dieser Verwirklichung und Bewährung kann man den Gedanken der Intentionalität verbinden. Das Seiende ist »intentional«, und die Intentionalität gründet auf einer gewissen Passivität. Diese Passivität kann man als eine Schuld, ein Defizit demgegenüber verstehen, was sein sollte oder sein könnte. Diese Passivität ist eine Art von Noch-nicht-verwirklicht-sein, das durch eine reelle und erhoffte, erwartete Verwirklichung oder Aktualität aufgehoben werden kann[9]. Wenn man in dieser Tradition die Kontingenz mit dem Anders-sein-können oder mit dem Nicht-sein-können verbindet, dann handelt es sich hier um etwas, das von der Evidenz des Seins und innerhalb der Logik der erhofften oder realisierten Verwirklichung aus infrage gestellt wird: Das Seiende könnte auch anders sein. Es kann auch verschwinden oder nicht erscheinen, also nicht sein.

Es ist aber eine andere Perspektive notwendig, worin die Erfahrung der Kontingenz bedeutet, daß wir auch nicht hätten sein können, d.h. daß die

---

[9] Vgl. die intentionale, noetisch-noematische Struktur im Sinne Husserls, wobei die Noesis nicht nur in einer »sinnbildenden« (»washaltigen«), sondern auch in einer »thetischen«, auf die Seinssetzung des Gegenstandes abzielenden Leistung besteht. »Sein« und »So-Sein« haben die Bedeutung eines »Seins aus der Möglichkeit sich ausweisender Bewährung« (Masschelein 1991, 27 ff.; Tugendhat 1967, 26 ff. u. Levinas 1972).

Seienden eine Schuld (»dette«) haben, nicht dem verborgenen bzw. nicht verborgenen, dem idealen bzw. nicht idealen, dem erhofften bzw. nicht erhofften oder vergessenen bzw. nicht vergessenen Sein gegenüber, sondern dem Nicht-Sein gegenüber, d.h. demgegenüber, was nicht und niemals im Modus des Seins erscheinen kann, das ist der andere in seiner radikalen Differenz, die nicht deskriptiv, sondern ethisch gemeint ist. Auch hier kann von Schuld im Sinne einer Passivität gesprochen werden, aber diese Schuld ist eine Schuld dem anderen gegenüber. Auch in dieser Perspektive könnte man sagen, daß die Intentionalität auf einer Schuld, einer Passivität gründet, aber diese Schuld, dieses Defizit ist eine Passivität, die sich unmittelbar aus der Intersubjektivität, der intersubjektiven Beziehung, begreifen läßt und die daher auch eine spezifische Bedeutung bekommt: Diese Intentionalität gründet auf einem In-Verantwortung-gesetzt-sein als einer Notwendigkeit zur Stellungnahme. Diese Schuld ist in gewissem Sinne konstitutiv und prinzipiell, also nicht zu tilgen oder in irgendeiner Verwirklichung aufzuheben, kein Nicht-verwirklicht-sein.

Hier liegt die Tragweite der Erfahrung des Überlebens von Auschwitz, die Ausgangspunkt der Intersubjektivitätsperspektive war: Da sich jetzt die Frage erhebt, nicht ob noch eine (alteuropäische) Tradition oder eine (sozialistische) Utopie oder ein Projekt (der Moderne) oder eine Erinnerung (an Auschwitz) erhalten oder fortgesetzt werden kann, nicht ob etwas (noch) verwirklicht oder verbessert werden kann, sondern ob das Sein selbst gerechtfertigt oder verantwortet werden kann. Hier ist der Gläubiger der andere (auch der gewesene - vgl. auch Lyotard 1989). Also nicht nur das Entsetzen über das, was möglich gewesen ist - wie ist Auschwitz möglich gewesen? -, sondern das Entsetzen über das eigene Überleben, die eigene *Singularität* begründende Auserwählung - warum ich? Die Konsequenzen der Frage Adornos, die neulich von Peukert vollkommen zurecht und auf eindringliche Weise wiederholt wurden: »Erziehung nach Auschwitz?« (Adorno 1971; Peukert 1990) sollten in dieser Perspektive, wo das Sein selber nicht evident ist, wieder untersucht werden.

Handeln als Antwort erscheint also als meine Antwort hier und jetzt an den konkreten anderen und kann in diesem Sinne keine Fortsetzung oder Wiederholung einer schon gegebenen Antwort sein, sondern ist immer meine exklusive Antwort, eine neue Antwort auf die unabwendbare Frage des anderen (die Frage der Verantwortung). Die Notwendigkeit der Stellungnahme, d.h. des Urteils, ist gerade exklusiv in dem Sinne, daß sie nicht weitergegeben oder nicht abgelehnt werden kann. Dies ist, was Lyotard die immer anwesende »dette de vie« nennt, die er übrigens mit der Kindheit, »l'enfance«, verbindet: »Ich verstehe die Kindheit hier als Gehorsam gegenüber einer Schuld (»dette«), die man Lebens-, Zeit- oder Ereignisschuld nennen könnte, der Schuld, trotz allem da zu sein. Allein deren anhaltendes Gefühl - die Achtung - kann den Erwachsenen davor bewahren, nur ein Überlebender zu sein, ein Lebewesen, dessen Vernichtung bloß aufgeschoben ist« (Lyotard 1989, 44).

In Verbindung mit dieser Notwendigkeit der Stellungnahme und des Urteils muß die Frage gestellt werden nach der Möglichkeit eines relativen Urteils und nach der Möglichkeit einer Rechtfertigung, die nicht durch Verweisung auf einen Einheitsgrund gegeben wird. Denn es geht hier um ein Urteil, eine Stellungnahme und eine Verantwortung ohne Wissen, ohne Kriterien, d.h. eine Verantwortung, die man nicht ablehnen kann, sondern die nur als höchst persönliches Risiko möglich ist, eigentlich als Neuanfang (Arendt). Es gibt in bezug auf das Kind (und die Kindlichkeit) als »demande de vie« und als Forderung zum Urteil, keine schützende, *gemeinsame* Tradition oder Geschichte, sondern nur die Einsamkeit der Verantwortung, ja oder nein zu sagen, etwas als gut oder böse zu beurteilen. Es handelt sich um ein Urteil, das nicht von der Geschichte gedeckt wird, kein Urteil innerhalb der Geschichte, keine Wiederholung eines geteilten Urteils, sondern ein Urteil über die Geschichte (und *in diesem Sinne* ein Urteil ohne Geschichte, ohne Wissen), ein Urteil als ein »neuer Anfang« der Geschichte (die Möglichkeit dieses Urteils ist nach Lyotard das Kindsein, das gerade ohne zu wissen, ohne Geschichte urteilen muß). Es gibt nur die Notwendigkeit der Stellungnahme ohne Wissen, ohne Kriterien, und diese unabwendbare Notwendigkeit impliziert einen gewissen Partikularismus wie Levinas sagt: »Oui, particularisme. Comme celui d'Abraham. Le salut de l'universalité humaine demande peut-être à nouveau des voies qui ne mènent pas aux grandes mètropoles. Les langues à nouveau sont brouillées. La grande confusion du langage est la grande inversion des concepts. Les temps d'Abraham sont revenus: il faut obéir pour son compte sans compter les fidèles. Pour son compte qui n'est pas égoiste« (Levinas 1963).

Der Versuch, das pädagogische Verhältnis unmittelbar als intersubjektives Verhältnis zu verstehen, läuft also darauf hinaus, daß die pädagogische Beziehung als eine genuin ethische Beziehung verstanden werden muß, eine Beziehung der Verantwortung, und daß Erziehung als die Reaktion auf die Geburt umschrieben werden kann, die zugleich »dette« und »demande de vie« ist, »Schuld am Leben« und »Anspruch des Lebens auf Verantwortung«. Die Geburt (als Metapher für den Neuanfang) bildet eine

Herausforderung für den Gedanken, daß das Verbindende (das Geltende) im Teilen der alten Identität liege oder im Gebundensein an einen Einheitsgrund, und für jeden Gedanken, daß die Verantwortung an ein Ende gelangen kann.

Adorno, Th.W.: Erziehung zur Mündigkeit. Frankfurt am Main 1971.

Apel, K.-O.: Läßt sich ethische Vernunft von strategischer Zweckrationalität unterscheiden? Zum Problem der Rationalität sozialer Kommunikation und Interaktion. In: Arcivio di Filosofia (1983), S. 375-434.

Arendt, H.: Vita Activa oder Vom tätigen Leben. Stuttgart 1960.

Dies.: Das Urteilen. Texte zu Kants politischer Philosophie. München 1985.

Bollnow, O.F.: Sprache und Erziehung. Stuttgart 1966.

Buber, M.: Reden über Erziehung. Heidelberg 1953.

Fischer, W.: Collage aus splitterhaften Materialien nebst einigen kurzen Kommentaren zum Einsatz und Konzept der Postmoderne. Vierteljahrsschrift für wissenschaftliche Pädagogik 65 (1989), S. 403-415.

Flitner, W..: Allgemeine Pädagogik. In: Ders.: Gesammelte Schriften. Bd. 2: Pädagogik. Paderborn - München - Wien - Zürich 1983, S. 123 - 297 [1983a].

Habermas, J.: Der philosophische Diskurs der Moderne. Frankfurt am Main 1985.

Ders.: Reply to Skjei. In: Inquiry 28 (1985), S. 105-113 [1985a].

Ders.: Entgegnung. In: Honneth, A.; Joas, H. (Hrsg.): Kommunikatives Handeln. Beiträge zu Jürgen Habermas' »Theorie des kommunikativen Handelns«. Frankfurt am Main 1986, S. 327-405.

Ders.: Nachmetaphysisches Denken: Philosophische Aufsätze. Frankfurt am Main 1988.

Hellemans, M.: Pädagogische Verantwortung. In: Danner, H.; Lippitz, W. (Hrsg.): Beschreiben, Verstehen, Handeln. Phänomenologische Forschungen in der Pädagogik. München 1984, S. 107-121.

Herbart, F.J.: Pädagogische Schriften. 3 Bde. Düsseldorf - München 1964, 1965.

Kant, I.: Werke in 12 Bänden. Hrsg. v. W. Weischedel. Frankfurt am Main 1968

Levinas, E.: Difficile Liberté. Essais sur le judaisme. Paris 1963.

Ders.: Humanisme de l'Autre homme. Montpellier 1972.

Ders.: Autrement qu'être ou au-delà de l'essence. Den Haag 1974.

Ders.: Entre Nous. Essais sur le penser-à-l'Autre. Paris 1991.

Lyotard, J.-F.: Le différend. Paris 1984.

Ders.: Der/das Überlebende. In: Heidelberger Jahrbücher 33 (1989), S. 39-60.

Masschelein, J.: Pädagogisches und kommunikatives Handeln. Die Bedeutung der Habermasschen kommunikationstheoretischen Wende für die Pädagogik. Weinheim - Leuven 1991.

Ders.: Die ergebnislose und funktionslose Erziehung? Gemeinschaft, Öffentlichkeit und Immanenz. In: Zeitschrift für Pädagogik 37 (1991), S. 65 - 80 [1991a].

Ders.: Die Frage nach einem »pädagogischen Grundgedankengang«. In: Peukert, H.; Scheuerl, H. (Hrsg.): Wilhelm Flitner und die Frage nach einer Allgemeinen Erziehungswissenschaft im 20. Jahrhundert. Zeitschrift für Pädagogik. Beiheft 26 (1991), S. 197-210 [1991b].

Meyer-Drawe, K.: Leiblichkeit und Sozialität. Phänomenologische Beiträge zu einer pädagogischen Theorie der Inter-Subjektivität. München 1984.

Dies.; Waldenfels, B.: Das Kind als Fremder. In: Vierteljahrsschrift für wissenschaftliche Pädagogik 64 (1988), S. 271-287.

Mollenhauer, K.: Theorien zum Erziehungsprozeß. München 1972.

Oelkers, J.: Die Ästhetisierung des Subjekts als Grundproblem moderner Pädagogik. In: Petersen, J. (Hrsg.): Unterricht - Sprache zwischen den Generationen. Kiel 1972, S. 249-287.

Peukert, H.: Über die Zukunft von Bildung. In: Frankfurter Hefte 6 (1984), S. 129-137.

Ders.: »Erziehung nach Auschwitz« - eine überholte Situationsdefinition? Zum Verhältnis von kritischer Theorie und Erziehungswissenschaft. In: Neue Sammlung 30 (1980), S. 345-354.

Ricoeur, P.: Pouvoir et violence. In: Abensour, M.; Buci-Glucksmann, C.; Cassin, B.; Collin, F. und Revault d'Allones, M. (Hrsg.): Ontologie et Politique. Actes du Colloque Hannah Arendt. Paris 1989, S. 141-159.

Saner, H.: Die philosophische Bedeutung der Geburt. In: Studia Philosophica 35 (1975), S. 141-171.

Schaller, K.: Einführung in die kommunikative Pädagogik. Freiburg 1978.

Schleiermacher, F.E.D.: Theorie der Erziehung. Die Vorlesungen aus dem Jahre 1826. In: Ders.: Ausgewählte pädagogische Schriften. Paderborn 1959, S. 36-243.

Theunissen, M.: Selbstverwirklichung und Allgemeinheit. Zur Kritik des gegenwärtigen Bewußtseins. Berlin - New York 1981.

Tischner, W.: Der Dialog als grundlegendes Prinzip der Erziehung. Frankfurt am Main 1985.

Vasse, D.: Un parmi d'autres. Paris 1978.

Ders.: L'enfant ou la violence de la demande. In: Lumière et Vie 157 (1982), S. 49-59.

Wellmer, A.: Ethik und Dialog. Frankfurt am Main 1986.

Wigger, L.: Handlungstheorie und Pädagogik. St. Augustin 1983.

Wimmer, K.-M.: Der Andere und die Sprache. Vernunftkritik und Verantwortung. Berlin 1988.

Ludwig Kerstiens

Thesen zur Gewissensbildung

Ein Problem Pädagogischer Ethik

Der Begriff »Pädagogische Ethik« ist vieldeutig. Er kann - von historischen Untersuchungen einmal abgesehen - eine allgemeine ethische Theorie bezeichnen, auf die hin das Phänomen »Erziehung« ausgelegt werden soll. Es kann eine Lehre über die ethischen Maßgaben gemeint sein, die den Erziehenden in seinem pädagogischen Handeln motivieren und bestimmen sollen. Es kann auch an Aussagen über die ethischen Standards gedacht sein, die der Erziehungswissenschaftler bei seiner Forschung und seinem Experimentieren mit Menschen beachten muß. Schließlich bezeichnet der Begriff »Pädagogische Ethik« eine Lehre zu dem Thema: Kann man und gegebenenfalls wie kann man einen jungen Menschen dazu erziehen, daß *er* sich in seinem Handeln an ethischen Maßgaben orientiert (vgl. Kerstiens 1989). Die hier vorgelegten »Thesen zur Gewissensbildung« gehören in den letztgenannten Bereich.

1. Die Förderung der moralischen Urteilsfähigkeit

Die wissenschaftliche Diskussion der vergangenen Jahre hat sich im Anschluß an die Forschungen Kohlbergs und seiner Schule schwerpunktmäßig darauf konzentriert, nach der Förderung des moralischen *Urteilens* und sekundär des moralischen *Verhaltens* zu fragen. Kohlberg unterscheidet 6 Stufen der Urteilsbildung (zuletzt Kohlberg 1987, 26f); der junge Mensch soll planmäßig gefördert werden, damit er die jeweils höhere Stufe erreicht, wenn auch ein Urteilen auf der 6. Stufe empirisch nur selten nachweisbar war (Kohlberg 1986, 205ff). Moralisches Handeln stellt sich allerdings nach Kohlberg erst ein, wenn zu dem (möglichst) reifen moralischen Urteil als notwendiger Bedingung noch situative und persönliche Faktoren hinzukommen, wie z. B. Entschlußkraft und Ich-Stärke (Kohlberg 1987, 30f). Die praktischen Versuche moralischer Erziehung führten zur Gründung »Gerechter Gemeinschaften«, vor allem kleiner Schulen im Rahmen größerer Schulsysteme, in denen Lehrer und Schüler nicht nur ethische Dilemmata diskutieren, sondern auch die eigenen Probleme mit ethischer Relevanz gemeinsam besprechen und zu lösen versuchen (Higgins 1987, 54ff).

Im Hinblick auf die Gewissensbildung sind an diese Theorie und Praxis einige Fragen zu stellen:

a) Die jeweils höhere Stufe moralischen Urteilens ist durch eine größere Allgemeinheit der Wertungskriterien bestimmt: Persönliche Betroffenheit (Stufe 1 + 2), gruppenabhängige Erwartung (3), allgemeine Gesetze (4), umgreifende Grundwerte und Prinzipien (5 + 6). Letztere sind für alle Menschen gleich gültig. - Die Prüfung der Verallgemeinerungsfähigkeit moralischer Normen ist unbestritten eine Aufgabe der Ethik. Was die Verallgemeinerung aber für den einzelnen handelnden Menschen bedeutet, ist damit noch nicht geklärt. Ist Verbindlichkeit wirklich nur in der Allgemeingültigkeit einer Norm begründet? Wie kommt der Mensch überhaupt von der Erkenntnis des Allgemeinen zu der persönlichen Betroffenheit, die ihn veranlaßt, ethisch zu *handeln*? Das ist gewiß kein Ergebnis eines rationalen Schlusses von der allgemeinen Prämisse und der Prüfung situativer Faktoren auf das geforderte eigene Handeln. Ein solcher Schluß kann Bedeutung haben, wenn der Handelnde nachträglich sein Tun rational *rechtfertigen* muß. Bei allen moralischen Diskussionen der Kohlberg-Schule ging es immer um diese Rechtfertigung von Entscheidungen. Die Entscheidung selbst in der Dilemmasituation blieb relativ gleichgültig. Die Frage, was den Menschen veranlaßt, ethisch zu handeln, ist daher in dieser Moraltheorie noch gar nicht gestellt. Ebensowenig ist geklärt, zu welchem konkreten Tun der Mensch sich herausgefordert fühlt oder fühlen soll. Das Prinzip der Nächstenliebe oder Gerechtigkeit ist zwar für alle gleich gültig; aber davon weiß das Kind eben noch nichts, das den weinenden Kameraden zu trösten sucht oder dem isolierten Neuling im Kindergarten etwas von sich schenkt - und so ethisch handelt. Auch der Erwachsene kann auf Grund desselben Prinzips zu ganz verschiedenen Handlungen kommen; welche erfährt er aus welchem Grund als die, die von ihm verbindlich gefordert ist?

b) Es entspricht dem Menschen im Abendland, auch in ethischen Reflexionen den gleichen rationalen Standard zu erreichen, wie er in der

Neuzeit in allem Erkennen maßgebend geworden ist. Insofern ist der Aufstieg durch die Stufen sinnvoll. Aber die Qualität des ethischen Handelns ist davon nur sehr begrenzt abhängig. Das tröstende Kleinkind kann sein Tun vielleicht nur begründen: »Der weinte doch so!«, aber sein Handeln war von derselben Art wie Mutter Teresas Sorge für die Sterbenden in Kalkutta: Es fühlte sich durch den Schmerz des Mitmenschen berührt und bemühte sich, ihm wohlzutun, indem es sich ihm zuwandte und sich mitteilte (vgl. Döbert 1987, 508). Das Wohl-Wollen ist hier kein Urteilsprinzip, sondern eine personale Einstellung, die von dem Reflexionsniveau und der Urteilsstufe weitgehend unabhängig ist.

c) In den »Gerechten Gemeinschaften« Kohlbergs wird die persönliche Betroffenheit bis zu einem gewissen Grade erreicht, weil aktuelle Probleme gelöst werden müssen, in die alle Beratenden selbst mit verwickelt sind, - im Unterschied zu den allgemeinen Dilemma-Fällen, die man nur diskutiert. Da die »Gerechten Gemeinschaften« sich ihre Gesetze und Ordnungen selbst geben, ist jeder auf die Einhaltung verpflichtet, weil er sich selbst im Konsens gebunden hat. Die Praxis zeigte den Erfolg: In den Gemeinschaften besserte sich das moralische Verhalten. Zwei Fragen bleiben dabei aber offen.

Für Kohlberg ist es selbstverständlich, daß die Gerechtigkeitsprinzipien der amerikanischen Verfassung nicht abstimmungsfähig sind. Sie gelten unabhängig vom Konsens und brauchen nur bewußt gemacht zu werden (Kohlberg 1987, 36). Würde das im gleichen Maße auch für die ethischen Prinzipien der deutschen Landesverfassungen gelten? Liegt der Geltungsgrund in der Tatsache, daß die Prinzipien juristisch formuliert sind? Wie ist das Verhältnis von ethischer und juristischer Verbindlichkeit?

Ferner: In den Gerechten Gemeinschaften verbesserte sich das Verhalten. Wieweit aber war das eine Stärkung des eigenverantwortlichen, gewissenhaften Handelns, wieweit nur eine Anpassung an die bergende Gruppe? Kohlberg bedauert selbst, daß sich das Verhalten der Schüler außerhalb der Schule und in den Ferien keineswegs nach den vereinbarten Normen richtete (Kohlberg 1987, 79). Er sieht dieses Problem als ungelöst an. Es entspricht im übrigen den Verhaltensänderungen, die man beobachten konnte, wenn früher Menschen aus der bergenden Dorfgemeinschaft in die anonymen Großstädte zogen. Offenbar war die Verhaltensordnung nur wenig ich-, stattdessen aber gruppen-bestimmt. Lempert hat in diesem Zusammenhang darauf aufmerksam gemacht, daß sogar bei den einzelnen zur selben Zeit eine Segmentierung der Moral in den einzelnen

Lebenskreisen zu beobachten ist (Lempert 1988, 87). Das Gewissen sollte dagegen den Menschen auch dann bestimmen, wenn er sich herausgefordert weiß, anders zu handeln, als »man« es tut.

2. Der Spruch des Gewissens - der Anspruch an den Menschen

Wenn man von »Gewissen« spricht, denkt man meistens zunächst an das »schlechte Gewissen«, die Erfahrung der eigenen Schuld (Nipkow 1981, 125). Das »gute Gewissen« ist dagegen fragwürdig (Weischedel 1977, 158), weil es oft nur eine Form der Selbstgerechtigkeit oder gar der Gewissenlosigkeit ist (Kerstiens 1987, 71ff). Aber unabhängig von diesem Problem bezeichnet in beiden Fällen das Wort »Gewissen« ein im eigenen Selbst gründendes *Urteil* über das vergangene oder beabsichtigte Handeln. Dieses Gewissensurteil ist zu unterscheiden von den moralischen Urteilen, die im Diskurs gefunden werden. Diese zielen auf die rationale Beurteilung fiktiven oder tatsächlichen Handelns nach allgemeinen, anerkannten Kriterien; das Gewissensurteil betrifft nur das eigene Ich, es ist primär Schulderfahrung, motiviert zur Umkehr und - wenn möglich - zur Wiedergutmachung; es ist emotional getönt, oft sogar leiblich sichtbar (Erröten vor Scham). Es erfüllt und betrifft den ganzen Menschen. Erst nachträglich wird der Betroffene sich vielleicht rationale Rechenschaft über sein Handeln geben und dabei ethische Maßgaben, Gesetze oder Prinzipien, auf ihre situative Verbindlichkeit hin reflektieren.

Im folgenden soll es aber nicht so sehr um das Gewissens-*Urteil*, sondern primär um den Gewissens-*Appell* gehen. »Unter Gewissen wird verstanden

a) das im Bewußtsein in Erscheinung tretende persönliche Betroffensein von einem konkreten sittlichen Verhaltens*anspruch* (Sollensbewußtsein) oder

b) die solches Betroffensein ermöglichende und herbeiführende Anlage« im Menschen (Reiner 1974, 591). Auch dieser Gewissens-An-Spruch ist nicht einfach eine Verstandes- oder Gefühlsfunktion, sondern betrifft den ganzen Menschen. Das Gewissen vermittelt Einsicht, was der einzelne hier und jetzt zu tun hat, und motiviert ihn, dementsprechend zu handeln (Schwermer 1979, 29).

Diesen Anspruch erfahren bereits Kinder in einem frühen Alter. Es wurde bereits auf das Kind hingewiesen, das den weinenden Kameraden tröstet oder sich dem Isolierten zuwendet; Kinder, die zeitweise auf ein kleines Geschwisterchen aufpassen, können von ihrer »Verantwortung«

geradezu existentiell belastet werden. Jugendliche fühlen sich gedrängt, nachts die Kröten einzusammeln, um sie vor dem Straßentod zu retten; sie wenden sich engagiert Behinderten zu und »opfern« dafür ihre Freizeit; sie setzen sich für die Unterdrückten und Notleidenden in fernen Ländern ein, da sie diese als ihre »Nächsten« wahrnehmen. Jeweils weiß und fühlt sich der Mensch selbst betroffen, von der Wirklichkeit (Pflanzen, Tieren, Menschen) in Anspruch genommen. Insofern nimmt eigentlich nicht das Gewissen in Anspruch, sondern es läßt den Anspruch der Wirklichkeit nur ins Bewußtsein treten.

Die Anspruchserfahrung ist aber nicht auf die unmittelbare Beziehung zu konkreten Tieren oder Menschen, auf eine Du-Beziehung im Sinne Bubers (1962, 77ff) beschränkt. Um des Wohls der Menschen und Tiere willen müssen auch allgemeine Strukturen und Institutionen geschaffen und verändert werden. Das Gewissen läßt auch diesen sozialen und politischen Anspruch bewußt werden, so daß Menschen sich ethisch verpflichtet wissen, ihre Arbeitskraft einzusetzen, damit kommunales Leben blüht, Familien hinreichende Lebensbedingungen finden, Gesetze und Rechtsordnungen erlassen werden, die politische Struktur verändert wird und die Staaten die Freiheit und das Wohlergehen der Menschen ermöglichen.

Das Gewissen ist dabei nicht zu verstehen als eine »Stimme Gottes«, die dem Menschen in jeder Situation eindeutig sagt, was er zu tun hat. Der Mensch ist - schöpfungstheologisch gesehen: von Gott - mit seiner Freiheit begabt und muß sich in Freiheit aktualisieren, indem er das tut, was er nach Prüfung als richtig und verbindlich erkennt. Das ist der letzte Grund des Gewissens (Böckle 1987, 47). Der Mensch ist nicht durch ein »Muß« gebunden, sondern erfährt ein »Soll«, das ihn in seiner Freiheit aufruft. Die Soll-Erfahrung kann durchaus ein rationales Abwägen einschließen; das Gewissen erspart keine Konflikte. Es gibt Konflikte zwischen zwei berechtigten Ansprüchen, etwa im Berufsleben und in der Familie, aber auch Konflikte zwischen berechtigten Ansprüchen des eigenen Selbst (z. B. auf Erholung und Entspannung) und dem ethischen Anspruch, sich für das Wohl anderer zu engagieren. Die Gewissensentscheidung fällt übrigens nicht nach der Urteilsstufe im Sinne Kohlbergs, auch nicht nach der allgemeinen Höhe des Wertes, um den es im Augenblick geht, sondern nach der Dringlichkeit des Anspruchs. Die Erkenntnis ist z. B. ein hoher Wert; der Forscher fühlt sich vielleicht zum Erkenntnisgewinn für alle Menschen verpflichtet. Dennoch ist es oft dringlicher, daß er zunächst dem besonders Notleidenden hilft und seine Forschung solange zurückstellt.

Wer im Gewissen etwas als Anspruch in der gegebenen Situation erfährt, ist gehalten, dementsprechend zu handeln; im anderen Falle macht er sich schuldig. Ob er allerdings durch sein gewissenhaftes Tun wirklich das erstrebte Wohl des anderen, das Gute oder wenigstens relativ Bessere, erreicht, ist damit keineswegs gesagt. Er kann die Wirklichkeit und die Situation falsch eingeschätzt haben, Reaktionen der anderen Menschen nicht vorhergesehen haben, bestimmte Variable nicht berücksichtigt haben. Das Gut-Sein des Handelns, die Gewissenhaftigkeit, kann daher nicht aufgrund der guten Folgen beurteilt werden. Aber es geht auch nicht nur um den guten Willen, die gute Gesinnung. Gewissensethik ist keine Gesinnungsethik, sondern Verantwortungsethik.

Jeder ist gehalten, soweit es ihm möglich ist, zu prüfen, was gut ist, und sich selbstkritisch zu fragen, was er zu tun hat, um seine Achtung vor dem anderen zum Ausdruck zu bringen und dessen Wohl zu fördern. In manchen Situationen ist das einfach intuitiv erfaßbar, in anderen erfordert es ein erhebliches Nachdenken. In diesem Sinne ist Gewissensbildung ein unabschließbarer Prozeß. Wer so gewissenhaft handelt, handelt gut und verantwortlich, auch wenn er sich geirrt hat und das Gute nicht erreicht, vielleicht sogar Schlechtes hervorgebracht hat.

3. Die Entstehung des Gewissensspruches

Wie kommt es bei dem einzelnen Menschen zu dieser Anspruchserfahrung? Biographisch gesehen steht am Anfang das Einleben in eine interpersonale Lebensordnung, die von den Eltern und der Kulturgemeinschaft vorgegeben ist. Das Leben ist immer durch gemeinsame Normen, Gebote und Verbote geregelt, die sich bewährt haben und von vielen religiös als Gottes Wille gedeutet werden. Auch der Dekalog ist so zu verstehen (Auer 1984, 55ff). Der junge Mensch internalisiert diese Normen und empfindet es dann als »selbstverständlich« und »natürlich«, daß man dementsprechend handeln muß. Dabei bleibt es aber nicht, erst recht nicht in einer pluralistischen Gesellschaft, und die ethische Anspruchserfahrung geht auch weit über die Einhaltung allgemeingültiger Normen hinaus.

Die allgemein gültigen Normen sichern nur ein Mindestmaß von Verhaltensordnungen, die menschliches Miteinanderleben ermöglichen. Die zahlreichen alltäglichen Konventionen wiederum sind ethisch nur in besonderen Situationen relevant, wenn sie mehr als das bloß

»Gewöhnliche« zum Ausdruck bringen. Die Gewissenserfahrung läßt sich jedenfalls nicht einfach auf dieses internalisierte oder rational erkannte normative Gefüge zurückführen (Kerstiens 1987, 23ff). In Anspruch genommen wird der Mensch nicht von Normen, von einem abstrakten Allgemeinen, sondern von einem konkret Wirklichen.

Außerdem geht es hier nicht um die biographisch beschreibbare, im Laufe der Entwicklung sich vertiefende Gewissensentwicklung, sondern um die konstitutiven Elemente des Gewissenanspruchs bei Kindern wie bei Erwachsenen. Ausgehen muß man wohl von der Tatsache, daß der Mensch nicht eine individuelle Substanz ist, die zunächst für sich allein existiert, sondern eine Person, die prinzipiell auf andere Personen und sekundär auch auf nicht-personales Seiendes bezogen ist. Die anthropologisch Forschenden haben das im 20. Jahrhundert mit immer neuen Formeln thematisiert: Menschsein als Beziehung (Buber), als Mit-Sein (Heidegger, Splett), als Inter-Subjektivität (Schaller), Personsein als Relation auf den anderen hin (Ratzinger, Greshake, Staudinger/Schlüter). Menschliches Leben ist Aktualisierung von Beziehungen; deswegen geht der Andere den Menschen unausweichlich und unmittelbar an, da er nur mit ihm selbst sein kann. Selbstverwirklichung setzt Urdistanz und Beziehung (Buber 1962, 411ff) voraus.

Personale Zuwendung aktualisiert sich in der Zuwendung zu dem Anderen, der in seinem Eigensein und seiner Andersheit wahrgenommen und geachtet wird. Das Ja zum Anderen beginnt mit dem Respekt vor ihm und gipfelt in der Liebe: »Es ist gut, daß es dich gibt.« (Pieper 1972, 38) Die Achtung verhindert, daß man den anderen nur als Mittel für die eigenen Interessen auffaßt.

Die Achtung und die Verbundenheit begründen das Wohl-Wollen. Anteilnahme und Wohlwollen sind nicht nur zusätzliche Prinzipien auf Stufe 6 nach Kohlberg (1986, 209), nicht nur eine andere, besonders der Frau naheliegende Begründung ethischen Handelns (Gilligan 1984, 27ff), sondern von Kindheit an Grundlage ethischen Handelns (Spaemann 1989). Das Wohl des anderen zu wollen kann sich auf doppelte Weise ausdrücken: Das Selbstsein des anderen wird als Gut erkannt, anerkannt und geachtet; auch bei dem Debilen oder dem Verbrecher schätzt man das Person-Sein als hohes Gut. Im Umgang muß diese Anerkennung zum Ausdruck kommen.

Zugleich aber wird erkannt, daß das Wohl des anderen, sein Gut-Sein, nicht selbstverständlich, sondern unvollkommen und gefährdet ist. Aus dem Wohlwollen entspringen daher Fürsorge und Pflege, »care« im Sinne

Gilligans (1984, 30). Das *gefährdete* Gut im kleinen, aber auch im Weltmaßstab ist ein Aufruf an den Erkennenden, sich für den *Schutz* zu engagieren (Jonas 1984, 249); Umweltschutz und Sorge für die Menschen in der sog. Dritten oder Vierten Welt verdeutlichen das.

Das *fehlende* Wohl verlangt das Engagement für die *Veränderung* des Zustandes: die Heilung des Kranken, die Ein-Beziehung des Isolierten, die Tröstung des Weinenden, aber auch für die Veränderung der wirtschaftlichen und politischen Strukturen, die den Menschen Unheil bringen.

Das »Noch-Nicht«, das *mögliche*, aber ohne Hilfe nicht erreichbare Wohl des Anderen verlangt nach *Förderung*; in diesem Sinne ist jedes Kind ein ethischer Anspruch an seine potentiellen Erzieher. Gewissenhaftes Handeln aus diesem erfahrenen Anspruch, begründet in Achtung und Wohl-Wollen, ist wesentliches Element personaler Selbstverwirklichung; nur darf es nicht um der Selbstverwirklichung willen praktiziert werden, so daß der Andere nur Mittel für die eigene Selbststeigerung wird (Frankl 1987, 101).

Die aktualisierte Beziehung zum Anderen stiftet die *Verbindung*, aus der die *Verbindlichkeit* des Anspruchs entspringt. In der Regel geht es nicht um die Verbindlichkeit eines allgemeinen Gesetzes, das eben auch für das handelnde Ich gültig ist, sondern um die Erfahrung: Er, sie geht mich etwas an, und ich darf mich ihm, ihr nicht entziehen. Auch »es« kann mich etwas angehen (die Gruppe, die Gesellschaft, der Staat, die Umwelt usw.), weil die anderen und ich selbst nur in diesem Zusammenhang als Menschen in humaner Weise leben können.

Dieses Verständnis des Gewissensanspruchs setzt voraus, daß der Mensch das Gute oder mindestens etwas Besseres erkennen kann. Dabei geht es nicht um das ethisch Gute, sondern um das Gut-Sein des Wirklichen selbst: die Gesundheit des Lebendigen, das menschenwürdige Leben, die humane Staatsordnung. Nur so kann die vorhandene oder drohende Differenz zwischen dem Istzustand und dem Guten erkannt werden, in der die Anspruchserfahrung gründet (Kerstiens 1966, 56ff; Auer 1984, 16ff). Da das Gewissen jeden Menschen auszeichnet, muß die Erkenntnis des Guten jedem Menschen in seiner Lebenswelt möglich sein. Das schließt nicht aus, daß in manchen Wirklichkeitsbereichen diese Erkenntnis erst mühsam erarbeitet werden muß und deshalb im Gewissen nur der in Anspruch genommen ist, der diese Erkenntnis erarbeiten und an der Verwirklichung des Besseren mitwirken kann; man denke nur an die ethische Verpflichtung der Wirtschaftler und Politiker, durch eine veränderte

Weltwirtschaftsordnung das humane Leben der unterdrückten und notleidenden Menschen zu ermöglichen. Jeder ist aber so weit in Anspruch genommen, wie er das Gute (Bessere) erkennen und an seiner Verwirklichung mitwirken kann. Soweit muß er auf den Anspruch antworten und sich für diese Antwort vor seinem Gewissen und den Mitmenschen - im religiösen Sinne: vor Gott - verantworten.

4. Die Erkenntnis des Guten[1]

Das Gute - das, was sein soll - kann empirisch-wissenschaftlich nicht erkannt werden, wenn auch die wissenschaftlichen Erkenntnisse eine Anregung und Herausforderung sein können, um die Vorstellung des »Guten« zu klären.

Das Gute ist nur erkennbar, wenn man die Wirklichkeit in ihrem Ist-Sein hinreichend erkennt. »Hinreichend« für das ethische Handeln in der jeweiligen Lebenswelt kann aber auch die vorwissenschaftliche Erfahrung sein; nicht nur die wissenschaftlich Gebildeten können gewissenhaft sein.

Ursprung der Erkenntnis des Wirklichen und des Guten ist die Erfahrung. Die Bedeutung der vorwissenschaftlichen Erfahrung als Erschließung der »Lebenswelt« ist inzwischen auch wissenschaftlich »rehabilitiert« (Lippitz 1980). Das Kind lernt so, Dinghaftes von Lebendem zu unterscheiden und die Gefährdung des Lebenden zu erkennen; es lernt das Weinen oder die Mimik als Ausdruck des Schmerzes oder der Isolierung zu deuten. Es lernt das Glück des Miteinanderspielens und -handelns zu schätzen. So wird zugleich Wirklichkeit erkannt und Schlechtes und Gutes unterschieden. Die erfahrene Wirklichkeit ist immer schon wertend ausgelegt durch die Sprache und das Handeln der anderen und durch das eigene Erleben.

Die Erkenntnis des jeweils Guten wird verstärkt oder korrigiert durch die »Kontrasterfahrungen« (Mieth 1977, 120). Die Erfahrung der Situation der Kinder auf den Müllbergen asiatischer, afrikanischer oder amerikanischer Metropolen im Gegensatz zur Erfahrung mit den Kindern in der eigenen Lebenswelt läßt jeden erkennen: So geht es nicht - so ist es besser. Wir mögen zunächst nicht wissen, was die rechte Gestaltung der menschlichen Dinge sei, »aber was nicht sein soll ..., das wissen wir, und einzig in diesem bestimmten und konkreten Wissen ist uns das Andere,

---

1 Die Thesen dieses Abschnittes werde ich im größeren Zusammenhang in meinem Buch »Erziehungsziel: Humanes Leben«. Bad Heilbrunn 1991 entfalten.

Positive, offen.« (Adorno 1972, 456). Über das »einzig« müßte man diskutieren, aber dieser Erkenntnisweg ist unbestreitbar. Schillebeeckx radikalisiert diese Thesen noch: Die menschlichen Erfahrungen von Leiden, Übel, Unterdrückung sind Basis und Ursprung »eines grundlegenden Neins«. Diese Erfahrung hält er für »evidenter als alles, was Philosophie und Wissenschaften uns an verifizierbarem oder falsifizierbarem 'Wissen' darbieten können. Empörung [...] scheint eine Grunderfahrung unseres Lebens in dieser Welt zu sein.« (Schillebeeckx 1990, 27.)

Die Erfahrung wird besonders eindringlich, wenn der Mensch selbst leidet oder mitleidet. Die geistige Erfahrung des Wesentlichen erschließt sich im Leiden. »Wo solche Erfahrung nicht gemacht wird, bleibt Erkenntnis unbewegt und fruchtlos. Ihr Maß ist, was den Subjekten objektiv als ihr Leiden widerfährt.« (Adorno 1975, 172.) Es gibt eine »kognitive Kraft des Leidens« (Schillebeeckx 1990, 224f). Eine persönliche Erinnerung des Autors sei erlaubt: Was Freiheit als Gut ist, habe ich unter der Naziherrschaft und im russischen Kriegsgefangenenlager erkannt.

Die dargestellten Zugänge zur Erkenntnis des Guten sind aber alle noch aspekthaft begrenzt, weil jeder seine Erfahrungen in seiner Position aufgrund seines Lebenslaufes macht. Um das Gute zu erkennen, wo es sich nicht intuitiv auf den ersten Blick erschließt, bedarf es deshalb des Gesprächs miteinander. Das reicht vom alltäglichen Erfahrungsaustausch bis in die Nähe des »idealen Diskurses«. Bei der rationalen und kritischen Vertiefung des Diskurses müssen dann auch Wissenschaftler aller Art, Ethiker, Philosophen und Theologen zugelassen sein. Die differenzierteren Formen des Diskurses sind natürlich nicht allen Menschen möglich; von ihnen hängt aber auch die ethische Wertigkeit des Handelns nicht ab, sondern »nur« die angemessene Handlungsweise in komplexen Lebensbereichen. Wer den Diskurs führen kann, ist aber dazu verpflichtet, um jeweils sein Bestes zu leisten und dem Guten auch in den schwierigen Problembereichen näherzukommen.

In jedem Fall aber bleibt noch ein letzter Schritt der kreativen Vernunft, um die Vorstellung von dem jeweils Guten auszuformen. In gewisser Hinsicht hat die Vorstellung immer den Charakter eines *Entwurfs*, zwar eines begründeten Entwurfs, eines vernünftig verantwortbaren Entwurfs, aber eben doch eines personabhängigen Entwurfs. Daher sind die Unterschiede dieser Vorstellungen von Gesundheit, von dem Humanum, von dem guten Staatswesen letztlich nicht aufhebbar. Das ist aber auch nicht notwendig, wenn jeder sich ethisch gehalten weiß, für das von ihm erkannte Gute zu wirken und dabei zu respektieren, daß andere nicht in genau der gleichen Richtung tätig sind. Man muß seine eigene Vorstellung vom Guten kritisch prüfen, sich wechselseitig zu überzeugen versuchen, aber sich auch überzeugen lassen und den bleibenden Unterschied tolerieren, ohne dem anderen die Gewissenhaftigkeit abzusprechen.

Auch geschichtlich läßt sich beobachten, daß die ethische Erkenntnis des Guten zeitabhängig ist. Aristoteles und Paulus konnten wohl noch nicht erkennen, daß die Institution der Sklaverei prinzipiell inhuman ist. Bis ins 19. Jahrhundert haben selbst Klöster in Südamerika »guten Gewissens« Sklaven gehalten, großenteils durchaus wohlwollend für sie sorgend. Papst Gregor XVI. verurteilte noch 1832 die Gewissensfreiheit als »absurden Irrtum«, wahrscheinlich weil er sich im Gewissen gehalten wußte, die allgemein gültigen Normen in ihrer Verbindlichkeit zu verteidigen. Erst auf dem II. Vatikanischen Konzil über 100 Jahre später hat die Kirche diesen Irrtum offiziell korrigiert. Beispiele aus der weltlichen Moral und dem politischen Raum lassen sich zahlreiche nennen. Es gibt eben das trotz aller vernünftigen Selbstprüfung irrende Gewissen, das *als irrendes* erst von anderen oder zu einem späteren Zeitpunkt erkannt wird. Aber auch das irrende Gewissen bindet den Handelnden, wenn er seine Erkenntnis des Guten bestmöglich geprüft hat.

5. *Pädagogische Möglichkeiten zur Förderung der Gewissensbildung*

Der Gewissensspruch ist unverfügbar. Der Erzieher darf aus Achtung vor der freien Person nicht ein richtiges Gewissen oktroyieren wollen. Ein Gesetz, eine Norm kann man lehren und rational begründen; man kann und muß auch Anregungen für die Orientierung des Gewissens geben. Wozu sich aber der mündige Mensch im Gewissen verpflichtet weiß, kann kein anderer für ihn entscheiden. Das Gewissen ist nicht manipulierbar; das manipulierte »Gewissen« ist nur der Widerschein eines von außen gesetzten Maßes.

Natürlich kann man mit einer - vielleicht sogar wissenschaftlich erprobten - Technologie der Verhaltenskonditionierung ein moral- und normgemäßes Verhalten dressieren und ein »schlechtes Gewissen« hervorrufen, weil der Mensch sich vor den anderen schämt, wenn er von dieser Norm abweicht. Aber dieses Verhalten und diese Scham gründen in Über-Ich-Dressaten, nicht im Gewissen. Da der Mensch nicht wirklich in seinem Ich betroffen ist, werden diese Verhaltensweisen auch rasch abgelegt, wenn individuelle Interessen dagegenstehen und keine Kontrolle von außen mehr erfolgt. Allerdings können Prägungen auch so stark sein, daß es zu schweren inneren Konflikten kommt, wenn die Verhaltensfixierung und die persönliche Einsicht und Überzeugung im Widerstreit liegen.

Der Gewissensspruch ist auch nicht didaktisch planvoll lehrbar. Man kann und soll über Moral, Tugend, Gewissen unterrichten (Oser 1976). Das kann zur Selbsterkenntnis und Weltbeurteilung beitragen. Diese Lehrinhalte sind bedeutsamer als manches, was traditional im Fachunterricht vermittelt wird. Aber die Erkenntnis *über* das Gewissen und die Erfahrung *des* Gewissensspruches sind nicht dasselbe und weitgehend voneinander unabhängig. Man kann eine gute Prüfung über das Gewissen machen, ohne sich je im Gewissen angesprochen zu fühlen.

Manche Autoren gehen daher so weit zu sagen, man könne das Gewissen gar nicht erzieherisch fördern. »Nicht wir bilden das Gewissen, das Gewissen bildet uns.« (Schurr 1982, 11) Ich bin aber überzeugt, daß man die Gewissen*haftigkeit* erzieherisch fördern kann und soll, die Bereitschaft des Menschen, den Anspruch der Wirklichkeit in dem dargestellten Sinne wahrzunehmen und diesem Gewissensanspruch zu folgen. Man kann kaum beeinflussen, was der einzelne im Rahmen der allgemeinen Lebensordnung als seine Gewissensverpflichtung erfährt, wohl aber, daß er sich für solche Ansprüche öffnet und dementsprechend handelt. Darin scheint mir ein zentraler, wenn nicht *der* zentrale Auftrag ethischer Erziehung zu liegen.

a) Grundlage der Erziehung zur Gewissenhaftigkeit ist die Pflege der personalen Beziehungen. Man lernt nur lieben und sich für andere(s) zu öffnen, wenn man geliebt wird. Pestalozzi hat nach seinen Erfahrungen in Stans darauf aufmerksam gemacht, daß man Kinder erst in dieser Weise weitherzig machen müsse, bevor man ein ethisches Handeln erwarten und - zuletzt - auch eine ethische Einsicht im Gespräch erreichen kann. Wer selbst spürt, daß er, auch wenn er in Not gerät, nicht allein gelassen wird, kann einen Blick für die Not anderer entwickeln und ihnen Beistand leisten.

b) Der Erzieher lehrt, die Wirklichkeit wahrzunehmen. Man kann die Welt erkennen unter der Frage: »Was bringt mir das?« Bis zu einem gewissen Grade müssen wir die Wirklichkeit als Mittel für die eigene Bedürfnisbefriedigung oder als Gefährdung wahrnehmen. - Man kann die Wirklichkeit auch methodisch-forschend als wissenschaftliches Formalobjekt erkennen und davon absehen, daß mich das Erkannte etwas angeht und eine Antworthandlung von mir selbst verlangt - vom biologischen Tierexperiment bis zur soziologischen Untersuchung der Lebensumstände im Elendsviertel. - Man kann sich aber auch der Wirklichkeit in seiner personalen Vieldimensionalität zuwenden, erkennend und mitfühlend, und so erfahren, wie man selbst auf das Erkannte antworten muß. Ein solches Wahrnehmen ist notwendig, wenn man einen Blick dafür entwickeln soll, was das »Wohl« für den anderen ist und was jeweils von mir selbst getan werden sollte. »Man sieht nur mit dem Herzen gut«, der Gewissensspruch ist von diesem Sehen abhängig. Der Erzieher kann bereits dem Kleinkind dessen Lebenswelt so erschließen, daß es »mit dem Herzen« wahrnimmt: die Pflanze, die begossen werden muß, das Tier, das Pflege braucht, das weinende Kind, dem man sich zuwenden sollte. Den Jugendlichen kann man in vielfacher Weise so anregen.

c) Junge Menschen lernen im Mitvollzug des Lebens mit den anerkannten Erwachsenen, auch wenn sie sich zeitweise von ihnen demonstrativ abwenden, um ihr Selbstbewußtsein zu erringen und zu behaupten. Wenn es in einer Familie oder dem weiteren Lebenskreis selbstverständlich ist, daß sich die Erwachsenen in sozialem und politischem Engagement für andere(s) einsetzen, ohne nach Bezahlung zu fragen, ist es auch für junge Menschen leichter, sich ethisch in Anspruch nehmen zu lassen. Es ist auffällig, wie oft engagierte Menschen aus engagierten Familien stammen.

d) Kinder können den ethischen Anspruch im Gewissen erfahren, wo sie selbst Verantwortung übernehmen. Früher lernte man in den großen Familien ohne Hilfskräfte von selbst Solidarität, weil jeder gebraucht wurde, wenn auch die Geschlechtsrollen die Lasten ungleich verteilten. Heute müssen die Kinder und Jugendlichen bewußt in die Verantwortung gestellt werden. Das beginnt vielleicht mit der Sorge für eine Pflanze oder der Beobachtung eines kleinen Geschwisterchens; es führt über die verantwortliche Tätigkeit in einem Verein oder Jugendbund bis zu dem politischen Engagement in Parteien oder Bürgerinitiativen oder zum sozialen Dienst in der Gemeinde und der Sorge für Behinderte durch den Zivildienstleistenden.

e) Der Erzieher, der die Gewissenhaftigkeit fördern will, wird weniger über die Normen *belehren*, als das vor Jahrzehnten üblich war. Er wird weniger *diskutieren*, als wenn er im Sinne Kohlbergs die Entwicklung zur nächst höheren Urteilsstufe als Ziel anstrebt. Er wird eher *appellieren*. Es ist meist wenig erfolgreich und ruft Widerstand hervor, wenn man sagt: »Du mußt...«. Man kann aber in einer entsprechenden Situation durchaus fragen: »Meinst du nicht, daß wir (ich, du) hier helfen müßten?« Man kann auch einen jungen Menschen, der von seiner ersten Liebe erfüllt ist, erinnern: »Denkst du auch daran, welche Mitverantwortung du für deine Freundin (deinen Freund) übernimmst?« Soziale und kirchliche Normen werden heute von den meisten Jugendlichen nicht mehr als verbindlich übernommen; aber für die Achtung vor dem anderen und die wechselseitige Verantwortung sind sie oft wieder aufgeschlossen, nachdem die Sexwelle aus Trotz und Emanzipationswille abgeebbt ist.

f) Für ein gewissenhaftes Handeln, vor allem in Konfliktsituationen, sind auch in Zukunft Tugenden, gefestigte Haltungen und Einstellungen von Bedeutung. Tugenden sind nicht Selbstzweck; es geht nicht darum, ein tugendhafter Mensch zu werden. Tugenden sind auch keine Verhaltensstereotype, die das Handeln fixieren wie manche Verhaltensdressate. Der Mensch kann aber Haltungen ausprägen, die es erleichtern, seinem Gewissen gemäß zu handeln, auch wenn Gegenkräfte wirksam sind. Die Offenheit für den Anspruch der Wirklichkeit scheint mir noch vor der Gerechtigkeit *die* grundlegende Kardinaltugend zu sein. Auch die alten Kardinaltugenden sind noch nicht obsolet; die Tapferkeit, heute eher: die Zivilcourage, läßt den Menschen auch dann nach seinem Gewissen handeln, wenn er Imageverlust oder Nachteile zu erwarten hat. Selbst formale Tugenden wie die Pünktlichkeit behalten ihren Sinn, wenn sie zum Beispiel die Achtung vor dem Wartenden zum Ausdruck bringen. Insofern ist die Tugenderziehung sinnvoll, wenn es um die Wahrnehmung des Anspruchs und das gewissenhafte Handeln geht.

Über die Bedeutung des moralischen Urteilens für die Erziehung zur Gewissenhaftigkeit braucht hier nicht gesprochen zu werden, da es an anderer Stelle geschieht.

Die Erziehung zur Gewissenhaftigkeit besteht - über das Einleben in eine auch moralisch geprägte Lebenswelt hinaus - weitgehend aus Anregungen und Appellen sowie aus der Schaffung von Lebenssituationen, aus und in denen der junge Mensch lernen kann. Diese Erziehung ist zielbestimmt, auch von den ethischen Überzeugungen des Erziehers geleitet. Dennoch vergewaltigt sie den jungen Menschen nicht; sie führt ihn vielmehr in seine Freiheit. Denn Freiheit ist ja nicht Beliebigkeit, nicht die Möglichkeit, jedem Antrieb, jeder Laune, jedem Wunsch nachzugeben, sondern die Fähigkeit zu erkennen, was vernünftig zu rechtfertigen ist, was vertretbar und was im Gewissen verbindlich ist, und die Möglichkeit, diesem so als richtig Erkannten gemäß verantwortlich zu handeln.

Natürlich hat auch diese Erziehung keine gesicherte Wirkung, keine Erfolgsgarantie im Sinne des erzieherisch erstrebten Zieles. Zahlreiche unkontrollierbare äußere Einflüsse können ihr entgegenwirken, und der junge Mensch kann als Subjekt sehr unterschiedlich auf die erzieherischen Impulse und Herausforderungen antworten. Wenn er sich in seinem Gewissen anders entscheidet, als die Erzieher erhofft haben, ist das noch kein Mißlingen der Erziehung. Nur eine wirkliche Gewissenlosigkeit, eine Verdrängung aller Ansprüche, wäre ein Zeichen für das Mißlingen. Aber mit dieser Möglichkeit des Mißlingens muß jeder Erzieher leben. Er kann nur tun, was ihm möglich ist.

Literaturverzeichnis

Adorno, Theodor W.: Individuum und Organisation. In: Soziologische Schriften I. Gesammelte Schriften. Bd. 8. Frankfurt am Main 1972, S. 440-456.

Ders.: Negative Dialektik. Frankfurt am Main 1975.

Auer, Alfons: Autonome Moral und christlicher Glaube. Düsseldorf 1984[2].

Böckle, Franz: Was bedeutet 'Natur' in der Moraltheologie? In: Ders. (Hrsg.): Der umstrittene Naturbegriff. Düsseldorf 1987, S. 45-68.

Buber, Martin: Werke I. München - Heidelberg 1962, darin: Ich und Du, S. 77ff; Urdistanz und Beziehung, S. 411ff.

Döbert, Rainer: Horizonte der an Kohlberg orientierten Moralforschung. In: Zeitschrift für Pädagogik 33 (1987), H. 4, S. 491ff.

Frankl, Viktor E.: Ärztliche Seelsorge. Frankfurt am Main 1987[4].

Gilligan, Carol: Die andere Stimme. München - Zürich 1984.

Gregor XVI, Papst: Enzyklika 'Mirari vos'. 1832. In: Denzinger, Enchiridion Symbolorum. Barcelona 1946[24], Nr. 613.

Greshake, Gisbert: Person - Subjekt. In: Heitger, Marian (Hrsg.): Vom Verlust des Subjekts in Wissenschaft und Bildung. Münstersche Gespräche. Münster 1987, S. 3ff.

Higgins, Ann: Moralische Erziehung in der Gerechte-Gemeinschaft-Schule. In: Lind, Georg/Raschert, Jürgen (Hrsg.): Moralische Urteilsfähigkeit. Weinheim - Basel 1987, S. 54ff.

Jonas, Hans: Das Prinzip Verantwortung. Frankfurt am Main 1984.

Kerstiens, Ludwig: Der gebildete Mensch. Freiburg 1966.

Ders.: Das Gewissen wecken. Bad Heilbrunn 1987.

Ders.: Ethische Probleme in der Pädagogik. Wuppertal 1989.

Kohlberg, Lawrence u.a.: Die Wiederkehr der sechsten Stufe. Gerechtigkeit, Wohlwollen und der Standpunkt der Moral. In: Edelstein, Wolfgang/Nunner-Winkler, Gertrud (Hrsg.): Zur Bestimmung der Moral. Frankfurt am Main 1986, S. 205ff.

Ders.: Moralische Entwicklung und demokratische Erziehung. In: Lind, Georg/Raschert, Jürgen (Hrsg.): Moralische Urteilsfähigkeit. Weinheim - Basel 1987, S. 25ff und Diskussionsbeitrag S. 79.

Lempert, Wolfgang: Soziobiographische Bedingungen der Entwicklung moralischer Urteilsfähigkeit. In: Kölner Zeitschrift für Soziologie und Sozialpsychologie. 40 (1988), S. 62ff.

Lippitz, Wilfried: 'Lebenswelt' oder die Rehabilitierung vorwissenschaftlicher Erfahrung. Weinheim - Basel 1980.

Mieth, Dietmar: Moral und Erfahrung. Freiburg 1977.

Nipkow, Karl Ernst: Moralerziehung. Pädagogische und theologische Antworten. Gütersloh 1981.

Oser, Fritz: Das Gewissen lernen. Probleme intentionaler Lernkonzepte im Bereich der moralischen Erziehung. Olten - Freiburg 1976.

Pieper, Josef: Über die Liebe. München 1972.

Ratzinger, Joseph: Zum Personverständnis in der Dogmatik. In: Speck, Josef (Hrsg.): Das Personverständnis in der Pädagogik und ihren Nachbarwissenschaften. Teil I. Münster 1966, S. 157ff.

Reiner, H.: Gewissen. In: Ritter, Joachim (Hrsg.): Historisches Wörterbuch der Philosophie. Bd. 3. Basel - Stuttgart 1974.

Schaller, Klaus: Pädagogik der Kommunikation. St. Augustin 1987.

Schillebeeckx, Edward: Menschen. Die Geschichte von Gott. Freiburg 1990.

Schurr, Johannes: Zur absoluten Normativität des Gewissens. In: Vierteljahrsschrift für wissenschaftliche Pädagogik 58 (1982), S. 1ff.

Schwermer, Josef: Gewissen und Gewissensbildung. In: Lebendige Katechese 1 (1979), H. 1, S. 27ff.

Spaemann, Robert: Glück und Wohlwollen. Stuttgart 1989.

Splett, Jörg: Leben als Mit-Sein. Frankfurt am Main 1990.

Staudinger, Hugo/Schlüter, Johannes: Wer ist der Mensch? Stuttgart - Bonn 1981.

Weischedel, Wilhelm: Skeptische Ethik. Frankfurt am Main 1977[2].

Friedhelm F. Musall

Risiken und Entscheidungszwänge moderner Technik als Herausforderungen für die Pädagogik

Er ist ein Denker: das heisst, er versteht sich darauf, die Dinge einfacher zu nehmen, als sie sind. (Nietzsche)

In Analysen der gegenwärtigen gesellschaftlichen Situation ist häufig von Krisen*erfahrungen* und nicht lediglich von gesellschaftlichen Krisen die Rede. Damit soll vermutlich angedeutet werden, daß Krisenphänomene unterschiedlicher Bewertung unterliegen. Bewertungsunterschiede können sehr grundsätzlicher Art sein. So grundsätzlich, daß der Streit darüber geht, ob es sich bei den angesprochenen Entwicklungstendenzen überhaupt um Krisen handele oder ob das Gerede von Krisen nur Hysterie und die Moderne, wie es Odo Marquard gerne sähe, eindeutig »mehr Nichtkrise als Krise« sei.[1]

Insofern dürfte es in diesem thematischen Zusammenhang unerläßlich sein, eine zureichende Darstellung der eigenen Sicht gesellschaftlicher Krisen zu geben, damit man diese Voraussetzungen von dem trennen kann, was daraus an Konsequenzen zu ziehen ist bzw. was ich dann als meine Konsequenzen vorstellen werde.

Fast alle unserer individuellen oder gesellschaftlichen Lebensbereiche werden heute vom »wissenschaftlich-technisch-industriellen Fort-

1 Marquard, Odo: Philosophie, Kompensation oder was? Ein Gespräch mit Richard Laufner. In: Information Philosophie 18 (1990), H. 5, S. 30-34, hier: S. 30

schrittsparadigma« bestimmt.[2] Diesen Ausdruck übernehme ich von dem Wissenschaftssoziologen Rolf Kreibich, weil ich mit ihm die Auffassung teile, daß viele Probleme unserer Tage nur aus dem *Zusammenhang* dieser drei Teilbereiche erklärbar werden. Dieses Fortschrittsparadigma hat das Bild und das Selbstverständnis der Moderne in zweifacher Hinsicht geprägt. Einmal geschah dies durch die Überzeugung, daß die Menschen ihre materiellen Reproduktionsbedingungen durch die wissenschaftlich-technische Aneignung der Natur in beliebigem Maße verbessern können. Einen anderen Eckpfeiler sehe ich in dem Glauben, die Befreiung von den Naturzwängen durch die menschliche Vernunft müßte die Befreiung von den Zwängen der Tradition und der Autorität notwendig nach sich ziehen und zur Autonomie der Individuen führen. Beide Momente verbindet - in den Worten Claus Offes - das »Grundmotiv der Moderne«, nämlich die »Steigerung des Disponieren- und Auswählen-Könnens«[3]. Der neuzeitlichen Naturwissenschaft wurde nicht nur das Potential einer unendlichen Verbesserung der materiellen Lebensbedingungen zugeschrieben, sondern zugleich auch die Fähigkeit, durch die Selbstaufklärung des Menschen diesen in Freiheit und Gleichheit glücklicher zu machen, als es bis dahin denkbar gewesen ist. Daß es mit dieser »explizite[n] programmatische[n] Koppelung von Aufklärung, Demokratisierung und Ausbau des Industriesystems«[4] Komplikationen gibt, ist seit geraumer Zeit unter dem Stichwort »Dialektik der Aufklärung« wohlbekannt. Das wissenschaftlich-technisch-industrielle Fortschrittsparadigma ist dabei, sich selbst aus den Angeln zu heben - und das, gerade weil es so erfolgreich ist. Mit Thomas Meyer sehe ich dabei die »Krise des traditionellen Fortschritts [...] durch ungeahnte technische Risiken und beispiellose zivilisationsbedingte ökologische Katastrophen ausgelöst und nicht durch kulturelle Diskurse herbeigeredet«.[5]

---

2 Vgl. zu diesem Terminus: Kreibich, Rolf: Die Wissenschaftsgesellschaft. Von Galilei zur High-Tech-Revolution. Frankfurt am Main 1986, S. 147 u.ö.

3 Offe, Claus: Die Utopie der Null-Option. Modernität und Modernisierung als politische Gütekriterien. In: Moderne oder Postmoderne? Zur Signatur des gegenwärtigen Zeitalters. Hrsg. v. Peter Koslowski, Robert Spaemann und Reinhard Löw. Weinheim 1986, S. 143-172, hier: S. 157

4 Sieferle, Rolf Peter: Fortschrittsfeinde? Opposition gegen Technik und Industrie von der Romantik bis zur Gegenwart. München 1984, S. 40.

5 Meyer, Thomas: Fundamentalismus. Aufstand gegen die Moderne. Reinbek b. Hamburg 1989, S. 62.

Die folgenden Ausführungen gehen von der grundlegenden Einschätzung aus, daß technische Risiken etwas prinzipiell anderes sind als natürliche Gefahren. Um diesen Unterschied zu verdeutlichen, sei auf das häufig bemühte Standardbeispiel vom erschlagenen Passanten zurückgegriffen. Unter unseren gegenwärtigen Wahrnehmungsstrukturen gehen wir immer noch davon aus, daß es etwas anderes sei, ob der Dachziegel, der den auf dem Bürgersteig defilierenden Passanten tödlich am Kopf verletzte, von einer Windböe vom Dach gefegt oder von dem dort oben tätigen Dachdeckermeister herabgeworfen worden ist. Nicht einmal die Angehörigen des erschlagenen Passanten kämen auf den Gedanken, die Windbö zur Rechenschaft zu ziehen. Wir alle aber hielten es für ziemlich selbstverständlich, daß sich der Dachdecker zu verantworten hätte, egal, ob er nun fahrlässig oder absichtlich gehandelt hätte. Es besteht also ein prinzipieller Unterschied bei der moralischen Beurteilung von Naturgeschehen und Menschenwerk. Dieser Unterschied besteht auch da, wo sich bei komplexen technischen Abläufen die Verantwortungsstrukturen nicht in gleicher Weise wie in diesem zugegebenermaßen simplifizierenden Beispiel rekonstruieren lassen. Daß sich vielen technikinduzierten komplexen Entwicklungen heute keine direkte Veranwortlichkeit zuordnen läßt, das Verursacherprinzip nicht mehr greift und geradezu von »organisierter Unverantwortlichkeit« (Beck) gesprochen werden kann, bedeutet noch lange nicht, daß über die Frage ihrer Verantwortbarkeit nicht mehr zu reden wäre. Vor diesem Hintergrund verstehe ich unter Risiken spätindustrielle Selbstgefährdungen, die sich aus zweckgerichtetem, gesellschaftlich organisiertem und entscheidungsabhängigem menschlichen Handeln ergeben und die deshalb nicht als übermächtiges Schicksal hinzunehmen sind. Umgekehrt ist mit dieser Auffassung aber keineswegs die Konsequenz verbunden, daß Geschichte als bewußt machbare verstanden werden muß. Vielmehr muß in Bezug auf die Beeinflußbarkeit gesellschaftlich-historischer Verläufe im Detail sehr differenziert argumentiert werden.

Meine Hauptthese ist nun die, daß ohne eine Klärung der moralischen Dilemmata, die an den Fronten des wissenschaftlich-technisch-industriellen Fortschritts produziert werden, keine Handhabe gegenüber der Selbstläufigkeit technischer Entwicklung gewonnen werden kann. Ich stimme mit Friedrich Rapp darin überein, daß »die Kontrolle der Technikentwicklung [...] in erster Linie ein normatives und historisches Problem und nicht eine Frage naturwissenschaftlicher Erkenntnisse und technischer Verfahrensweisen« ist.[6] Warum das so ist und welche - auch und gerade für die Pädagogik bedeutsamen - Konsequenzen daraus zu ziehen sind, sei an einigen Beispielen demonstriert. Dabei werden zunächst nur zwei Problemdimensionen des technisch-wissenschaftlichen Fortschritts unterschieden, bevor später noch eine dritte, nicht minder bedeutsame eingeführt wird. Die erste dieser drei Problemdimensionen sehe ich in der globalen Gefährdung der natürlichen Lebensgrundlagen - hierzu gehört auch die Möglichkeit eines atomaren Genozids, worauf ich aber nicht näher eingehen werde. Die zweite Problemdimension entsteht durch die mögliche Unterminierung der persönlichen Würde und Integrität des Menschen durch die Intensiv- und Biomedizin. In beiden Bereichen kommt es zu typischen normativen Konfliktkonstellationen.

Zunächst soll von Schwierigkeiten die Rede sein, die im Zusammenhang mit den Gefährdungen der natürlichen Lebensgrundlagen durch den Verbrauch nicht regenerierbarer Rohstoffe und die zunehmende Belastung von Luft, Wasser und Boden für das Überleben der Menschheit entstehen. Hier haben wir in den letzten Jahren eine rasante Entwicklung von öffentlichen Diskussionen über Grenzwerte gesundheitsschädlicher Verunreinigungen von Lebensmitteln bzw. Wasser und Luft zu verzeichnen, und zwar sowohl im Hinblick auf die Existenz vorhandener wie die Entwicklung neuartiger Technologien. Im Verlauf solcher Diskussionen wird häufig der Eindruck erweckt, als seien es die Naturwissenschaften, die uns hier die entscheidenden Maßstäbe an die Hand geben könnten. Dieser Eindruck beruht jedoch, wie leicht zu zeigen ist, auf einem naturalistischen Mißverständnis, nicht zuletzt der Naturwissenschaftler selbst. Die mit hohem wissenschaftlich-technischem Aufwand ermittelten Grenzwerte werden in den argumentativen Zusammenhängen nicht selten so benützt, als stellten sie eine Qualität dar, die der Natur an sich zukäme. Daß aber beispielsweise die Muttermilch ab einer bestimmten Dioxinbelastung für den Säugling schädlich ist, ist alles andere als eine natürliche Eigenschaft der Muttermilch. Vielmehr werden damit auf der Basis wissenschaftlicher Subsysteme lediglich Vorschläge dahingehend unterbreitet, welche Risiken aufgrund welcher Sachzusammenhänge entstehen könnten. Hierbei handelt es sich um hochgradig fallibles Wissen, das lediglich eine vage Folgen*abschätzung* ermöglicht. Eine eigentliche Technik*folgenbewertung* ist hiervon jedoch wenn auch nicht als unabhängig,

---

[6] Rapp, Friedrich: Die normativen Determinanten des technischen Wandels. In: Technik und Ethik. Hrsg. v. Hans Lenk und Günter Ropohl. Stuttgart 1987, S. 31-48, hier: S. 41

so doch als Entscheidungsprozeß mit eigenständiger Logik zu sehen. Diese Bewertung hat nämlich darauf zu reflektieren, ob die Zwecke, die mit den positiven Folgen einer Technik erreicht werden, deren negative Folgen gerechtfertigt erscheinen lassen. Und gerade bei der Technikfolgen*bewertung* sind nun in den letzten Jahrzehnten erhebliche defizitäre Entwicklungen zutage getreten.

So werden wir in diesem Zusammenhang immer wieder mit dem Problem des sogenannten *»Gutachtendilemmas«*[7] konfrontiert, das die Rolle wissenschaftlichen Expertentums fragwürdig erscheinen läßt. Es entwikkeln sich trotz gemeinsamen Rückgriffs auf eine vermeintlich identische wissenschaftliche Rationalität höchst unterschiedliche Aussagen hinsichtlich des Pro und Contra einer Technologie. Legt man die vielfältigen Erfahrungen mit den sogenannten Risikotechnologien, also etwa der Kernenergie oder der Gentechnik zugrunde, so zeigt sich das Dilemma in folgender Struktur: Unter Berufung auf den gleichen Grundsatz, meist der Förderung des Wohls der Allgemeinheit, argumentiert die Seite der Befürworter mit dem großen zu erwartenden *Nutzen* für die Allgemeinheit, während die Seite der Gegner den gleichen wissenschaftlichen Sachverstand bemüht, um die *Gefahren* dieser neuen Technologie darzulegen. Daraus ergibt sich häufig das Bild, daß wissenschaftlich-technische Rationalität *gleichermaßen* zu zwingenden Gründen *pro und contra* bei der Einführung neuer Techniken oder in der Beurteilung vorhandener führe. Abgesehen von dem Nebeneffekt, daß sich dadurch - wie Beck das sieht - »die Wissenschaften - auch die Naturwissenschaften - in Selbstbedienungsläden für finanzkräftige und argumentationsbedürftige Auftraggeber«[8] zu verwandeln scheinen, führt das Gutachtendilemma als Folge des neuzeitlichen Wissenschaftsverständnisses so in die *Generalisierung von Unsicherheit*[9]. Denn jeder hat - in den Worten Robert Spaemanns - das Recht, »der Überzeugungskraft eines Arguments solange zu mißtrauen,

---

7 Vgl. dazu Wandschneider, Dieter: Gründe und Gegengründe. Der Streit der Experten in ethischer Perspektive. In: UNIVERSITAS 44 (1989), S. 999-1008.

8 Beck, Ulrich: Risikogesellschaft. Auf dem Weg in eine andere Moderne. Frankfurt am Main 1986, S. 287. Vgl auch Beck, Ulrich: Gegengifte. Die organisierte Unverantwortlichkeit. Frankfurt am Main 1988. Beck, Ulrich: Von der Industriegesellschaft zur Risikogesellschaft - Überlebensfragen, Sozialstruktur und ökologische Aufklärung. In: Umbrüche in der Industriegesellschaft. Herausforderungen für die politische Bildung. Hrsg. v. der Bundeszentrale für politische Bildung. Bonn 1990, S. 13-36.

9 Vgl. Beck 1986, S. 288.

wie eine durch Qualifikation oder Zahl nennenswerte Minderheit von Fachleuten durch das Argument nicht überzeugt wurde.«[10]

Schon allein das Phänomen des Gutachtendilemmas müßte zu der Forderung führen, daß selbstinduzierte Sachzwänge weitgehend auszuschalten und die Reversibilität einmal getroffener Entscheidungen möglichst sicherzustellen sind, um eventuell auftretende Fehlentwicklungen eingrenzen zu können. Wir alle haben die Erfahrung gemacht, daß sich durch neue Erkenntnisse Normalität in Gefahr verwandeln kann. Besonders bei schwerwiegenden, die Lebensverhältnisse vieler Bürger beeinflussenden Entscheidungen - man kann dabei von einem negativen Demokratie-Effekt sprechen - muß, wie Spaemann völlig zu recht fordert, »die Debatte über die Richtigkeit einer Entscheidung [...] weitergehen dürfen [...] und die fortgesetzte Debatte muß die Möglichkeit haben, die Verfahren zu einem späteren Zeitpunkt zu beeinflussen: Rahmenentscheidungen dürfen nicht irreversibel sein.«[11]

Davon kann zum gegenwärtigen Zeitpunkt jedoch überhaupt nicht die Rede sein, und dies ist nicht einmal ausschließlich den undemokratischen Formen institutionalisierter Entscheidungsprozeduren anzulasten. Vielmehr kann in den letzten Jahren immer deutlicher beobachtet werden, wie neue Technologien sich ihre eigenen positiven Bewertungsgrundlagen schaffen. In einer m.E. sehr scharfsinnigen Analyse kommen Wolfgang van den Daele und Wolfgang Krohn zu dem Schluß, daß wissenschaftlich-technischer Fortschritt »nicht lediglich zusätzliche Optionen für - menschliches Handeln« erzeuge, sondern auch Wertdispositionen auflöse, »von denen her über die Optionen moralisch entschieden wird.«[12] Daß technische Mittel neutral seien, mag logisch zutreffend sein, so diese beiden Autoren, soziologisch hingegen trifft es offensichtlich nicht zu. Dies wird gegenwärtig besonders im Zusammenhang mit der Intensivmedizin und der Gentechnik deutlich. Hier ist, um eine Formulierung Franz Werfels zu gebrauchen, »die Grenze zwischen Geschehenlassen und Herbeiwünschen [...] äußerst undeutlich«. Jene Institute etwa, die die verschiedenen Formen der künstlichen Befruchtung anbieten, können die Masse

[10] Spaemann, Robert: Technische Eingriffe in die Natur als Problem der politischen Ethik. In: Ökologie und Ethik. Hrsg. v. Dieter Birnbacher. Stuttgart 1986, S. 180-206, hier: S. 204 f.

[11] Spaemann 1986, S. 186.

[12] Daele, Wolfgang van den/Krohn, Wolfgang: Anmerkungen zur Legitimation der Naturwissenschaften. In: Physik, Philosophie und Politik. München-Wien 1982, S. 416-429, hier: S. 426.

der Anfragen gar nicht bewältigen, obwohl ihre Erfolgsquote, die sogenannte »baby-take-home-rate«, lediglich bei ca. 10% liegt. Daß die Nachfrage nach pränataler Diagnostik von Erbkrankheiten parallel zu deren prognostischen Möglichkeiten im Steigen begriffen ist, zeigt sich momentan besonders deutlich an der Amniozentese: sie wird derzeit in der Mehrzahl von Frauen gewünscht, die *keine* Riskofaktoren haben, obwohl der Eingriff selbst mit einem nicht unwesentlichen Risiko behaftet ist. Insofern ist davon auszugehen, daß im Rahmen der prädiktiven Medizin die präuterine wie die extrakorporale Diagnostik in absehbarer Zeit etabliert werden wird. Und wer wird dann nach der Standardisierung heute in der Entwicklung befindlicher Optionen soweit gehen wollen und jenen Frauen, die in gleichgeschlechtlicher Ehe zusammenleben, den Wunsch, ein Kind von ihrem wirklichen Partner und nicht von einem wildfremden männlichen Samenspender zu bekommen, abschlagen? Und ist im Zeichen der Emanzipation die Bauchhöhlenschwangerschaft des Mannes nicht eine wirklich weiterführende Alternative?

Diese Fragen mögen wir alle heute noch als rhetorische auffassen, aber ich vermute, daß dies nicht lange so bleiben wird. Die Disponibilität natürlicher Gegebenheiten ist fortdauernd im Steigen begriffen. Mit der abnehmenden Determinationskraft kultureller Traditionen in einer, wie es der Soziologe Peter Gross nennt, »turbulenten Multioptionsgesellschaft«[13] wird der Transfer von theoretischen Optionen in praktische und weiter in gelebte Praxis immer wieder Fragen aufwerfen, die unser normatives Selbstverständnis in unmittelbarer Weise berühren und verunsichern werden.[14]

Damit ist die oben angekündigte dritte Problemdimension des technischen Fortschritts erreicht, nämlich die Tatsache, daß wir uns im Zuge technischer Neuerungen immer wieder gezwungen sehen werden, unser Verständnis von dem, was wir unter dem Begriff Menschenwürde subsumieren, zu überdenken, wenn nicht gar zu revidieren. Es gibt eine ganze Reihe von substanziellen Problemlagen, in denen wir ohne eine elaborierte Analyse normativer Grundprobleme den keineswegs schlechten Ar-

---

13 Gross, Peter: Genetischer Wahn? Die Zukunft der leiblichen Elternschaft. In: Familie ist Zukunft - oder: Zukunft ohne Familie. [8. Workshop des BHW Forum] Hameln 1989, S. 50-63, hier: S. 51

14 Vgl. Birnbacher, Dieter: Gefährdet die moderne Reproduktionsmedizin die menschliche Würde? In: Um Leben und Tod. Moralische Probleme bei Abtreibung, künstlicher Befruchtung, Euthanasie und Selbstmord. Hrsg. v. Anton Leist. Frankfurt am Main 1990, S. 266-284.

gumenten der verwertungsorientierten Anwender neuer Technologien hilflos ausgeliefert sind. Das Bemühen, hier einen richtigen Mittelweg zwischen fundamentalistischer Bunkermentalität und sensationslüsterner Neugierde auf alles Ungewöhnliche und Mögliche zu finden, müßte auch in der Pädagogik in spezifizierbaren Aufgabenstellungen seinen Ausdruck finden können.

Ich wende mich jetzt dem Teil meiner Überlegungen zu, der sich mit den Fragen einer pädagogischen Ethik bzw. den situationsbedingten Aufgaben der Pädagogik auseinandersetzt. Ausgangspunkt ist die Annahme, daß die Pädagogik auch in Zukunft in nicht unerheblichem Maße von den Bemühungen um eine sogenannte »ökologische« Ethik beeinflußt werden wird. Wenn ich es recht sehe, ist das Selbstverständnis der Erziehungswissenschaften bzw. ihrer Protagonisten in den letzten Jahrzehnten immer maßgeblich von wissenschaftstheoretischen Standards oder Grundüberzeugungen geprägt worden, die zuvor in anderen Disziplinen, vornehmlich der Philosophie, ausgebildet worden sind. Von daher wird dieser Kelch an der Pädagogik wahrscheinlich nicht vorübergehen. An dieser Stelle kann das Verhältnis der Pädagogik zu neueren Begründungsversuchen in der Ethik nicht in expliziter Form verhandelt werden. Einige kurze Anmerkungen sollten genügen.

Die Philosophie hat sich schon vor geraumer Zeit den hier skizzierten Krisenerscheinungen zugewendet. Viele Philosophen begreifen diese in zunehmendem Maße als Herausforderung für ihre Disziplin. So plädierte beispielsweise Dieter Birnbacher 1979 für eine »Ethik der Zukunft« und schrieb: »Gerade in der gegenwärtigen Phase der globalen Entwicklung, in der allenthalben - in der Energie-, Technologie-, Entwicklungs- und Bevölkerungspolitik - langfristig folgenreiche und zum Teil praktisch irreversible Weichenstellungen getroffen werden, kann die Philosophie nicht guten Gewissens darauf verzichten, ihr kritisches Potential, ihre Problemformulierungs-, Problemklärungs- und Problemlösungskapazität auch außerhalb des akademischen Elfenbeinturms zur Geltung zu bringen, solange auch nur ein Quentchen Hoffnung bleibt, den praktischen Anspruch der praktischen Philosophie, Weltweisheit und nicht nur Schulweisheit zu sein, einzulösen.«[15]

Wie schwer dieser praktische Anspruch der praktischen Philosophie einzulösen ist, zeigen Bemühungen um eine neue Begründung für eine

[15] Birnbacher, Dieter: Plädoyer für eine Ethik der Zukunft. In: Zeitschrift für Didaktik der Philosophie 1 (1979), S. 119-123. Zit. S. 119.

zeitgemäße Ethik, die von einer großen Unsicherheit gekennzeichnet sind. Ernst Tugendhat hat bei den Römerberggesprächen in Frankfurt 1990 unter Hinweis auf konkrete Schwierigkeiten in seinem Fach von der »Hilflosigkeit der Philosophie angesichts der moralischen Herausforderungen unserer Zeit« gesprochen. Er geht dabei soweit zu behaupten, daß sich der völlige Mißerfolg moderner, dem eigenen Anspruch nach *metaphysikfrei*er Moralphilosophie schon am pädagogischen Grundverhältnis offenbare: »Die Verantwortung gegenüber unseren Kindern ist vielleicht der intuitiv einfachste Fall von moralischer Verpflichtung, und doch gibt es scheinbar keine nichtreligiöse moralische Theorie, die sie verständlich machen kann.«[16]

Daneben gibt es dann erstaunlicherweise den bemerkenswerten Versuch, den metaphysischen Kerngedanken einer gegenüber unserer natürlichen Umwelt Verantwortung begründenden Ethik gerade aus der paradigmatischen Verantwortung der Eltern für ihre Kinder ableiten zu wollen. Vielleicht liegt darin der heimliche Grund verborgen, warum Hans Jonas in der Zunft der Erziehungswissenschaftler auf teilweise verblüffend kurzschlüssige Weise zum Grundlagentheoretiker erhoben wurde - als Beispiele seien hier nur so unterschiedliche Köpfe wie Theodor Wilhelm[17] und Peter Kern[18] erwähnt. Jonas[19] unternimmt den in meinen Augen lobenswerten, aber undurchführbaren Versuch, quasi in einem umgekehrten naturalistischen Fehlschluß von einem Sollen auf ein Sein zu schließen. Wir müssen, so könnte man Jonas interpretieren, heute an den absoluten Eigenwert der Natur glauben, um überleben zu können. Damit wird das Anthropozentrismusproblem jedoch nicht überwunden, sondern geradezu potenziert: aus anthropozentristischen Gründen müssen wir zu Nicht-Anthropozentristen werden. Ähnlich wie Jonas stimmt beispiels-

---

16 Tugendhat, Ernst: Die Hilflosigkeit der Philosophie angesichts der moralischen Herausforderungen unserer Zeit. In: Information Philosophie 18 (1990), H. 2, S. 5-15, hier: S. 15

17 Vgl. Wilhelm, Theodor: Die Allgemeinbildung ist tot - es lebe die Allgemeinbildung! In: Neue Sammlung 25 (1985), S. 120-167.

18 Vgl. Kern, Peter: Allgemeinbildung und Friede - Pluralismus oder allgemeinverbindliche Öko-Ethik? In: Heitkämper, Peter/Huschke-Rhein, Rolf (Hrsg.): Allgemeinbildung im Atomzeitalter. Weinheim, Basel 1986, S. 1-27.

19 Vgl. Jonas, Hans: Das Prinzip Verantwortung. Versuch einer Ethik für die technologische Zivilisation. Frankfurt am Main 1984. Jonas, Hans: Warum die Technik ein Gegenstand für die Ethik ist: Fünf Gründe. In: Technik und Ethik. Hrsg. v. Hans Lenk und Günter Ropohl. Stuttgart 1987, S. 81-91.

weise Spaemann[20] mit dem späten Horkheimer[21] darin überein, daß die Menschen nur mit einem wie immer begründeten metaphysisch-religiösen Verhältnis zur Natur langfristig eine humane Existenz auf Erden sichern könnten. Dieser m.E. durchaus plausiblen Auffassung steht jedoch die nicht minder gewisse Einsicht entgegen, daß es heute schlechthin unmöglich scheint, (wieder) ein solches religiöses Verhältnis zur Natur zu gewinnen; wir können uns eben nicht mit einem Schlag in den Animismus oder Pantheismus - so nützlich das derzeit sein möge - zurückkatapultieren. Die Schizophrenie der gegenwärtigen Situation liegt also darin, daß wir ein letztes Regulativ brauchen, das nicht anthropozentrisch strukturiert ist - aber dieses Regulativ müßten wir heute mit anthropozentristischen Gründen fundieren. Die damit verbundene Argumentation begibt sich somit in einen umgekehrten naturalistischen Fehlschluß: Die Natur ist heilig, weil sie (aus menschlicher Einsicht) heilig sein muß! Während so diese notwendige Widersprüchlichkeit in den genannten Positionen aus heutiger Sicht theoretisch inakzeptabel ist, gibt es andererseits keinen angemesseneren Vorschlag für ein anders begründetes Regulativ, dem strukturell die gleiche Funktion zukäme, nämlich ***absolute*** Grenzen menschlichen Handelns zu bestimmen.

Dies trifft auch die Diskursethik. Sie muß sich ebenfalls den Vorwurf des Anthropozentrismus gefallen lassen. Habermas spricht ja selbst vom »Narzißmus einer letzlich anthropologisch zentrierten Betrachtungsweise«[22] innerhalb der Diskursethik, die die Grundfrage ökologischer Ethik unlösbar erscheinen ließe. In diesem Zusammenhang werden die prinzipiellen Schwierigkeiten deutlich, denen sich eine Ethik ausgesetzt sieht, die in der Nachfolge Kants den Reziprozitätsgedanken zum Fixpunkt erhebt. Der Begründungsrekurs auf die Sprache läßt die Diskursethik geradezu zu einer speziesistischen Ethik werden, die - wie kürzlich von Ursula Wolf[23] plausibel nachgewiesen werden konnte - das Problem

[20] Siehe Anm. 9.

[21] Horkheimer, Max: Gesammelte Schriften Bd. 7: Vorträge und Aufzeichnungen 1949 - 1973. Hrsg. v. Gunzelin Schmid-Noerr. Frankfurt am Main 1985.

[22] Habermas, Jürgen: Moralität und Sittlichkeit. Treffen Hegels Einwände gegen Kant auch auf die Diskursethik zu? In: Moralität und Sittlichkeit. Das Problem Hegels und die Diskursethik. Hrsg. v. W. Kuhlmann. Frankfurt am Main 1986, S. 16-37, hier: S. 32. Bei Apel stellt sich das Problem so dar, daß er eine Reihe von Zusatzannahmen einführt, um die ökologischen Fragen berücksichtigen zu können.

[23] Wolf, Ursula : Das Tier in der Moral. Frankfurt am Main 1990, S. 66ff. Wolfs Zentralargument lautet: »Wenn der Gegenstand der Debatte gerade die Frage ist, ob die Moral eine Sache zwischen kommunzierenden Personen ist, oder ob sie weiter auszudehnen ist, dann

der Tiere in der Moral nur um den Preis der Aufgabe ihrer eigentlichen Grundlagen lösen kann. Und es scheint leicht vorstellbar, daß die Prädikation »speziesistisch« in einigen Jahren einen ähnlich unangenehmen Beigeschmack haben wird wie heute »sexistisch« oder »rassistisch«.

Ich kann in dieser verfahrenen Lage keinen Ausweg bieten, vermute aber, daß das Desiderat in einer elaborierten Mitleidsethik zu sehen ist, die die angesprochenen Kurzschlüsse und Mängel am ehesten in konsistenter Weise zu lösen in der Lage ist. Auf keinen Fall kann ich bis heute eine genuin pädagogische Ethik erkennen, die sich mit den angesprochenen Problemen in expliziter Weise auseinandersetzt.

Diese hätte sich dann auch der Frage zu stellen, ob und wie die Pädagogik sowohl als institutionalisierte Wissenschaft wie auch als unmittelbare, aber hoffentlich nicht unvermittelte Praxis auf die eingangs beschriebene Situation reagieren sollte. Sie sollte sich den Problemen stellen, wird sie aber keineswegs bewältigen können. Von daher reduziert sich der Wirkungsanspruch, den die Pädagogik für sich erheben kann, darauf, das Unglück leidensfähiger Wesen etwas zu verringern. Dieser nur scheinbar bescheidene Anspruch hat bei näherem Nachdenken sehr weitreichende Konsequenzen, denn davon ist zweifellos auch der fortschrittsoptimistische Impetus der Pädagogik betroffen. Ich will das hier in einem erstem Schritt als die *Veränderung ihres Hintergrundkonsenses* durch folgenden Gedankengang illustrieren.

Es gibt angesichts der heute mit universellem Gültigkeitsanspruch auftretenden Wertvorstellung, daß alle Menschen gleiche Rechte besitzen, keinen moralisch seriösen Rechtfertigungsgrund dafür, den in den westeuropäischen und nordamerikanischen Ländern sowie in Japan mit Hilfe von Wissenschaft und Technik erreichten Lebensstandard den Menschen anderer Länder vorzuenthalten. Der in westlichen Industrieländern reklamierte Anspruch auf einen ständig steigenden Lebensstandard und auf die Versorgung mit den jeweils dem neuesten Stand der Technik entsprechenden Konsumgütern kann von den unterentwickelten Ländern und ihren Menschen mit dem gleichen Rechtsanspruch erhoben werden.

Während unter dem Aspekt der Menschenrechte der Anspruch auf den Lebensstandard, wie er in den entwickeltsten Industriestaaten für die breite Mehrheit alltäglich geworden ist, prinzipiell universalisierbar sein muß, kann dies unter dem Aspekt der Ressourcenknappheit keineswegs

können die Kriterien der Beurteilung dieser Frage nicht in den Verfahren des Diskurses liegen, welche bereits die Beschränkung der Moral auf Personen enthalten.« Hier: S. 157.

gelten. Der Lebenstandard des Durchschnitts-US-Amerikaners oder auch nur der des Durchschnitts-Westeuropäers würde auf Grund seiner Verschwendung von fossilen Energieträgern und den daraus resultierenden Verlusten an den lebensnotwendigen Ressourcen Wasser, Boden und Luft schnell zum völligen Zusammenbruch unseres Ökosystems auf der Erde führen, wenn man ihn auf alle Menschen übertrüge.[24]

Eine im Hinblick auf unser Verständnis der Menschenrechte unbedingt notwendige und eigentlich selbstverständliche Angleichung der Lebensbedingungen aller Menschen ist mithin auf dem Niveau nordamerikanischer oder westeuropäischer Lebens- und Konsumgewohnheiten überhaupt nicht denkbar. Selbst wenn wir die heute vorhandenen und bereits absehbaren effizientesten Techniken im Umgang mit den Ressourcen Luft, Wasser, Boden bzw. mit den fossilen Energieträgern zum Einsatz brächten, würde die Zerstörung der Umwelt - immer unter der Maßgabe, alle Menschen lebten so wie wir hier jetzt - alles bisher dagewesene überschreiten und kurzfristig den vollständigen Ökozid nach sich ziehen. Daher scheint es nach unserem heutigen Kenntnisstand unvermeidlich zu sein, Eingriffe in unsere Lebensverhältnisse dergestalt vorzunehmen, daß dadurch der Verbrauch jedes einzelnen an Luft, Wasser und Boden bzw. an fossilen Energieträgern sowie die Zerstörung der Atmosphäre verringert würde. Dies wird nicht ohne Verzichtleistungen erreichbar sein.

Wir stehen demnach vor der historisch einmaligen Situation, daß wir - angesichts der Zerstörung der uns das Leben erst ermöglichenden Ökosphäre - aus Einsicht in die Nicht-Universalisierbarkeit unseres Lebensstandards diesen von einem historisch bereits erreichten Stand *zurückentwickeln* müssen. Das gänzlich ungewohnte unserer Lage besteht also darin, daß wir uns nicht in der Perspektive eines pauschaliert besseren Lebens werden bewegen können, sondern in der Perspektive der *Reduktion* unserer Ansprüche. Die immanente Dynamik der Bedürfnisse als quasi-anthropologische Voraussetzung technisch-industrieller Entwicklung muß gebremst werden. Dabei ist es fraglos so, daß der Verzicht auf bereits vorhandene und als angenehm empfundene Lebensgewohnheiten, die nur mittels hochwertiger Konsumgüter ermöglicht werden können, unübersehbare Verwerfungen im sozialen und politischen Bereich nach sich ziehen kann.

---

[24] Vgl. dazu etwa Weizsäcker, E. U. v.: Erdpolitik. Ökologische Realpolitik an der Schwelle zum Jahrhundert der Umwelt. Darmstadt 1990[2], S. 123.

Die Nicht-Universalisierbarkeit der in den entwickelten Industriestaaten praktizierten ressourcenverknappenden Lebensverhältnisse und Konsumstandards muß den Horizont des heutigen pädagogischen Denkens und des zukünftigen pädagogischen Handelns maßgeblich bestimmen. Dieser Bestimmungshorizont zeichnet sich besonders dadurch aus, daß er vermutlich ohne eine auf Selbstbeschränkung hin angelegte autonome moralische Selbstdisziplinierung der Individuen ins Leere gehen wird. Diese Selbstbeschränkung bezieht sich dabei immer und ausschließlich auf den Aspekt materieller Güter, aber weder auf die Verringerung politischer Rechte noch die Verringerung von individuellen und gesellschaftlichen Handlungsoptionen. Vielmehr kommt es gerade unter diesen Umständen darauf an, die notwendig erscheinenden Restriktionen auf dem Sektor materieller Lebens- und Konsumgewohnheiten in einer Weise zu erreichen, die nicht nur durch eine möglichst große Mitbestimmung aller »Konsumenten« abgesichert wird, sondern die alle verfügbare soziale Phantasie nutzt, um Alternativen zur gängigen Lebenspraxis zu gewinnen und in gleichermaßen umweltverträglicher wie solidarischer Weise weiterzuentwickeln. Dieser allgemeine Bestimmungshorizont erziehungswissenschaftlichen Denkens muß dann für die spezifischen Teilbereiche und Anwendungsfelder pädagogischen Handelns ausgelegt werden. Dabei darf keinesfalls davon ausgegangen werden, daß die Pädagogik allein oder auch nur in erster Linie es vermag, die der historischen Situation angemessenen Verhaltensdispositionen zu erzeugen oder zu gewährleisten. Trotzdem braucht die Überzeugung nicht aufgegeben zu werden, daß Pädagogik als eine gesellschaftliche Kraft - unter vielen - begriffen werden kann und auch sollte und sie sich zu den geschilderten Problemhorizonten zumindest theoretisch ins Verhältnis setzen muß.

Vor diesem Hintergrund dürfte es - und damit sage ich nichts Originelles - besonders die Bildungstheorie und die Didaktik zu sein, die in konstruktiver Weise auf diese Herausforderungen reagieren könnten. Von Seiten der Erziehungswissenschaft sollte ein Bildungsbegriff, der die normativen Grundprobleme der Zeit in angemessener Weise berücksichtigt, durchaus als wichtige regulative Idee mit gesellschaftlicher Tragweite offensiv vertreten werden. Die Schlüsselprobleme unserer Epoche müssen ihren Abdruck auf allen Ebenen unseres Bildungswesens hinterlassen, und die Aufgabe der Pädagogik muß es sein, die Form dieses Abdruckes in einer für die Heranwachsenden produktiven Weise auszugestalten.

Im Vordergrund steht dabei das Verhältnis von Wissenschaft und Bildung, das unter den gegebenen historischen Voraussetzungen noch einmal zu verhandeln wäre, wobei der bereits sehr elaborierte Diskussionsstand viele produktiv erscheinende Anknüpfungspunkte darbietet. Aus der hier entwickelten Perspektive müssen besonders die Verhinderung des naturalistischen Selbstmißverständnisses der Naturwissenschaften sowie die Fähigkeit und Bereitschaft zur normativen Grundlagenreflexion eigenen Handelns als wichtige Eckpunkte angesehen werden. Um dies zu verdeutlichen und präziser zu begründen, könnte in Anlehnung an den Konstanzer Konstruktivisten Jürgen Mittelstraß das Begriffspaar von *Verfügungs-* und *Orientierungswissen* bildungstheoretisch entfaltet werden. Unter *Verfügungswissen* ist dabei jenes Wissen zu verstehen, dessen Generierungsgrundlage im Postulat einer Einheit von Wahrheit und Nützlichkeit zu sehen ist, das also aufgrund eines »anwendungsorientierten Interesses«[25] hervorgebracht wird. Dieser Terminus dürfte kaum auf Widerspruch stoßen, kann für ihn doch eine ganze Phalanx von Autoren ins Feld geschickt werden. Etwas anders stellt sich dagegen die Lage beim Begriff des Orientierungswissen dar. *Orientierungswissen* soll hier für eine Wissensform stehen, die zwar nicht völlig zweckfrei, aber statt der Fragen des Könnens denen des Wollens und des Sollens verpflichtet ist. Mittelstraß geht es dabei insbesondere darum, »dem Begriff einer nichttechnischen Rationalität wieder gesellschaftliche Geltung zu verschaffen«.[26]

Während von der gesellschaftlichen Seite diesem Wissen Sperrigkeit wie Bereitschaft und Fähigkeit zur konstruktiven Mitarbeit in öffentlichen Belangen gleichermaßen zugeschrieben werden könnte, soll das Orientierungswissen dem Individuum ein Sich-Zurechtfinden und damit eine wirkliche Autonomie im wörtlichen Sinne, d.h. im Sinne des Sich-selbst-Gesetz-gebens, ermöglichen. Von daher erscheint es gerechtfertigt, wenn Habermas soweit geht, im Anschluß an Max Scheler Orientierungswissen

[25] Mittelstraß, Jürgen: Technik und Vernunft. Orientierungsprobleme in der Industriegesellschaft. In: Ders.: Wissenschaft als Lebensform. Reden über philosophische Orientierungen in Wissenschaft und Universität. Frankfurt am Main 1982, S. 37-64, hier: S. 47

[26] Mittelstraß, Jürgen: Technik und Vernunft. Orientierungsprobleme in der Industriegesellschaft. In: Ders.: Wissenschaft als Lebensform. Reden über philosophische Orientierungen in Wissenschaft und Universität. Frankfurt am Main 1982, S. 37-64, hier: S. 61

als das eigentliche Bildungswissen zu bezeichnen.[27] Aber wohlgemerkt, ein solchermaßen verstandenes Orientierungswissen ist keineswegs bereits Orientierung, sondern soll aus einem Bewußtsein des Sich-nichtauskennens heraus allererst die Möglichkeit eröffnen, sich in neuen gesellschaftlichen Zusammenhängen zu orientieren. Eine Gleichsetzung von Orientierungswissen und Sittlichkeit, wie dies sehr häufig unterstellt wird[28], wäre deshalb ein grobes Mißverständnis. Ein solches Mißverständnis zeigt zugleich, daß der Begriff des Orientierungswissens keineswegs unproblematisch ist, sondern die Fußangel leichtgängiger Ideologisierung in sich birgt. Um dem vorzubeugen, sei noch einmal betont, daß unser Verständnis von Orientierungswissen für dessen Charakter als Werkzeug, nicht aber als Produkt im Sinne einer Weltanschauung votiert. So verstanden, soll Orientierungswissen ermöglichen, sich im Bewußtsein des Defizits überindividuell gültiger Weltbilder zu bewegen, ohne wegen der dadurch resultierenden Ungewißheit zu psychischen oder intellektuellen Desperados zu verkommen.

Die Pointe einer Opposition von Verfügungs- und Orientierungswissen liegt nun darin , schlüssig darlegen zu können, daß wir bei der Bewältigung unserer gegenwärtigen und der absehbaren zukünftigen gesellschaftlichen Probleme in erster Linie nicht auf mehr naturwissenschaftlich-technisches Wissen, sondern ganz im Gegenteil auf mehr politisch-philosophisches Wissen angewiesen sind. Ich möchte dabei die letztere - philosophische - Komponente besonders herausstellen, weil *eine* integrierende Zielvorstellung des Orientierungswissens darin besteht, eine rationale Bearbeitung der an den Fronten der technologischen Entwicklung auftretenden normativen Grundprobleme möglich zu machen. Die reflexive Struktur philosophischen Wissens, welche auch die existentiellen Grundprobleme menschlichen Daseins nicht ausspart, ist in diesem Zusammenhang von unverzichtbarem Wert. Zudem zeigt sich meist eine hohe Affinität von philosophischem Fragen und der häufig erkennbaren adoleszenten Problem- und Krisenseismographie, und mittels dieser Ver-

---

[27] Habermas, Jürgen: Umgangssprache, Bildungssprache, Wissenschaftsprache. In: Habermas, Jürgen: Kleine Politische Schriften I-IV. Frankfurt am Main 1981, S. 340-362, hier: S. 345f.

[28] Ein typisches Beispiel für eine solche vordergründige Argumentation liefert Mohr, Hans: Verfügungs- und Orientierungswissen: Die Verantwortung des Wissenschaftlers. In: Der mathematische und naturwissenschaftliche Unterricht 42 (1989), S. 200-206. [Festvortrag auf der 80. Hauptversammlung des Fördervereins für den mathematischen und naturwissenschaftlichen Unterricht 1989 in Darmstadt.]

bindung lassen sich durchaus sich selbst fortschreibende Bildungsprozesse initiieren.

Ohne an dieser Stelle noch näher ins Detail gehen zu können, sei abschließend darauf hingewiesen, daß diese hier im Lichte der Orientierungsprobleme des wissenschaftlichen Fortschritts ermittelte Differenz von Verfügungs- und Orientierungswissen für die Bildungstheorie drei wichtige Konsequenzen hat. Einmal wird der Bildungswert der Naturwissenschaften ganz entscheidend in Frage gestellt, und es käme viel darauf an, die Art ihrer Repräsentation in heutigen Bildungsgängen aus dieser bildungstheoretischen Sicht zu überarbeiten. Naturwissenschaftlich-technischer Unterricht darf sich nicht weiterhin darauf zurückziehen, Entstehungs- und Verwertungszusammenhänge wissenschaftlicher Theorien als terra incognita anzusehen, und er darf sich nicht davon suspendiert fühlen, diese mitzuberücksichtigen. Das naturalistische Mißverständnis der Naturwissenschaften sollte im Schulunterricht über den Umweg einer Analyse des Wahrheitsbegriffs zumindest problematisiert werden. Nur so könnte er jenem differenzierten Selbstverständnis gerecht werden, das sich heute zumindest bei Teilen der naturwissenschaftlichen Intelligenz abzuzeichnen beginnt.[29]

Als zweiter Schwerpunkt für die Bildungstheorie zeichnet sich die Aufgabe ab, Inhalte und Wege für die Aneignung von Orientierungswissen vor der Folie der Schlüsselprobleme unserer Epoche zu erschließen. Und - drittens - steht die Bildungstheorie allgemein vor der schwierigen Aufgabe, ihren Beitrag zu einer Urteilskraft zu entwickeln, die zwischen unserem Wissen und unserem Wollen in vernünftiger Weise zu vermitteln vermag.

---

[29] Vgl. etwa Hawking, Stephen: Eine kurze Geschichte der Zeit. Auf der Suche nach der Urkraft des Universums. Reinbek 1988, S. 23ff; sowie die unterschiedlichen Äußerungen in: Was uns bewegt. Naturwissenschaftler sprechen über sich und ihre Welt. Hrsg. v. Marianne Oesterreicher-Mollwo. Weinheim - Basel 1991.

Stephanie Hellekamps

Ästhetisches und praktisches Subjekt.
Zum Problem intersubjektiver Differenzerfahrung

Einleitung

Klaus Mollenhauer hat kürzlich in die bildungstheoretische Diskussion die Unterscheidung verschiedener Zustände des Ichs eingeführt: »Das Ich im Augenblick der ästhetischen Erfahrung ist ein anderes als das, welches die alltägliche Existenznot überstehen muß. Die ästhetische Erfahrung 'zerreißt' deshalb das Bewußtsein, und zwar darin, daß zwar 'das Ich sich selber gleich fühlen' kann, diese Identität aber zu Episteme und Praxis nicht in frakloser Kontinuität steht.«[1] Diese Differenz von ästhetischem, praktischem und theoretischem Ich mache die Anstrengungen des modernen »Bildungsprojekt(s)« höchst fragwürdig.[2] Denn dieses Projekt ziele auf die kontinuierliche Bildung der theoretischen und praktischen Vernunft. Indem das Individuum zunehmend vernünftiger wird, hat es an allgemeinen Wissensbeständen, Bedeutungen und Sinngehalten teil. Demgegenüber seien ästhetische Erfahrungen wesentlich diskontinuierlich und höchst individuell. Bei aller Eigentümlichkeit der ästhetischen gegenüber der praktischen Verfaßtheit eines Individuums gibt es jedoch strukturelle Entsprechungen in den verschiedenen »Zuständen« eines Ichs. Dafür möchte ich im folgenden argumentieren.

Die spezifische Verfaßtheit des ästhetischen Ichs ist nur diesem selbst zugänglich. Denn es empfindet, wie Mollenhauer gezeigt hat, in der ästhetischen Erfahrung sich selbst als leibliches Ich, ohne diese

---

1 Mollenhauer, Klaus: Ästhetische Bildung zwischen Kritik und Selbstgewißheit. In: Zeitschrift für Pädagogik 36 (1990), S. 481-494, hier: 491.

2 Ebd.

Selbstempfindung körperlich lokalisieren zu können.[3] Solche Erfahrungen mag das ästhetisch empfindende Ich in den folgenden Selbstbeschreibungen ausdrücken: »Dieser Klang stimmt mich traurig.« »Dieses Gedicht löst in mir ein Gefühl der Sehnsucht nach etwas aus, das ich gar nicht kenne.« Solche ästhetischen Selbstbeschreibungen sind Urteile über den besonderen Charakter der durch ein Kunstwerk ausgelösten Empfindungen. Urteile dieser Art unterscheiden sich von Urteilen, die etwa als eine Erklärung für jene Empfindung der Traurigkeit fungieren: »Das ist ja auch ein Moll-Dreiklang.« In dieser Erklärung macht das ästhetische Ich sein eigentümliches Empfinden dadurch verständlich, daß es seine ästhetische Erfahrung auf ein allgemein bekanntes harmonisches Muster bezieht. Es subsumiert demnach die besondere Erfahrung unter den vorgegebenen allgemeinen Begriff. Bei dem aus der ästhetischen Empfindung hervorgegangenen Urteil über die Traurigkeit eines Klangs aber findet das ästhetische Ich den allgemeinen Begriff erst, nachdem es den besonderen Klang wahrgenommen und empfunden hat. Der Begriff der Traurigkeit ist nicht in dem Klang enthalten; der Klang erfordert den Begriff nicht. Vielmehr ist das Urteil »Dieser Klang hat etwas Trauriges« eine begriffliche Zutat des ästhetisch wahrnehmenden Ichs nach Maßgabe seiner besonderen Empfindung. Vom Besonderen ausgehend ein nicht vorgegebenes Allgemeines zu suchen und zu finden, ist die Leistung der reflektierenden Urteilskraft.

Das ästhetische Ich formuliert reflektierende Urteile, weil es sich auch in seinen besonderen Erfahrungen anderen mitteilen möchte. Das ästhetische Urteil kann nur die Form eines reflektierenden Urteils haben, weil es eine dem Individuum eigene Empfindung und damit eine besondere Erfahrung auszudrücken versucht. Deshalb zeichnet sich das reflektierende Urteil dadurch aus, daß das Ich seine eigenen Erfahrungen den vorgegebenen Bedeutungen nicht einfach angleicht. Vielmehr postuliert es mit seinem ästhetischen Urteil als der Selbstbeschreibung seiner ästhetischen Verfaßtheit den Sinn seiner ästhetischen Verfaßtheit auch für andere.

Ästhetische Erfahrungen sind sinnliche Erfahrungen. Indessen ist nicht jede Selbsterfahrung eines Ichs, die durch eine sinnliche Wahrnehmung ausgelöst wurde, bereits eine ästhetische Erfahrung. Eine ästhetische Erfahrung des eigenen »Innengrund(s)« wird Mollenhauer zufolge vielmehr

[3] Vgl. Mollenhauer, Klaus: Ist ästhetische Bildung möglich? In: Zeitschrift für Pädagogik 34 (1988), S. 443-461, hier: 449.

in der Rezeption von ästhetischen Symbolen möglich.[4] In solchen ästhetischen Symbolen sind kulturell besondere Erfahrungen auf eine nicht-diskursive Weise verdichtet. Die Erfahrungen sind in den Symbolen verkörpert: sie haben in diesen Symbolen ihre eigentümliche Gestalt gefunden. Wir drücken diese Erfahrung aus, indem wir in einem übertragenen Sinn z.B. von einem »Klangkörper« sprechen. Deshalb ist das ästhetische Symbol einerseits jenseits der Begrifflichkeit. Andererseits aber ist dieses Körperliche der Träger von intersubjektiv geteilten Bedeutungen. Wir können die Kunstwerke, indem wir uns von ihnen berühren lassen, interpretieren, d.h. ihrem Sinn nachspüren. Dieser Sinn ist freilich immer der Sinn für das einzelne Ich. Ein Individuum bezieht sich nämlich dadurch auf ein ästhetisches Symbol, daß es dieses auf sich wirken läßt: es verhält sich gegenüber dem ästhetischen Symbol rezeptiv. Im Akt der Rezeption aber nimmt das Ich das Symbol in sich hinein. Das Kunstwerk wird Teil seines Innengrunds, der das ästhetische Empfinden als bedeutungsvolles Erleben bewirkt und unlokalisiert leiblich spüren läßt. Das ästhetische Symbol wird insofern zu dem im Innern des Individuums vorfindlichen Grund für eine spezifische, bedeutungsvolle Welt- und Eigenerfahrung. Der »Innengrund« hat eine welthaft-intersubjektive und eine leiblich-subjektive Seite. Deshalb ermöglicht er sinn- und bedeutungsvolle Erfahrungen eines Ichs als dessen eigene Erfahrungen.

Der Innengrund ist nur im Ich vorfindlich und verweist doch auf Sinn und Bedeutungen, die jenseits vom Ich sind. Diese Erfahrung der Differenz in mir selbst ruft das Bedürfnis einer allgemeinen Mitteilbarkeit der ästhetischen Empfindung hervor. Wäre das ästhetische Gefühl bloß ein körperlicher Selbstvollzug, so genügte sich das Individuum darin selbst. Den Bezug für die Mitteilung einer ästhetischen Erfahrung bildet der durch das Kunstwerk verkörperte Sinn. Die allgemeine Mitteilbarkeit des ästhetischen Gefühls kann in einem reflektierenden Urteil postuliert werden. Das Postulat der Mitteilbarkeit ist in der unendlichen Sinnmöglichkeit eines Kunstwerks in Beziehung auf die besonderen, individuellen Erfahrungen begründet. Das Kunstwerk als Träger von intersubjektivem Sinn ist der Garant der Intersubjektivität.

Eingangs habe ich behauptet, daß es zwischen den Verfaßtheiten des ästhetischen und des praktischen Ichs strukturelle Entsprechungen gebe. Eine solche Entsprechung gibt es *erstens* hinsichtlich der Form der Urteile, die ein praktisches und ein ästhetisches Ich fällen. Die ästhetischen

[4] Mollenhauer (1988), S. 449.

Urteile sind stets reflektierende Urteile. Die moralischen Urteile sind häufig reflektierende Urteile. Wie gesagt, wird in den reflektierenden Urteilen über ein Kunstwerk ein Sinnbezug postuliert, der auf etwas Gemeinsames verweist. Aber der Sinnbezug verweist darauf nur insofern, als er als eine individuelle und eigentümliche Erfahrung erlebt werden kann. Dies ist eine innere Differenzerfahrung. Das moralische reflektierende Urteil setzt *zweitens* ebenfalls eine Differenzerfahrung voraus. Das Ich, das in der besonderen moralischen Konfliktsituation darauf reflektiert, was es tun soll, hat zuvor die allgemeine und unbestimmte Erfahrung eines sittlichen Anspruchs an sein Handeln gemacht. Indessen ist *dieser* Sinnbezug bloß ein vorgestellter. Ihm entspricht nichts körperlich Gegebenes, keine sinnlich-sinnfällige Gestalt, als die sich ein Kunstwerk darstellt. Aus der Perspektive des Erziehers ergibt sich deshalb das Problem: Wie geschieht es, daß das Individuum sein Handeln im Hinblick auf Intersubjektivität beurteilt? Und: Wie geschieht es, daß das Individuum sich moralisch gefordert sieht? Dieses Problem kann auch als die Frage formuliert werden: Wie kann erzieherisch dazu beigetragen werden, daß das Individuum die innere Differenzerfahrung machen kann? So hat Herbart die Frage in seinem frühen philosophischen Essay »Über die ästhetische Darstellung der Welt als das Hauptgeschäft der Erziehung« gestellt. Ich möchte nun im Anschluß an Herbart zeigen, was die Vereinbarkeit von ästhetischem und praktischem Ich ausmacht.

I. Reflektierende moralische Urteile und Intersubjektivität

Herbart fragt danach, wie der Zweck der Erziehung, Moralität, verwirklicht werden kann. Dazu stellt er fest: »Man kann die *eine* und ganze Aufgabe der Erziehung in den Begriff *Moralität* fassen. [...] Aber [...] dazu bedarf es [...] einer Nachweisung seiner *notwendigen Voraussetzungen* als der *Bedingungen* seiner *realen Möglichkeit*.«[5] Wie Erziehung zur Moralität möglich ist, wird von Herbart zu beantworten versucht, indem er Kants Reflexionen über die Gründung von Moralität hinterfragt. Kant hatte denjenigen Willen als »schlechterdings gut« bestimmt, »dessen Maxime, wenn sie zu einem allgemeinen Gesetz gemacht wird, sich selbst

[5] Herbart, Johann Friedrich: Über die ästhetische Darstellung der Welt als das Hauptgeschäft der Erziehung (1804). In: Sämtliche Werke. Bd. 1. Hrsg. v. Karl Kehrbach u. Otto Flügel. Aalen 1964, S. 259. (Neudr. der Ausg. Langensalza 1887.) Die Orthographie und die Interpunktion habe ich vorsichtig normalisiert.

niemals widerstreiten kann«[6]. Damit ein Akteur Handlungen vollzieht, die unter Maximen stehen, die neben ihrer impliziten Bezugnahme auf besondere Situationen zugleich als allgemeine Gesetze gewollt werden können, muß er die formale Maxime gewählt haben. Dies ist die Maxime, nach Maximen handeln zu wollen, die sich selbst nie widersprechen können, wenn sie jeweils zu einem allgemeinen Gesetz gemacht werden. Diese primäre sittliche Handlung, durch die ein Subjekt moralisch wird, umschreibt Kant metaphorisch als Sprung, Revolution oder Explosion. [7] Damit weist Kant darauf hin, daß dieser Akt kein möglicher Gegenstand der Erfahrung, also auch nicht des erkennenden Verstandes ist. Denn alles, was wir erfahren, ist an die Form der Zeit und an das 'Ich denke' gebunden, also an Kontinuität und Identität. Im Sprung, in der Revolution zerbricht aber eine Kontinuität. Und in der Explosion zerbricht eine Identität.[8]

Die philosophische Reflexion auf Moralität schließt für Herbart die Reflexion auf die erzieherischen Voraussetzungen ihrer Entstehung ein. Das nur in Begriffen der Diskontinuität auszusagende Ereignis der moralischen Selbstbestimmung markiert den Einheits- und den Zielpunkt der erzieherischen Wirkung. Also fragt Herbart nun über Kants Festlegung der Grenzen des Erkenntnisvermögens hinaus: Wie ist der Sprung möglich? »Ist nun dasjenige, was sich dem Philosophen darbietet, indem er nur den *Begriff* der Sittlichkeit vor sich nimmt, auch dem Erzieher *gegeben*? Findet auch er den guten Willen vor [...]? Fließt etwa auch ihm die intelligible Quelle, - darf auch er den Strom, dessen Ursprung er nicht weiß, getrost vom Himmel ableiten?«[9]

Für Kant war die Entstehung des guten Willens ein Sprung. Herbart fragt nach der Möglichkeit dieses »Ursprungs«. Der terminologische Wechsel von »Sprung« zu »Ursprung« ist fruchtbar, weil er eine bedeutende kategoriale Bestimmung enthält. »Ursprung« bedeutet 'Anfang' und

---

6 Immanuel Kant. Grundlegung zur Metaphysik der Sitten. In: Werkausgabe. Bd. 7. Hrsg. v. Wilhelm Weischedel. Frankfurt am Main 1982, A/B 81.

7 Vgl. Kant, Immanuel: Anthropologie in pragmatischer Hinsicht. In: Werkausgabe. Bd. 12. Frankfurt am Main 1980, A 271/B 269. Vgl. ders.: Die Religion innerhalb der Grenzen der bloßen Vernunft. In: Werkausgabe. Bd. 8. Frankfurt am Main. 1982, A 50 f./B 54 f.

8 Vgl. Sommer,Manfred: Mit dem Zufall leben. Überlegungen zu Kants Moralphilosophie. In: Neue Hefte für Philosophie 22 (1983), S. 95-112, hier: 108.

9 Herbart (1804), 1964, S. 260.

'anfänglicher Sprung' zugleich. Der Nachweis der von Herbart sogenannten ästhetischen Voraussetzungen von Moralität als des ganzen Zwecks der Erziehung ist die Antwort auf die Frage, wie Erziehung zur Moralität möglich ist. So wird das »Postulat, die Erziehung *müsse* möglich sein, [...] mit einem rechtlichen Titel ausgestattet« [10]. Die Bedingungen der realen Möglichkeit von Moralität sind: Erstens, »*Gehorsam*« einem »*Befehl*« gegenüber oder gegenüber irgend etwas, das »als Befehl erscheinen« kann[11]. Dieser 'Befehl' muß selbstgegeben sein.[12] Denn sonst wäre moralische Autonomie unmöglich. Zugleich muß dieser 'Befehl' von einer dem Ich unverfügbaren Instanz ausgehen. Denn der Gegenstand des Befehls »*bezieht* sich doch auf [...] vorauszusetzendes Wollen«[13]. Andernfalls könnte es nicht als Sollen vom Gehorchenden selbst erfahren werden. Damit eine solche normative Erfahrung möglich ist, muß dem Gehorsam demnach ein gebietendes Wollen gegenüberstehen, das sich nur im Individuum selbst geltend macht. Dieses Wollen ist zweitens ein »ursprüngliche[s] Wollen«, das »kein bestimmtes, aber doch ein wirkliches«, mithin »ein *unbestimmt-vielfaches*« ist.[14]

Diese Bestimmung des einsichtigen Wollens verdeutlicht, warum Herbart von den *ästhetischen* Voraussetzungen der Moralität spricht. Ein Individuum muß sich in den unbestimmt-vielfachen Situationen, also in jedem besonderen Fall, dazu entschließen, das jetzt und hier Gute zu tun. Dieses besondere Gute ist nicht vorgegeben. Es zu finden, beruht auf dem Urteil von Fall zu Fall. Diese Bewegung von der besonderen Situation zu der nicht vorgegebenen allgemeinen Regel ist die charakteristische Bewegung der reflektierenden Urteilskraft.

Über Kants Andeutungen in der »Kritik der Urteilskraft» hinaus bringt Herbart die Frage nach den sittlichen reflektierenden Urteilen auf den Punkt: Wir beurteilen nicht nur die Gegenstände der Künste, sondern wir können gar nicht umhin, auch uns selbst und folglich unser Tun und Lassen reflektierend zu beurteilen. Denn »*von sich selbst* kann der Mensch nicht scheiden.«[15] Auch das Urteil über sich selbst ist ein »Geschmacksurteil«, und »es ist sein langsamer Druck, den der Mensch

---

[10] Herbart (1804), 1964, S. 260.

[11] Herbart (1804), 1964, S. 262.

[12] Vgl. ebd: «Der Gehorchende [...] selbst muß ihn für sich zum Befehl erhoben haben.«

[13] Ebd.

[14] Ebd.

[15] Herbart (1804), 1964, S. 265.

sein *Gewissen* nennt.«[16] Dieses ästhetische, hier also das reflektierende sittliche Urteil, beansprucht für diesen besonderen Fall, das gute Urteil zu sein. Deshalb behauptet Herbart von dem Vernunfturteil über den besonderen sittlichen Fall, es werde mit »ästhetischer Notwendigkeit« ausgesprochen.[17] Diese Notwendigkeit gilt nur für den besonderen Fall, in dem das Urteil gefällt wird: »Für verschiedene Gegenstände gibt es eben so viele ursprüngliche Urteile, die sich nicht etwa aufeinander berufen, um logisch auseinander abgeleitet zu werden.«[18] *Ursprünglich* ist das Urteil, weil es ohne Vorgaben gefunden werden muß. Gleichwohl beanspruchen wir, es anderen so mitteilen zu können, daß auch sie diesem Urteil zustimmen.[19]

Der Akt des Urteilens impliziert den Bezug auf das andere, ebenfalls urteilsfähige Ich. Zwar ist der »Geschmack« stets etwas Subjektives - nämlich die subjektive Beziehung eines Ichs auf einen Gegenstand. Gleichwohl postulieren wir die Zustimmung anderer zu unserem subjektiven Geschmack, sofern wir ihn in einem Urteil äußern. Deshalb sagt Kant auch, das ästhetische Urteil sei subjektiv-allgemein. Dieses Allgemeine verweist auf die Bedeutungen und sinnvollen Erfahrungen, von denen für eine vorfindliche Gesellschaft gefordert wird, daß sie geteilt werden. Das Allgemeine, welches das reflektierende Urteil findet, kann an die identifizierbaren, sozio-historisch-allgemeinen Erfahrungen einer Gesellschaft angeschlossen werden. Freilich muß es, als etwas möglicherweise Neues, mit diesen Erfahrungen nicht identisch sein. Jedenfalls ist das Allgemeine der reflektierenden Urteilskraft nichts Abstrakt-Universelles. Das ästhetische Urteil wird erst durch die Erfahrung von Intersubjektivität möglich. Nur wenn ich bereits intersubjektive Erfahrungen gemacht habe, werde ich mich bestätigend oder kritisch auf intersubjektiv vermittelte Bedeutungen beziehen. In seinem reflektierenden Urteil drückt das sittliche Ich seine intersubjektive Involviertheit aus. Herbart schreibt: »Der Gehorchende würdigt den Befehl; das heißt, er erzeugt ihn wenigstens *als* Befehl«.[20] Seine daran anschließenden Fragen können nur rhetorisch ver-

---

[16] Ebd.

[17] Vgl. ebd.

[18] Herbart (1804), 1964, S. 264.

[19] Vgl. Herbart (1804), 1964, S. 265: »Übrigens würde ohne Zweifel die ästhetische Forderung sich ganz gleich bleiben, wenn ein andrer, in eben dem Verhältnisse stehend, der Verlangende wäre [...] - und die Forderung *gilt* - *sollte* wenigstens dem andern gelten; und wir muten ihm an, es selbst so zu finden.«

[20] Herbart (1804), 1964, S. 263.

standen werden: »Wie muß er wohl hier sich selbst erscheinen? [...] Muß er sich geltend machen wollen, als Herrn und Meister, als *Eigentümer* gleichsam seines innern Vorrats von Sinn und Leben?«[21] Selbstverständlich bin ich nicht die Eigentümerin meines »innern Vorrats von Sinn«, denn ich habe lediglich an etwas teil, was prinzipiell von allen geteilt werden kann.

Die innere subjektive Erfahrung der Intersubjektivität und die subjektive Beziehung auf Intersubjektivität im reflektierenden Urteil sind die Voraussetzungen für das *Werden* der Moralität. Als Pädagoge fragt Herbart danach, wie es geschieht, daß ein Individuum diese Differenzerfahrung haben kann.

II. Ästhetische Selbsterfahrung und Intersubjektivität

Herbart fragt in seiner »Ästhetischen Darstellung der Welt« nach den Möglichkeiten authentischer Selbsterfahrung als der subjektiven Erfahrung intersubjektiven Sinns. Diese Erfahrungsmöglichkeiten bleiben in der Moderne prekär. Zwar macht das Individuum von Anfang an in seinen unmittelbaren Lebensbezügen intersubjektive Erfahrungen. Aber diese bleiben immer beschränkt, denn das Alltagsleben mit seinen disparaten Ansprüchen und Tätigkeiten ist in vielem zufällig und bedeutungsarm. Auch wenn das alltägliche Miteinander im unmittelbaren Erfahrungsbereich eines Kindes, also in der Familie, sittlich genannt werden kann, so bleibt der Alltag gemessen an der Fülle möglicher intersubjektiver Erfahrungen doch mangelhaft. Um tiefe intersubjektiv gerichtete Erfahrungen mit zu ermöglichen, muß die Erziehung die familiäre Sphäre der intersubjektiv vermittelten Konstitution und Selbstkonstitution des Individuums verlassen.[22]

Deshalb muß die Erziehung zugleich mit der Erweiterung des kindlichen und jugendlichen Blicks auf die Wirklichkeit auf das von Herbart sogenannte »*übersinnliche* Reich« zuschreiten.[23] Damit ist nicht eine im engeren Sinn religiöse Sphäre gemeint, sondern dieses Übersinnliche verweist auf etwas Sinnhaftes jenseits unseres kontingenten modernen

---

[21] Ebd.

[22] In diesem Sinn fragt Herbart (1804), 1964, S. 269: »wie schreitet von hier aus die Erziehung weiter? Sie *muß* den engen Kreis verlassen; sie zeigt die tadelnswürdigste Schwäche, wenn sie das Kind, das hier ausgelernt hat und weiterblickt und strebt, aus Furcht vor dem, was draußen ist, noch länger auf das nächste beschränken will.«

[23] Ebd.

Alltags. Für Herbart gehört das Kunstwerk zum »übersinnliche(n) Reich«, d.h. zu einer utopischen Realität.[24] Vollkommene Kunstwerke sind Utopien, freilich keine sozialen Utopien. Sie antizipieren keine zukünftige, bessere, authentischere Realität. Auch sind sie keine Erinnerungen an eine vergangene, vollkommene, authentische Realität. Die Utopie des Lebens ist »übersinnlich«, eine Erscheinung des Lebens, die im Gegensatz zum Leben steht. Denn sie ist die Utopie des bedeutungsvollen Lebens, des Lebens der Wahrheit. Deshalb fordert Herbart die »Vorübung der Sinne zum Auffassen der Kunstwerke aller Art«.[25] Der Rezipient der Kunstwerke interpretiert den Sinn dieser Objektivationen auf dem Hintergrund seiner eigenen Lebenserfahrungen. Insofern nimmt er als empirische Person die in den Werken verkörperten allgemeinen Bedeutungen in sich auf. Zugleich transzendiert die rezipierende Person das Niveau ihrer eigenen Lebenserfahrungen. Was sie in den Kunstwerken wiederfindet, ist die allgemeine Bedeutung ihrer eigenen Erfahrungen, die aus den alltäglichen Erfahrungen nicht herauswachsen würde. Insofern sind die Kunstwerke als Sinnträger von den Alltagserfahrungen geschieden. Zwischen der Sphäre des gewöhnlichen Lebens und der ästhetischen Sphäre ist eine Kluft. »Das Kunstwerk will sich absondern, sein Wirken soll rein bleiben«, schreibt Herbart 1831.[26] Gleichwohl ist die Kluft nicht unüberbrückbar. Denn die Allgemeinheit des Kunstwerks als eines Sinnträgers ist zu den historisch besonderen Erfahrungen der Individuen vermittelt. Die ästhetische Rezeption ermöglicht die Teilhabe an intersubjektivem Sinn.

Das paradigmatische Kunstwerk antwortet auch auf das Sinnverlangen des Rezipienten einer ganz anderen, weit entfernten Zeit und Kultur. Ein solches Kunstwerk ist für Herbart das Epos Homers. Deshalb bezeichnet er in der »Allgemeinen Pädagogik« die »Odyssee als den *Anknüpfungspunkt* einer *Gemeinschaft* zwischen dem Zögling und dem Lehrer«[27]. In der »Ästhetischen Darstellung der Welt« ist Homers Dichtung der »Anfangspunkt der Reihe für die fortschreitende Teilnahme«[28].

---

[24] Ebd.

[25] Herbart (1804), 1964, S. 268.

[26] Herbart, Johann Friedrich: Kurze Enzyklopädie der Philosophie (1831). In: Sämtliche Werke. Bd. 9. Aalen 1964, S. 106 f. (Neudr. der Ausg. Langensalza 1897).

[27] Herbart, Johann Friedrich: Allgemeine Pädagogik aus dem Zweck der Erziehung abgeleitet (1806). In: Sämtliche Werke. Bd. 2. Aalen 1964, S. 15. (Neudr. der Ausg. Langensalza 1887).

[28] Herbart (1804), 1964, S. 270.

»Teilnahme«, so erklärt Herbart in der »Allgemeinen Pädagogik« den Begriff, »versetzt sich in andrer Empfindung.«[29] Das Ich des Alltagslebens bleibt also nicht unvermittelt neben dem ästhetischen Ich stehen. Vielmehr verwandelt es sich im Akt der ästhetischen Rezeption und bleibt doch es selbst. Es verwandelt sich durch sein *bedeutungsvolles* Erleben, insofern es sein eigenes Erleben im Hinblick auf einen subjektiv allgemeinen Sinn transzendiert. Das Ich bleibt es selbst, weil es jene Verwandlung durch sein eigenes *Erleben* erfährt. Denn das paradigmatische Kunstwerk ist zugleich für unendliche Möglichkeiten offen, es leiblich zu *erleben*. Dabei ist 'meine' Erfahrung nie wie 'deine' Erfahrung. Wenn wir durch ein Kunstwerk kommunizieren, erkennen wir *die* Bedeutung, *den* Sinn und *die* Wahrheit. Aber wir erkennen sie nur als Bedeutung, Sinn und Wahrheit unserer jeweils eigenen Erfahrungen: »große und vielfach zusammengesetzte Gegenstände der [...] Kunst«, sagt Herbart 1834, »rechnen [...] oft selbst darauf, der Zuschauer werde vieles hinzudenken, vieles hineinlegen; hiermit überlassen sie manches seiner *Apperzeption*, welche gar mannigfaltig nach Individualitäten und Stimmungen auszufallen pflegt.«[30] Das Ich der ästhetischen Rezeption bleibt die ganze, sinnliche Person und wird als diese authentisch.

Für Herbart gibt es nur einen Weg zur Authentizität: den Standpunkt der Bereitschaft zu ästhetischer Rezeption einzunehmen. Eine solche Bereitschaft bedeutet u.a. die Bereitschaft, die eigenen Erfahrungen durch ein Medium homogenisieren zu lassen. Dies impliziert, die durch ein Kunstwerk konstituierte Norm anzuerkennen. Ohne dies kann eine andere Welt nicht erlebt werden, als wäre sie die eigene. Sofern man die eigenen Lebenserfahrungen im Rahmen einer fremden Welt erlebt, kann man ihnen Bedeutung geben. Deshalb bestimmt Herbart 1831 als »die allgemeine Bedingung der Empfänglichkeit: Der Zuschauer oder Zuhörer [...] soll sich *hingeben*.«[31] Ist die Bereitschaft zu ästhetischer Rezeption vorhanden, kann die Person als das Ganze eines heterogenen Erlebens sich zu einer vollständigen Form des Erlebens transformieren: »der Zuschauer [...] ist ein ganzer, ungeteilter Mensch«, sagt Herbart 1831.[32] Dieser ganze, ungeteilte Mensch ist nicht etwa eine Art Bewußtsein überhaupt,

---

[29] Herbart (1806), 1964, S. 44.

[30] Herbart, Johann Friedrich: Lehrbuch zur Einleitung in die Philosophie (1834). In: Sämtliche Werke. Bd. 4, Aalen 1964, S. 116 f. (Neudr. der Ausg. Langensalza 1891).

[31] Herbart (1831), 1964, S. 105.

[32] Herbart (1831), 1964, S. 118.

kein cogito, weil er nicht jenseits des Erlebens ist. Gleichwohl ist der ganze Mensch als rezeptiver umso weniger ichhaft, je reiner die Erfahrung wird. Die Pole 'Ich' und 'Objekt' werden flüchtig, weil das ästhetische Normen anerkennende Subjekt seine Erfahrungen als die allgemeine Bedeutung seines Erlebens versteht. Also bleibt das Subjekt, das ästhetische Normen anerkennt, ein ganzer erlebender Mensch und befreit sich zugleich von seiner Ichgebundenheit. Die Kluft bleibt, aber jeder kann sie überwinden, sofern nur 'das Fremde' zum Eigenen wird. Daß diese Subjektivität durch die Umformung eines Menschen als eines Ganzen entsteht, wird dem Rezipienten vom Kunstwerk abverlangt. Zugleich ist diese Umformung eine dem Rezipienten entsprechende Subjektivität. Im Akt des bedeutungsvollen Erlebens überbrücken wir die Kluft zwischen unserer empirischen alltäglichen und gesellschaftlichen Existenz und der Objektivationssphäre des Ästhetischen, in welcher das Kunstwerk existiert.

Wenn aber die Möglichkeiten unendlich sind, geleitet durch den Sinn, den die Kunstwerke verkörpern, einen Sinn zu erleben, wie kann diese Erfahrung des einzelnen Rezipienten dann wahr sein? Wie kann die Wahrheit der persönlichen Erfahrung durch ein Kunstwerk garantiert werden, das dies für jedermann leistet? Gerade weil das vollkommene Kunstwerk nicht der Ausdruck irgendeiner konkreten Wirklichkeit ist, ist es ein Medium, das das Subjekt zur Authentizität erhebt. Das Kunstwerk ist hinsichtlich des »Was« der Rezeption »leer«, es bestimmt darüber nichts; »seine Wirkung kommt beim Beschauer weit mehr von innen heraus, als von außen hinein«, schreibt Herbart 1831.[33]

Herbart hat seine ästhetische Konzeption an den gegenständlichen Kunstwerken entwickelt. Zwar hat sich unsere eigene Auffassung der Kunstwerke mit der Entwicklung der Künste und ihrer Gestaltungen differenziert. Aber Herbarts Überlegungen gelten auch für die nicht-gegenständlichen Kunstwerke. Auch das abstrakte Gemälde eröffnet eine neue Perspektive für unsere sinnliche Wahrnehmung und reflektiert eine spezifisch menschliche Auffassungsweise der Wirklichkeit. Diese in dem Gemälde ausgedrückte subjektive Beziehung zur Welt kann ebenfalls von anderen Personen erlebt und erinnert werden.

---

[33] Herbart (1831), 1964, S. 107.

III. Die Fundierung der Erziehung in der ästhetischen Sphäre

In die ästhetische Sphäre treten wir als ganze, sinnliche und sinnverlangende Personen ein. Das ist anders im Bereich des wissenschaftlichen Erkennens und auch in den Fragen der Moralität. Wenn wir uns der Wirklichkeit gemäß bestimmten Regeln und Methoden zuwenden wie im Fall der wissenschaftlichen Erkenntnis oder wenn wir uns zum moralischen Handeln bestimmen, dann erfassen diese Tätigkeiten nur Teile unserer Person. Herbart betont, der Mensch solle als *ganzer* erzogen werden, in seiner unversehrten Individualität.[34] In diesem Zusammenhang bekommt die Fundierung der Erziehung im Ästhetischen eine zweifache Bedeutung. *Erstens*: In den Reihen der Erkenntnis und der Teilnahme wird dem Individuum die Welt ausgehend von den sinnlich faßbaren Einzelheiten dargeboten. Diese »ästhetische Darstellung der Welt» soll den Anlaß zu vielfältigen Beobachtungen und Beurteilungen sachlicher und sittlicher Verhältnisse bieten. Insofern ist das Ästhetische bedeutsam für die Integration von intellektuellem und gefühlsmäßigem Involviertwerden in die Welt.

Indessen bestimmt Herbart diese Integration der erkennend-intellektuellen und teilnehmend-gefühlsmäßigen Hinwendung zu den Menschen und zur Welt bloß als das *Ziel* der Reihen von Erkenntnis und Teilnahme. Ihre Verknüpfung ist erst im »übersinnlichen Reich« möglich. Das »übersinnliche Reich« aber ist die Sphäre des bedeutungsvollen Lebens und der Wahrheit. Diese gibt es weder im modernen gesellschaftlichen Alltag noch in den Wissenschaften. Die Kunstwerke sind die Statthalter des bedeutungsvollen Lebens und der Wahrheit. Durch ihre sinnlich-sinnfällige Gestalt eröffnen die Kunstwerke somit *zweitens* den Heranwachsenden, deren Auffassungsweise eher auf die Darbietung konkret-sinnlicher Gegebenheiten gerichtet ist, jetzt und hier einen Bezug auf eine bedeutungsvolle, intersubjektiv vermittelte Existenz. Die »ästhetische Darstellung der Welt« ist die Darstellung »der *ganzen* bekannten Welt und *aller* bekannten Zeiten«.[35] Die ästhetische Darstellung der Welt, eingekapselt in der Form des Kunstwerks, erhebt den Rezipienten zu einer Welt, die »ein reicher, offner Kreis voll mannigfaltigen Lebens« ist.[36] Beide Bedeutungen des Ästhetischen für die Erziehung treten in Herbarts späterem Werk zurück. Besonders der »Umriß pädagogischer Vorlesun-

[34] Vgl. Herbart (1806), 1964, S. 31.

[35] Herbart (1804), 1964, S. 268.

[36] Herbart (1804), 1964, S. 267.

gen« ist erstens durch seinen Intellektualismus gekennzeichnet. Von der Befähigung zur Rezeption von Kunstwerken ist zweitens im »Umriß« nicht mehr die Rede. Diese Verschiebungen in Herbarts späterem Werk dürfen nicht auf die frühe »Ästhetische Darstellung« zurückprojiziert werden.[37]

Die Fundierung der Erziehung im Ästhetischen steht bei Herbart für die Bewahrung und Pflege der Individualität. Jede Person hat ihren individuellen Kern, durch den sie sich selbst auf eine spezifische Weise auf andere Menschen und auf die Welt bezieht. Das Individuum geht weder in den intersubjektiven Zusammenhängen noch in seiner eigenen sinnlichen Natur noch darin auf, daß es dem an es gerichteten sittlichen Anspruch genügt. Der Gegenstand der Erziehung ist das ganze Individuum, das ebenso in seiner Sinnlichkeit wie in seiner Fähigkeit zur Moralität anerkannt und angesprochen wird. In dieser Form ihrer Hinwendung auf das Individuum ist die Erziehung autonom. Somit fand Herbart Argumente für die Autonomie der Erziehung, doch nicht in dem Sinn, in dem die 'Autonomie der Erziehung' gegenwärtig verstanden wird. Die Autonomie der Erziehung ist für Herbart die der ästhetischen Sphäre und wird gegenüber der logisch-theoretischen und der ethischen Sphäre begründet. Obgleich die Ästhetik im Verhältnis zu Logik (Theorie) und Ethik vollständig autonom ist, ist sie dennoch zugleich nicht völlig autonom. Das ästhetische Normen anerkennende Subjekt ist nämlich nichts als die Transformation des empirischen Subjekts.

Der Akt der Rezeption des Kunstwerks ist paradigmatisch für die Hinwendung zur Intersubjektivität. Die Erfahrung der Hingabe an das

---

37 A. Ziechner stellt fest, »daß Herbart je systematischer um so mehr sein System der Psychologie anwendet und damit einer Neigung zum Intellektualismus verfällt [...]. So kommt es, daß im 'Umriß' der Begriff der Teilnahme fast verschwindet (§ 94 bringt ihn nochmals); in seiner vollen, ursprünglichen Bedeutung ist er überhaupt nicht mehr da. Selbst zwischen den beiden Auflagen des 'Umriß' ist eine damit zusammenhängende Beobachtung zu machen, die ästhetische Terminologie tritt zurück. Diese Beobachtung stimmt zusammen mit der anderen, daß die 'Ästhet. Darstellung der Welt', die 'Allgemeine Pädagogik' und der 'Umriß' eine Kette bilden, in der die Betonung des Gefühles immer mehr zurücktritt, die 1. und 2. Ausgabe des Umriß fügen sich dieser Kette ein. [...] Damit hängt es nun zusammen, daß die Pflege des 'ästhetischen Interesses', des Kunstsinnes, also die *ästhetische Bildung* im gegenwärtigen Sinne in Herbarts abschließendem pädagogischem Werke eine so unbedeutende Rolle spielte. Grade infolge der ästhetischen Grundlegung der Ethik sollte man der Hochstellung der ästhetischen Bildung sicher sein. Das ist nicht der Fall;« (Ziechner, A.: Ästhetisch-Ethisches und Pädagogisches bei Herbart. In: Pädagogische Studien. H. 31. Dresden, 1910, S. 51 f.).

Kunstwerk ist die Erfahrung der Hineinnahme des Anderen in das eigene Ich. Jede Verwandlung eines Ichs durch Aneignung des Anderen ist individuell. Die Hinwendung des Individuums zum anderen ist dem Individuum gemäß. Es ist die Hinwendung, zu der *in dieser spezifischen Weise* nur es selbst fähig ist. Diese Hinwendung wird durch das Kunstwerk mit ermöglicht und durch es bedeutungsvoll vertieft. Freilich geht es *erstens* nicht darum, daß die Person durch die Rezeption von ästhetischen Symbolen inhaltlich bestimmte Gesinnungen entwickelt. Genausowenig soll die Person gemäß ihrer ästhetischen Selbsterfahrung der Authentizität das gesellschaftliche oder staatlich-politische Leben gestalten. Die Tendenz zur Herausdifferenzierung der verschiedenen Sphären soll nicht zugunsten einer Wiedervereinigung der Sphären in einer Sitte umgekehrt werden. Herbart argumentiert anders als Schiller. *Zweitens* ist die ästhetische Erfahrung als paradigmatische Erfahrung der Intersubjektivität nicht schon mit Moralität gleichbedeutend. Moralität bedeutet die existentielle Entscheidung der Person, eine Persönlichkeit guten Willens zu sein. Oder, wie Herbart sagt, es ist die Entscheidung dafür, nicht irgendeinen, sondern einen sittlichen Charakter auszubilden.

Zwischen der erzieherischen Tätigkeit und der Selbstbegründung einer moralischen Haltung und Handlungsbereitschaft durch die heranwachsende Person selbst besteht eine Kluft. Diese Kluft ist erzieherisch unüberbrückbar. Sie kann durch kein Konzept einer kontinuierlichen moralischen Entwicklung, welcher die Erziehung bloß nachzugehen brauche, überwunden werden.[38] Die Kluft zwischen Erziehung und moralischer Entscheidung verweist auf den Abgrund, der sich in jeder Person dann auftut, wenn sie sich mit dem Problem moralischer Selbstbestimmung konfrontiert sieht. Herbarts ästhetische Konzeption der Erziehung zielt darauf ab, die Person erzieherisch bis an den Rand des Abgrunds zu leiten. Springen muß sie selbst.

---

[38] Vgl. Musolff, Hans-Ulrich: Entwicklung versus Erziehung. Ein Diskussionsbeitrag zur Verhältnisbestimmung von Entwicklungslogik, Ethik und Pädagogik. In: Zeitschrift für Pädagogik 36 (1990), S. 331-352.

Klaus-Michael Wimmer

Von der Identität als Norm zur Ethik der Differenz. Das Verhältnis zum Anderen als zentrales Problem einer pädagogischen Ethik

Meine Frage lautet: Wie kann sich heute eine ethische Reflexion begründen und welche Relevanz hat sie für die Erziehungswissenschaft? Dem werde ich mich in vier Schritten nähern: 1. Welchen Stellenwert hat eine ethische Reflexion angesichts gesellschaftlicher Krisen? 2. Welche Bedeutung hat die Krise der Moderne für eine ethische Reflexion? 3. Inwiefern ist das Denken des Anderen ein ethisches Denken? Und 4. welche Probleme ergeben sich daraus für die Erziehungswissenschaft? Die thematische Überschrift meines Beitrags verstehe ich also eher als Denkrichtung denn als mein Programm, das ich hier erfüllen könnte.

»Die Erfahrung gesellschaftlicher Krisen« kann sich auf viele verschiedene Bereiche beziehen: Sinn-, Legitimations-, Ökologie-, Identitäts-, Wirtschafts- und noch viele andere Krisen ließen sich nennen. Eine erhebliche Erweiterung erfährt diese Aufzählung, wenn die verschiedenen Symptome und Lösungsstrategien mitgezählt werden: Drogen, Gewalt, Arbeitslosigkeit, Armut, Bandenbildung, Kriege bzw. Privatreligionen, neue synkretistische Weltanschauungen des Okkultismus, New Age, radikalpolitische Bewegungen etc.

Obwohl die meisten der angesprochenen Probleme keineswegs im Verborgenen liegen, entziehen sie sich jedoch insoweit der Erfahrung, als ihr gesellschaftlicher Charakter nicht unmittelbar einsichtig ist. M.a.W. der Verlauf und die Prinzipien der gesellschaftlichen Dynamik, die diese Krisen hervorrufen, sind derart komplex, abstrakt und anonym, daß sie der Erfahrung selbst gar nicht gegeben sind. Läßt man einmal die Frage außer acht, inwiefern die Erfahrungsfähigkeit der Menschen selbst in eine Krise geraten ist, so ist es schon schwierig, die Krisen *theoretisch* in ihren Ursachen und systemisch-funktionalen Zusammenhängen eindeutig zu analysieren. Statt Eindeutigkeit zeigen sich zunehmend auch in der theoretischen Erfahrung diskursiv kaum überbrückbare Auffassungen, und zwar nicht nur über die Objekte, sondern, mit erheblich weitreichenderen Konsequenzen, über das Verhältnis der wissenschaftlichen Reflexion zu den Objekten, so daß das Verständnis von Wissenschaft, Rationalität, Vernunft selbst zerfasert und in divergente Positionen auseinanderfällt bzw. auseinandergefallen ist.

In dieser - zugegebenermaßen reichlich plakativ angedeuteten - Situation läßt die Frage nach gesellschaftlichen Krisenerfahrungen und ihren Bedeutungen für pädagogische Handlungsorientierungen (mindestens) zwei Argumentationsebenen oder Diskurstypen zu, auf bzw. in denen eine Auseinandersetzung möglich ist.

1. Welchen Stellenwert hat eine ethische Reflexion angesichts gesellschaftlicher Krisen?

Die eine wäre die Problematisierung gegenwärtiger Krisenerfahrungen, z.B. der Umweltproblematik oder der durch die Gentechnologie entstandenen Fragen, und eine Überprüfung, inwieweit sie bisherige pädagogische Orientierungen in Frage stellen oder revisionsbedürftig machen. Die Krisen wären Krisen zwar, aber eben normale, wie die ihnen vorhergehenden, nur neue, und die Ethik erhielte den Status eines Hoffnungsträgers, da sie das diesen Krisen adäquate Handeln zu orientieren und zu legitimieren erlaubte.

Wie schon Ende des 19. Jahrhunderts, als es um Nationalismus, Kolonialismus, Imperialismus und Sozialismus ging[1], setzt man heute zur Lösung der Probleme der technischen Zivilisation die Hoffnung auf Ethik[2], allerdings, wie Luhmann schreibt, »fast nur noch in der Form von Appellen und Notbremsen«[3]. Ethik wird in dieser Situation nicht um ihrer selbst willen auf den Plan gerufen, sondern als Mittel, etwas Bestimmtes zu erreichen, bezogen auf die Pädagogik also, das Handeln neu zu orientieren. »Ob das der Ethik gut tut, sei dahingestellt. Jedenfalls steht sie

[1] Vgl. Luhmann, N.: Paradigm lost: Über die ethische Reflexion der Moral. Frankfurt am Main 1990, S. 16.

[2] Z.B. Jonas, H.: Das Prinzip Verantwortung. Frankfurt am Main 1984.

[3] Luhmann, N., a.a.O., S. 16.

unter Erfolgskriterien«, schreibt G. Böhme[4], was für ihn im Falle des »Prinzips Verantwortung« nichts anderes heißt, als vorprogrammiertes Scheitern, denn, so Böhme: »Mit 'Verantwortung' ist die Welt nicht zu verbessern«.[5]

Diese Problematisierung des Themas erinnert an die schon etwas ältere Frage von Habermas: »Können komplexe Gesellschaften eine vernünftige Identität ausbilden?«[6] Auch ihm ging es um einen normativ gehaltvollen Begriff, eben den *vernünftiger*, d.h. »wahrer«, »eigentlicher« Identität, wenn er schreibt: »Wir sind [..] überzeugt: nur eine universalistische Moral, die allgemeine Normen (und verallgemeinerungsfähige Interessen) als vernünftig auszeichnet, kann mit guten Gründen verteidigt werden; und nur der Begriff einer Ich-Identität, die zugleich Freiheit und Individuierung des einzelnen in komplexen Rollensystemen sichert, kann heute eine zustimmungsfähige Orientierung für Bildungsprozesse angeben.«[7] Zwei Kernprobleme werden von ihm angesprochen: a) die »empirische Frage, wie denn universalistische Ich-Strukturen entstehen, und wie sie sich erhalten können, wenn und solange in den Basisinstitutionen der Gesellschaft selber keineswegs universalistische Prinzipien verkörpert sind.« Und b) die analytische Frage nach einer Zuordnung von Ich-Identität und Gruppenidentität. Er schreibt: »Denn nach universalistisch zu rechtfertigenden Normen lassen sich bestimmte Gruppen von identitätsbildender Kraft (wie Familie, Stadt, Staat oder Nation) nicht mehr privilegieren. An die Stelle der eigenen Gruppe tritt vielmehr die Kategorie des 'anderen', der nicht länger durch seine Nicht-Zugehörigkeit als ein Fremder definiert ist, sondern für das Ich beides in einem ist: absolut gleich und absolut verschieden, Nächster und Fernster in einer Person. Entsprechend müßte die staatsbürgerliche oder nationale Identität zu einer weltbürgerlichen oder universalen Identität erweitert werden. Kann aber eine solche Identität einen Sinn haben?«[8] Damit hängt alles am Anderen, an der Beziehung zum individuellen wie auch zu den Anderen in einer pluralen Gemeinschaft.

---

4 Böhme, G.: Brauchen wir eine neue Ethik? Verantwortung in der Risikogesellschaft, in: Gamm, G./Kimmerle, G. (Hrsg.): Ethik und Ästhetik. Nachmetaphysische Perspektiven. Tübingen 1990, S. 52.

5 Ebenda, S. 51.

6 Habermas, J.: Zur Rekonstruktion des Historischen Materialismus. Frankfurt am Main 1976, S. 92.

7 Ebenda, S. 96.

8 Ebenda.

Doch, wie bekannt, hat Habermas in der Folge eine andere theoretische Richtung eingeschlagen und die Diskursethik ausgearbeitet, die m.E. jedoch das im Verhältnis zum Anderen liegende Problem nicht löst, sondern es in der Sprachauffassung der Theorie des kommunikativen Handelns eher fortschreibt. Das absolute Anderssein des Anderen, wie es in der zitierten Textstelle postuliert wird, und die Frage, welche Referenz ihm in der Erfahrung zukommen könnte, werden als zu abstrakt fallengelassen. Ethik liegt in den Diskursregeln und der kommunikativen Rationalität selbst beschlossen, so daß, um die allgemeine Konsequenz für die pädagogische Handlungsorientierung zu ziehen, diese angesichts gesellschaftlicher Krisenerfahrungen darin läge, alle in pädagogischen Verhältnissen auftretenden und eine kommunikative, verständigungsorientierte Vernunft behindernden Bedingungen einer rationalen Kritik zu unterziehen und die nachfolgende Generation in die Lage zu versetzen, dies ebenfalls zu können.

Damit ist das Problem jedoch nicht gelöst, welche Bedeutung eine ethische Reflexion angesichts gesellschaftlicher Krisen haben kann, denn diskursethisch gerechtfertigte Normen implizieren nicht die Regeln ihrer Anwendung. Vielmehr beharrt Habermas darauf, »daß wir hinter das von Kant erreichte Niveau der Ausdifferenzierung der Begründungsproblematik von der Problematik sowohl der Anwendung wie der Verwirklichung moralischer Einsichten nicht zurückfallen dürfen.«[9] Was dann die Verwirklichung der moralischen Einsichten im praktischen Handeln betrifft, so ist diese gebunden an die Bedingung »entgegenkommender Lebensformen«[10], d.h. auf die durch Sozialisations- und Erziehungspraktiken bei den Heranwachsenden angelegten »internalisierten Gewissenskontrollen« und »abstrakten Ich-Identitäten«. Doch ist gerade der tendenzielle Ausfall dieser Bedingungen das Problem.

Habermas schreibt: »Vom Diskurs selbst können die Bedingungen nicht erfüllt werden, die notwendig sind, damit alle jeweils Betroffenen für eine regelrechte Teilnahme an praktischen Diskursen instandgesetzt werden. [...] oft fehlen die Sozialisationsprozesse, in denen die erforderlichen Dispositionen und Fähigkeiten zur Teilnahme an moralischen Argumentationen erworben werden.«[11] Und könnten sie erworben werden,

---

[9] Habermas, J.: Moralität und Sittlichkeit. Treffen Hegels Einwände gegen Kant auch auf die Diskursethik zu? In: Revue Internationale de Philosophie, Nr. 166, H. 3, 1988, S. 334.

[10] Ebenda, S. 335.

[11] Ebenda, S. 337.

wären sie oft genug überfordert bzw. irrelevant, weil die nackten Tatsachen einem moralisch legitimierten Handeln längst zuvorgekommen sind. »Überall wo die bestehenden Verhältnisse für Forderungen einer universalistischen Moral der pure Hohn sind, verwandeln sich moralische Fragen in Fragen der *politischen Ethik*.«[12] Demzufolge plädiert er für einen engen Moralbegriff und ein bescheidenes Selbstverständnis der Moraltheorie, weil eine philosophische Ethik mit den moralisch-politischen Herausforderungen unserer Zeit - Elend der Dritte Welt, Menschenrechtsverletzungen, ungerechte Verteilung des Reichtums, Selbstzerstörungsrisiko durch Wettrüsten - überfordert wäre. »Die Philosophie nimmt niemandem die praktische Verantwortung ab.«[13] Somit ist wieder jeder selbst verantwortlich und könnte sich - polemisch gesagt - die Mühen einer auf intersubjektive Anerkennung zielenden diskursiven Normenbegründung ebensogut sparen. Denn was bleibt, ist die jeder moralischen Handlung zugrundeliegende und der Reflexion vorgeordnete Funktion der Moral, nämlich »durch Schonung und Rücksichtnahme der *extremen Verletzlichkeit* von Personen entgegenzuwirken.«[14]

Moral ist Schutz vor anderen und Kompensation der »in soziokulturellen Lebensformen strukturell eingebauten Verletzbarkeit.«[15] Das Problem des Anderen kehrt wieder, ohne eine Lösung erfahren zu haben: ethisch moralisches Handeln, das in der Kommunikation die Symmetriebedingungen und Reziprozitätserwartungen wahrt, ist nur mit einer Ich-Identität möglich; diese kann sich aber wiederum nur unter Geltungsbedingungen einer universalistischen Moral bilden. Damit ist m.E. die Zusammenführung der Pflichtethik, die den Schutz des einzelnen durch das Prinzip der Gerechtigkeit gewahrt wissen will, mit der Güterethik, die das Geflecht reziproker Anerkennungsverhältnisse durch das Solidaritätsprinzip sichern will, in einer Diskursethik nur als Zirkel möglich.

Wenn unter »Krise« eine Situation zu verstehen ist, die zur Entscheidung drängt, und unter Moral ein System von Normen und Werten, an denen sich das Handeln orientieren kann, wenn es bewußt-entscheidendes Handeln sein will, dann bleibt entweder die normative Kraft des Faktischen, d.h. kein moralisches Handeln sondern reaktives oder bestenfalls juridisches, oder die Entscheidungskriterien gehorchen anderen als uni-

---

12 Ebenda.

13 Ebenda, S. 339.

14 Ebenda, S. 325.

15 Ebenda, S. 327.

versalistischen Prinzipien, z.B. einem reflexiven Subjektivismus[16], durch den sie eine ästhetische Form erhalten. Denn, wie Böhme schreibt, die »Zumutung, die heute moralische Fragen enthalten, besteht darin, daß in ihrer [...] Entscheidung sich erst Derartiges - Wert, menschliche Natur, Vernunft - konstituiert.« Die Werte oder Ideale können nicht mehr vorausgesetzt werden, sondern bilden sich erst durch das, »was man von sich stößt. Es ist Bestimmtheit, die man der allgemeinen Beliebigkeit abgewinnt, die Kontur, die man sich selbst gibt, ein Stil, eine Lebensform.«[17]

Ethische Reflexionen angesichts gesellschaftlicher Krisen scheinen also keinen Aufschluß über mögliche Handlungsorientierungen zu geben und relativ irrelevant zu sein. Entweder ist das Handeln durch die Situation stark normativ vorgeprägt, oder es verliert in der Kopplung ethischer Fragen mit ästhetischen Fragen subjektiver Lebensstile seine allgemeingültige Legitimation und moralische Qualität. Eine zustimmungsfähige Orientierung für pädagogisches Handeln oder für Bildungsprozesse ist in beiden Fällen nicht in Sicht. Hat Luhmann dann recht, wenn er schreibt: »Konzentriert auf Fragen der moralträchtigen Begründung moralischer Urteile hat die Ethik den Bezug zur gesellschaftlichen Realität verloren«[18]? Auf jeden Fall ist eine ethische Reflexion über die Begründbarkeit moralischer Urteile zur Orientierung des Handelns in Entscheidungssituationen angesichts gesellschaftlicher Krisen überfordert, *Ent*scheidungen zu treffen, ohne zugleich notwendig zu beachtende *Unter*scheidungen zu vernachlässigen. Allgemeinverbindliche Werte sind in einer strukturell krisenhaften Gesellschaft nicht nur nicht möglich, sondern auch nicht wünschenswert. Die »moderne Gesellschaft kann nicht mehr über Moral integriert sein«, wie Luhmann schreibt.[19] Demzufolge hätte eine Ethik vor Moral zu warnen. In einer stark ausdifferenzierten Gesellschaft mit hoch individualisierten Lebensstilen forciert eine mit allgemeinverbindlichem Geltungsanspruch auftretende Moral vielmehr die Probleme der Sozialbeziehungen, weil sie die Beziehungen zu anderen durch normative Prinzipien eher limitiert, statt zu ermöglichen.

---

[16] Schimank, U.: Funktionale Differenzierung und reflexiver Subjektivismus. Zum Entsprechungsverhältnis von Gesellschafts- und Identitätsform. In: Soziale Welt H. 4, 1985, S. 447-463.

[17] Böhme, G., a.a.O., S. 56/57.

[18] Luhmann, N., a.a.O., S. 36.

[19] Ebenda, S. 40.

2. Welche Bedeutung hat die Krise der Moderne für eine ethische Reflexion?

Die zweite Art der Problematisierung der Beziehung zwischen gesellschaftlichen Krisenerfahrungen und der pädagogischen Ethik hätte dagegen ihr eigenes Hineinverwickeltsein in die krisenhaften Verhältnisse mit zu reflektieren, weil die Krise das über sie reflektierende Subjekt sowie seinen Diskurs selbst erfaßt. Die Erfahrung der Krise ist hier nicht diejenige eines äußeren, mehr oder weniger bedrohlichen, zur Entscheidung drängenden oder wenigstens zum Handeln auffordernden Zustandes oder Ereignisses, sondern auch eine Subjekt und Objekt gleichermaßen, mithin das Denken selbst betreffende.

Dies hat seinen Grund nicht in erster Linie darin, daß die gegenwärtigen, immer globaleres Ausmaß annehmenden und in ihren möglichen Folgen und Interdependenzen zunehmend unüberschaubarer werdenden Krisen andere Ursachen oder eine ganz neue Struktur haben und erst jetzt das ganze Gesellschaftssystem bedrohen, so daß es sich nicht mehr um Krisen *in* der Gesellschaft handelt, sondern diese selbst in eine Krise geraten ist. Das Problem liegt vielmehr darin, daß die Moderne selbst immer die Form der fortgeschrittensten Kritik hatte und die Krise ihr als Element ihrer Bewegungsform wesensmäßig zugehört.

Die sich immer krisenhafter zuspitzende Realität läßt allerdings erahnen, daß die Entwicklung als ganze eine bedrohliche Richtung genommen hat, die durch Kritik und ihre Korrekturprogramme kaum zu beeinflussen, ja vielleicht nicht einmal in ihrem Ausmaß erfaßbar ist, und zwar deshalb, weil die in ihr vorwaltende Rationalität mit derjenigen der Kritik homologe Strukturen aufweist. Gehört die im autonomen Subjekt zentrierte und auf Einheit, Kontinuität und Allgemeingültigkeit ausgerichtete Erkenntnisrelation jedoch selbst zum Problem, kann *Kritik* die wie weit auch immer funktional ausdifferenzierte Immanenz der Verhältnisse nur um den Preis des Selbstwiderspruchs - als Vernunftkritik - thematisieren. Eine Kritik oder Negation des Ganzen - dies die erste Unmöglichkeit - wäre nämlich nur von einem selbst nicht mehr rational begründbaren Außen möglich, und - zweite Unmöglichkeit - eine Selbstkritik der kritischen Vernunft kann die Subjekt-Objekt-Spaltung nicht auflösen, sondern lediglich um eine Reflexionsstufe steigern.

Die Krise zeigt sich dem in sie hineinverwickelten und dieses Hineinverwickeltsein kritisch reflektierenden kritischen Bewußtsein als Verlust seines Gegenstandes und seiner Orientierung, woran es selbst nicht unbeteiligt ist. Seit der Neuzeit haben sich in mehreren Transformationen, die immer mehr Lebensbereiche erfaßten, feste Ordnungen[20], selbstverständliche Geltungen und verbindliche Gewißheiten mit dadurch aufgelöst, daß Seinszusammenhänge durch Denkzusammenhänge ersetzt und auf diskursive Begründung umgestellt wurden: die Autorität des Heiligen, Gott, der Staat, die Gesellschaft selbst[21], die Natur, Traditionen etc. War die »klassische Form der Ordnung [...] den Menschen a) vorgegeben, [...] b) allumfassend, [...] c) mehr oder weniger fest umgrenzt und d) in ihren Grundzügen repetitiv«, so sind die neuen Ordnungen »a) wandelbar [...] b) beschränkt«, weisen c) bewegliche Grenzen auf und lassen d) grundlegende Innovationen zu.[22] Durch Rationalisierung der Gesellschaft und Verwissenschaftlichung der Lebenswelt, durch Ausdifferenzierung der Wertsphären und Reflexivwerden der Werte und Normen sind die früheren übergreifenden Sinnzusammenhänge zerfallen und haben zu einer Kontingenzsteigerung und Entüblichung des Alltäglichen geführt. Die Auflösung der Selbstverständlichkeiten hat mit der Psychoanalyse, der Linguistik und der Ethnologie schließlich auch die Orientierungspunkte, die dem Begründungsdiskurs der Human- und Geisteswissenschaften selbst zugrundeliegen, erreicht: Der Mensch als Subjekt des Diskurses, in dem die Ordnung der Wissensfelder ihre Bedingung haben, und zugleich Objekt des Wissens, der anthropologisch höchste Wert, und die in ihm zentrierte Denkstruktur werden fragwürdig und erkennbar als Kernbestandteil einer geschichtlichen Selbstauslegung einer Gesellschaft, einer Epoche, in der sie selbst die Funktion eines höchsten Werts, einer Programmatik und Legitimationsgrundlage hatte und noch hat. »Der vermeintliche Kern des Menschen ist ein Gedicht«[23], scheibt D. Kamper.

Mit der Kritik an dieser praktisch-theoretischen Unterstellung schwindet die Rechtfertigung erzieherischer Einwirkung auf das Kind, sofern sie auf anthropologischen Grundannahmen basiert, deren wichtigste von Rousseau - das Kind als Eigenwesen - und Kant - die Erziehungsnotwendigkeit und -tatsache - stammen. Die Sicherheit dieser Annahmen ist ins Wanken geraten durch kulturellen Wandel. Natürlich sind die in

---

[20] Vgl. Blumenberg, H.: Säkularisierung und Selbstbehauptung. Frankfurt am Main 1974, S. 158 ff.

[21] Durch Rousseau, vgl. Koselleck, R.: Kritik und Krise. Frankfurt am Main 1973, S. 132 ff.

[22] Waldenfels, B.: Der Stachel des Fremden. Frankfurt am Main 1990, S. 18/19.

[23] Kamper, D.: Soziologie und Anthropologie. 1986, S. 19.

diesem Zusammenhang gestellten Diagnosen[24] umstritten und die theoretischen Positionen stehen seit ihren Äußerungen in Verdacht, Positionen zwar, aber theoretisch nicht haltbar zu sein. Dennoch läßt sich der Grund-Riß in der Diskussion kaum noch verleugnen.

So zeigt sich die Reichweite der gesellschaftlichen Krise im erziehungswissenschaftlichen Diskurs u.a. darin, daß mit einer bisher nicht gekannten Offenheit, Klarheit und Konsequenz die Unlösbarkeit pädagogischer Grundprobleme ausgesprochen wird. Nicht die Probleme sind neu, sondern neu ist stellenweise der Verzicht auf den Versuch, die Aporien zu redialektisieren, als reale Funktionsrelationen zu bestimmen oder durch einen ethischen oder gesellschaftlichen Auftrag zu legitimieren bzw. neu in der Wirklichkeit zu verankern. Die Legitimität pädagogischen Handelns und die Begründung der Erziehung aus einem Zweck scheinen bereits ihre Verbindlichkeit verloren zu haben, was nicht schon heißt, daß dem alle zustimmen würden oder daß man das Grundlegungsproblem der Pädagogik ad acta legen müßte oder gar sie selbst.

Wir haben also eine Problemsituation erreicht[25], die recht komplex ist, und das nicht nur hinsichtlich des Zustandes der sogenannten Wirklichkeit, sondern auch hinsichtlich der Theorieverhältnisse. Denn wir haben erstens damit zu tun, daß das Denken an dem Zustand beteiligt ist, den es erfassen will oder soll. Theorie ist also nicht das Andere der Praxis, sondern eine dem praktischen Handeln vorausgehende Erkenntnispraktik, in der die als Realität oder Gegebenheit ausgegebene Interpretation hergestellt wird.[26] Und zweitens besteht das Problem darin, daß die Situation der Pädagogik - verstanden als Reflexion über die Verhältnisse, in und unter denen Erziehung in dieser Gesellschaft stattfindet - sich radikal gewandelt hat und eine ihrer vordringlichen Aufgaben darin besteht, sich über diese von ihr selbst z.T. mitproduzierte Situation klar zu werden.[27] Dabei ist ein entscheidender Punkt, daß sie ihren Ort in Diskursverhältnissen bestimmen und die angenehme, aber metaphysische Trennung von Theorie und Praxis, die die Trennung von signans und signatum fortschreibt, aufgeben muß, da sonst ihre Verstrickung in den Prozeß nicht

[24] Vgl. Postman, N.: Das Verschwinden der Kindheit: Frankfurt am Main 1983; Hengst, H. u.a.: Kindheit als Fiktion. Frankfurt am Main 1981; Lenzen, D.: Mythologie der Kindheit. Reinbek 1985; Giesecke, H.: Das Ende der Erziehung. Stuttgart 1985; Wünsche, K.: Die Endlichkeit der pädagogischen Bewegung. In: Neue Sammlung, H. 4, 25 (1985).

[25] Wimmer, K.-M.: Der Andere und die Sprache. Berlin 1988, S. 1 f.

[26] Vgl. ebenda, S. 146-149, S. 156f.

[27] Derrida, J.: Grammatologie. Frankfurt am Main 1974, S. 27.

klar wird. Diese Trennung verhindert nämlich die Erkenntnis ihrer eigenen Wirksamkeit, die schon in der theoretischen Erfassung und Identifizierung begründet liegt. Sie befördert darüberhinaus ein letztlich technologisches Handlungsverständnis, das sich trotz aller Dementis durchsetzt - wobei der Kernsatz der Dementis, das Objekt im Falle des pädagogischen Handelns sei selbst ein Subjekt, vielleicht ein wichtiges Element der Selbsttäuschung ist -, weil das Wissen auch dann als Handlungsanleitung funktioniert, wenn es sich selbst als ganz und gar nicht technologisch versteht. Und, um ein letztes Beispiel zu nennen, die Trennung verhindert die Erkenntnis ihres Zusammenhangs und Zusammenwirkens mit anderen diskursiven Formationen, denn weder ist sie allmächtig - Vervollkommnung des Menschengeschlechts - noch ohnmächtig - Erziehungswissenschaft als Hobby, das mit der Wirklichkeit nichts mehr zu tun hat.

Die Ablösung der Anthropologie als Begründungswissenschaft, die den Gegenstand und die allgemeine Zielbestimmung der Pädagogik lieferte, in Gesellschaftstheorie hatte schon entscheidende Umstellungen in den Fragestellungen und Perspektiven zur Folge. Aber, wie Foucault in »Die Ordnung der Dinge« gezeigt hat, lassen sich die Geisteswissenschaften in ihrer Entwicklung insgesamt als anthropologisch strukturiert verstehen, insofern sie den Raum unter sich aufteilen, der durch die Eckpfeiler Mensch-Geist-Geschichte begrenzt wird.[28] M.a.W. das humanwissenschaftliche Denken der Moderne bewegt sich um den Menschen als sein Zentrum.[29] Diese Denkstrukturen der Moderne können gewissermaßen verstanden werden als ein Denkzwang des 19. und z.T. des 20. Jahrhunderts, der vom Strukturalismus und Poststrukturalismus aufgelöst wird.

Für die Pädagogik ist dies nicht nur deshalb bedeutsam, weil es in bestimmten Bereichen, z.B. der Sozialisationstheorie, das Wissen erweitern oder modifizieren könnte, sondern die gesamte Auffassung von seiner Klientel, vom Lernen und überhaupt bewußt-planmäßiger Erziehung in Frage stellt. Hatte die philosophische Tradition das Ich als jenen letzten autonomen Identitätspunkt subjektiver Kontinuität bestimmt, so kommt jetzt etwas ins Spiel, das dieses identische Ich als Maske, Ort der Täuschung und Illusion erscheinen läßt. Was zuvor als in sich ruhender Be-

---

[28] Vgl. dazu F. A. Kittler: Einleitung. In: Ders. (Hrsg.): Austreibung des Geistes aus den Geisteswissenschaften. Paderborn/München/Wien/Zürich 1980, S. 7-14.

[29] Zur Ambiguität des Begriffs vgl. F. Lyotard, der sie in Auseinandersetzung mit dem Denken Hannah Arendts entwickelt: Der/Das Überlebende. In: Heidelberger Jahrbücher 1989.

zugspunkt letzter subjektiver Gewißheit galt, sieht sich jetzt deplaziert und durch den Einbruch des Unbewußten deterritorialisiert und diskontinuierlich geworden. Was als feste Identität imponierte, findet sich durch die Sprache in wesenhafte Nicht-Identität gebrochen. Die intersubjektive Relation, in der nach Lacan das erste Begehren das Begehren des Anderen ist, nämlich vom anderen begehrt zu werden, untergräbt in ihrer komplexen Dynamik, die immer auch die Ich-Bestätigungs-Unmöglichkeit wiederholt, jene pädagogische Illusion, die glaubte, den Menschen nach einem Idealbild herstellen zu können - denn sowohl das Bild eines selbstidentischen Ich als auch der Glaube an bewußte Planbarkeit der Erziehung und intentional gänzlich kontrollierte Interaktion sind Bestandteile eines Phantasmas, das gesellschaftlich wirksam geworden ist. Kernstück dieses Phantasmas war »der« Mensch. Das Ende »des« Menschen heißt dann lediglich, daß das Spiegelstadium vorüber ist und man es erneut mit dem »zerstückelten Körper« des Wissens zu tun hat.

Diese beiden grob vereinfacht dargestellten Auffassungen davon, was gesellschaftliche Krise bedeutet, teilen im wesentlichen das gleiche theoretische Engagement, nämlich sowohl die Regression, den erneuten Umschlag in Barbarei, als auch die als Fortschrittlichkeit ausgegebene katastrophische Entwicklung zu bremsen, umzulenken und ein »Überleben«[30] der Gattung wie des Planeten wenigstens soweit zu sichern, daß ein Leben für die meisten Menschen möglich und das Nachdenken über ein besseres Leben wieder realistisch wird. Dennoch differieren beide Positionen erheblich nicht nur hinsichtlich ihrer Interpretation der gegenwärtigen Verhältnisse und ihrer Geschichte, sondern auch bezüglich der theoretischen und begrifflichen Grundlagen sowie der Perspektiven und Problematisierungen.

Die erste hält am Humanitätsversprechen der Aufklärungsideale und der Fortschrittsidee explizit fest und damit am »Begriff des autonomen Ich auch da noch [...], wo sie die düstere Prognose stellt, daß dieses Ich seine Basis verliert.« Die zweite sieht in der Liquidation (im doppelten Wortsinn) des bürgerlichen Individuums, im Kritisch-Werden der neuzeitlichen Subjektivität, dem Verschwinden des Menschen einen Prozeß, an dem die bürgerlichen Emanzipationsbestrebungen unwillentlich selbst beteiligt sind. Weil die Emanzipation - von D. Kamper überspitzt und daher äußerst angreifbar formuliert - »die Zurichtung der menschlichen In-

---

[30] Habermas, J.: Moralentwicklung und Ich-Identität. In: Zur Rekonstruktion des Historischen Materialismus, S. 65.

dividuen zum Zwecke der Ausbeutung und Verwertung ist«[31], (denn »das vereinzelte Ich [...] verkörpert im absoluten Gegensatz zur Gesellschaft deren innerstes Prinzip)«[32], erfährt hier das Subjekt eine radikale Infragestellung ebenso wie die mit ihm zusammenhängende Bewußtseinsphilosophie und Geschichtsauffassung.

Da so aber alle normativ gehaltvollen Begriffe - Autonomie, Emanzipation, Vernunft, Fortschritt, Wahrheit etc. - des der Aufklärungstradition verbundenen philosophischen Diskurses der Moderne in den Verdacht geraten, die Selbstverkennung konstitutiver Subjektivität abzusichern, wodurch ihr ihre erkenntnispolitischen Machteffekte, die sie selbst desavouieren, entgehen, gerät dieses Denken seinerseits in den Verdacht der Gegenaufklärung. Für die Vorstellungen, die mit diesen Begriffen besetzt sind, keine Sprache mehr zu haben, weil diese jene letztlich verunmöglicht, an den in ihnen enthaltenen Intuitionen jedoch festhalten zu wollen, zwingt den Diskurs, etwas zu sagen, was er nicht sagen kann, ohne es damit sofort wieder zu verfälschen. Deshalb nahm ich oben Zuflucht zum Begriff des Engagements, um damit anzudeuten, daß es sich nicht um etwas Mysteriöses handelt, das Unsagbare, sondern um etwas »Bekanntes«, aber doch Ungedachtes, welches die Philosophien des Poststrukturalismus ebenso wie die Kritische Theorie beflügelt, das aber, soll die Verkennung vermieden werden, hinter die Linien des Diskurses zurückgenommen werden muß.

Durch diese stille Reserve wird er im Unterschied zum programmatischen Aufklärungsdiskurs strategisch: er gibt die Position im Zentrum frei, die der Mensch glaubte, als Subjekt innezuhaben und die ihm zugleich in immer aussichtsloserer Selbstbehauptung bis zum Selbst- bzw. Weltverlust doch erst zu erkämpfen zugemutet wurde. Diese Freigabe bedeutet jedoch keinesfalls Regression, sondern Aufgabe des Machtanspruchs der subjektzentrierten Vernunft, um eine andere Freiheit zu gewinnen und ein Denken zu ermöglichen, das die neuen Denkbedingungen weder negiert noch einfach positiviert, sondern in nicht-positivistischer Affirmation reflektiert. Damit ist eine andere Beziehung zwischen Denken und Ethik möglich, in der das Verhältnis zum Anderen eine besondere Rolle spielt.

---

[31] Kamper, D.: Die Auflösung der Ich-Identität. In: Kittler, F. A. (Hrsg.): Austreibung des Geistes aus den Geisteswissenschaften, S. 83.

[32] Adorno, Th. W.: Zum Verhältnis von Soziologie und Psychologie. In: Aufsätze zur Gesellschaftstheorie und Methodologie. Frankfurt am Main 1970, S. 21.

3. Inwiefern ist das Denken des Anderen ein ethisches Denken?

Der Poststrukturalismus schließt an Fragen der frühen Kritischen Theorie an, die die Ursache für den Rückfall von Aufklärung in Mythologie in der »in Furcht vor der Wahrheit erstarrenden Aufklärung selbst«[33] sah, mithin in ihrer Rationalitätsstruktur. Wie für die Kritische Theorie ist auch für den Poststrukturalismus das aneignende Denken die entscheidende Figur, allerdings wird nicht nur die instrumentelle Vernunft einer Kritik unterzogen, sondern das dialektische Denken selbst als Identitätsdenken, das das/den Andere[n] zum Gleichen macht. Die Wiederholung als Denken des Gleichen ist für den Poststrukturalismus die Kategorie, mit der Geschichte als Mythos gekennzeichnet wird: Wiederholung als Ordnungsform, die das Andere angleicht, identifiziert oder ausschließt. Sie ist die Form des Mythos, der die Kontinuität des Immergleichen gewährt, die Zeit annulliert und die Vorgeschichte der Vergessenheit preisgibt. Der Mythos versöhnt mit dem Tod, indem er ihn wiederholt. Die Philosophie des Gleichen versucht umgekehrt, den Tod zu besiegen, das Fremde, Andere zu vernichten. Obwohl beide, Mythos und Philosophie, auf einer bestimmten Ebene als Techniken des Bannens und Beschwörens beschrieben werden können, besteht eine entscheidende Differenz darin, daß der Mythos eher ein Aufgehen im Anderen übt, wohingegen die Philosophie den Tod als Gestalt des Lebens befriedet durch Aufnahme des Anderen im Gleichen.

Derrida hat die Geschichte der metaphysischen Denksysteme als eine Reihe substituierender Zentren dargestellt, wobei die Zentren die Kontinuität und Präsenz des Sinns zu garantieren hatten. Erst im Übergang zur Moderne entsteht ein Bruch durch das Denken der Strukturalität der Struktur, wodurch das Prinzip der Wiederholung getroffen und die Substitutionen als strukturell gleiche Elemente erkannt werden. Der Mensch selbst, ins Zentrum gestellt, entzieht sich der Struktur, weil er sie beherrscht. Als begründendes Zentrum fällt er, als Subjektivität verstanden, durch ihre Maschen und wird in empirisches und transzendentales Subjekt gespalten. Wie Foucault gezeigt hat, ist ein derart anthropologisch begründetes Denksystem zirkulär, weil es Gleiches spaltet und es einander gegenüberstellt. Es hat eine dem Mythos homologe Struktur, wodurch das Wissen in dem Maße selbst einen mythischen Charakter bekommt, wie die Differenz von Transzendentalem und Empirischem übersprungen oder

[33] Horkheimer, M./Adorno, Th. W.: Dialektik der Aufklärung. Amsterdam 1968, S. 8.

identifiziert und damit der transzendentale Schein absolut wird, d.h. die Subjekte ihre eigene Konstitutionsleistung vergessen - was, wie ich an dieser Stelle nur anmerken möchte, um so unausweichlicher wird, je mehr man die Sprache als Informationsmittel versteht.[34]

Dieses Denken braucht keine Ethik, denn es ist beherrscht vom Imperativ, das Andere, das Ungedachte zu ergreifen. Das Denken verändert, was es denkt. Foucault schreibt: »Das moderne Denken hat in Wirklichkeit nie eine Moral vorschlagen können: der Grund dafür aber ist nicht, daß es reine Spekulation ist. Ganz im Gegenteil, es ist von Anbeginn an in seiner eigenen Mächtigkeit eine bestimmte Handlungsweise.«[35] Dieses Denken ist für ihn keine Philosophie, sondern der Schlaf der Philosophie, der solange dauert, wie sie den/das Andere als Fremdes nicht zu denken wagt.

Den Anderen zu denken ist allerdings ein Wagnis, denn der Andere ist nicht ein Objekt, das man bisher nur übersehen hätte und das man nun sich entscheiden könnte, einmal näher zu betrachten. Lévinas expliziert das Problem und das Wagnis, vor dem das Denken des Anderen steht, in aller wünschenswerten Klarheit. »Die abendländische Philosophie fällt mit der Enthüllung des Anderen zusammen; dabei verliert das Andere, das sich als Sein manifestiert, seine Andersheit. Von ihrem Beginn an ist die Philosophie vom Entsetzen vor dem Anderen, das anders bleibt, ergriffen, von einer unüberwindlichen Allergie.«[36] »Die Eroberung des Seins durch den Menschen im Laufe der Geschichte - das ist die Formel, in der sich die Freiheit, die Autonomie, die Reduktion des Anderen auf das Selbe zusammenfassen lassen.«[37]

Folglich hat sich der Andere immer nur in der Verstellung gezeigt, weil das Symbolische in seiner das Ganze der Wirklichkeit verstellenden Tragweite verstanden werden kann. Es ist also nicht notwendig, ein Sonderwissen oder Geheimkanäle zu ihm als solchem in Anspruch zu nehmen, um zu behaupten, das Wissen über alle Eigenschaften, Funktionen, Handlungsweisen, Bewußtseinsformen, psychischen Strukturen der jeweiligen mir gegenübertretenden anderen verstelle ihn als Anderen. Man

---

[34] Eine stufenförmige Reflexion, die von der innerszientifischen über die historisch-gesellschaftliche zur transzendental-kritischen Ebene fortschreitet bis hin zur praxisphilosophischen, versucht, dieses Problem zu lösen. Vgl. Benner, D.: Wissenschaft und Bildung. Vierteljahrsschrift für wissenschaftliche Pädagogik, H. 1, 36 (1990), S. 597-620.

[35] Foucault, M.: Die Ordnung der Dinge. Frankfurt am Main 1974, S. 195.

[36] Lévinas, E.: Die Spur des Anderen. Freiburg-München 1983, S. 211.

[37] Ebenda, S. 196.

braucht nicht zu wissen, wer oder was er »eigentlich« ist, um zu sehen, daß das Fundament einer wie auch immer - sozial, kulturell, lebensweltlich - bedingten Vertrautheit bereits seine »originäre« Fremdheit verstellt. Die Verstellung liegt allein schon darin, ihn als Gegebenheit aufzufassen. Wie kann man dem entgehen?

Was ist mit dem Anderen geschehen, das es so schwierig macht, über ihn zu sprechen? Allgemein läßt sich darauf kaum mehr sagen, als daß ihm in jeder nur denkbaren Art Gewalt angetan wurde und noch wird und, ganz im Gegensatz zur Idee einer fortschreitenden Humanisierung der Welt, im Namen des Menschen das Programm, sich das Fremde anzueignen, ständig fortgeschrieben wird. Dieses Programm ist gelungen und gescheitert zugleich: Gescheitert, weil die endgültige Identifizierung und die Gestaltung einer auf die Vernunft gegründeten gewaltfreien Beziehung nicht erreicht wurde; gelungen, weil die Versuche in Form von Theorien, Vorstellungen und Bildern Effekte im Realen gehabt und zur Stabilisierung des Prinzips der Subjektivität beigetragen haben.

Das Wirklichkeitskonzept und das historische Realitätsverständnis basieren letztlich auf diesen zur selbstverständlichen Konvention gewordenen Identifizierungen und Abstraktionen. Die Wirkungsweisen der Verstehensanstrengungen lassen sich beschreiben als Gewalt-, Ordnungs- und Normalisierungsstrategien, die die Assimilierung und Codierung des Heterogenen ermöglichten. Dieser Prozeß resultiert heute darin, daß das Problem der Erkenntnis des Anderen selbst obsolet erscheint, denn dieser wurde in Funktions- und Rollenbestimmungen aufgelöst, die er für das Subjekt übernehmen kann und die dieses für andere einnimmt. Das Problem des Anderen wird so als das Problem des Subjekts thematisiert. Es lassen sich bis in die methodologischen Paradigmen hinein erkenntnispolitische Strategien entziffern, die den Anderen bis zur Transparenz durchschaubar machen, indem dem Auge alle Macht gegeben wird. Subjektzentrierung als hypostasierte Identität von Bewußtsein, Sprache und Sinn, als Vorherrschaft des Imaginären und Einklammerung des Heterogenen und die Verschränkung von Präsenz und Subjektivität bilden eine historische Konfiguration, die bis heute Bestand hat und deren phantasmatischer Charakter erst seit kurzem problematisiert wird.

Wenn das Problem der menschlichen Identität, der Subjektivität und der Vernunft mit dem Problem des Anderen in einer komplexen Beziehung zusammenhängt, dann erhält man m.E. darüber, was mit dem Anderen geschehen ist, am ehesten Aufschluß, wenn man versucht, die Spur des Anderen aufzunehmen. Was sich als Wiederkehr des Anderen in

Form der neuen Körperkultur, der neuen Religiosität, der Astrologie und des neuen Interesses am Mythos zu erkennen gibt, ist weniger die Aufgabe eines Machtanspruchs als vielmehr die Wiederholung einer Strategie, die schon in den ersten Entdeckungen des empirischen Anderen sich ausgebildet hatte. Wie z.B. Todorov gezeigt hat, lassen sich Modifikationen und strukturelle Wandlungen in der Beziehung zu Anderen in der Geschichte entziffern. Dabei verweist die Geschichte des Anderen zugleich auf eine andere Geschichte. Diese ist untrennbar verwoben mit den historischen Realisationen von Subjektivität, so daß es darum geht, die real wirksam gewordenen Verkennungen des Anderen zu entschlüsseln. Diese unterirdische Geschichte eines Schweigens, dessen also, was sich den Prinzipien der Vernunft nicht fügte, müßte noch geschrieben werden. Sofern man die schon vorliegenden Ansätze sichtet, wie z.B. Foucaults »Wahnsinn und Gesellschaft« oder die »Geschichte der Sexualität«, zeigt sich das Problem und die Schwierigkeit eines solchen Unternehmens[38], weil die Geschichte des Anderen nicht in der Selbstauslegung der Subjektivität aufgeht, sondern eine Differenz zu ihr wahrt, die wieder lesbar gemacht werden muß. Sowenig eine Geschichte des Anderen also in der Geschichte des Subjekts aufginge oder als Ideengeschichte konzipiert werden könnte, sowenig käme man in einer reinen Unterdrükkungsgeschichte der Spur des Anderen nahe, denn sie fand und findet nicht in einer Hinterwelt statt, sondern hängt mit der Geschichte des Subjekts zusammen und spielt in sie hinein. Subjektivität selbst wäre folglich genealogisch neu zu rekonstruieren, so wie dies Foucault mit dem Machtwissensmodell der Norm, der Normalisierungsmacht begonnen und mit der Pastoralmacht fortgesetzt hat.[39] Die Geschichte der Relationen, der Positionsverschiebungen und der Transformationen des Verhältnisses zum Anderen, durch die und in denen er in gewisser Weise als Verstellter hervorgebracht wird, wäre also zugleich eine andere Geschichte des Subjekts, die nicht nur in den idealen Gewißheiten, Identitäten und Kontinuitäten die Verstellungen des Anderen zeigen würde, sondern darin auch die Gründe erkennen ließe, die das moderne Subjekt der Freiheit scheitern lassen.

---

[38] Insbesondere bezüglich »Wahnsinn und Gesellschaft« hat Derrida eindrücklich auf diese Schwierigkeiten hingewiesen. Vgl.: Die Schrift und die Differenz, Frankfurt am Main 1972, S. 53-101.

[39] Vgl. dazu z.B. Dauk, E.: Denken als Ethos und Methode. Berlin 1989, S. 105-192, die diese Zusammenhänge genau nachgezeichnet hat.

Wenn heute die Frage nach dem Anderen explizit wieder aufgenommen wird, dann um diesen Zusammenhang zu verstehen in dem Versuch, die Frage so zu stellen, daß sie die in ihr selbst liegende Verstellung nicht vergißt. Die Notwendigkeit, sich ihr zu stellen, liegt in einer zum Zerreißen gespannten Beziehung zum Anderen, die inzwischen jede klare und eindeutige Kontur eingebüßt hat. Die Uneindeutigkeit des Problems erfordert eine in sich widersprüchliche Anstrengung, die im Doppelcharakter der Problemsituation begründet ist.

Notwendig ist 1. die Zersetzung desjenigen Denkens des Menschen, das am »Gelingen« beteiligt war und ist, und 2. die Entdeckung der Verkennung des Anderen, auf die das Scheitern des Programms zurückgeht. Die Philosophie als Rede, die in ihrem Ergehen etwas tut, statt in ihren Inhalten nur etwas zu bedeuten, macht seit einigen Jahren eine Transformation des Denkens deutlich, die als Verlust des Anderen oder als Ende des Menschen jedoch in sehr unterschiedliche Richtungen interpretiert werden kann. Die hier von mir gemeinten Philosophien brechen auf verschiedene Weisen mit der Tradition, indem sie die Sprache nicht vom Sinn, sondern vom Zeichenbegriff her problematisieren und damit eine neuartige Lektüre alter Themen und Theorien ermöglichen, sie gewissermaßen wiederholen, aber um damit den Wiederholungszwang zu brechen, der sie als beherrschte, bekannte und definierte Gegebenheiten inszeniert, wozu auch das Zeichen selbst gehört. Denn die Verkennung des Anderen und die Problematik der Identität hängen zusammen mit einer Funktionsweise des Zeichens, in der es als Zeichen nicht gedacht wird, und einem Verhältnis zur Sprache, das in ihr ein bloßes Mittel des Ausdrucks und der Information sieht oder sie dem Sinn unterordnet.[40]

Jede Untersuchung zum Problem des Anderen und zur Alterität muß also das Problem der Sprache in sich aufnehmen, so wie umgekehrt eine Thematisierung der Sprache nicht außerhalb der Beziehung zum Anderen gedacht werden kann. Insofern läßt sich die Entwicklung der Neuzeit, ins-

---

[40] Wenn man bedenkt, daß der Anthropologismus im Namen des Sinns kritisiert wurde, durch eine Reduktion auf Sinn, in dem das Selbstbewußtsein sich wiedererkennen kann, dann wird deutlich, daß die einzige Möglichkeit, den Anderen zu »entdecken«, und d.h. zunächst, ihn zu denken, in einer Reduktion des Sinns auf das, was ihn möglich macht und das nicht selbst Sinn ist, bestehen muß, also weder in einer Restitution eines begründenden Sinnzentrums gegen den sogenannten Sinnverlust, noch in seiner Zerstörung. Daß, sollte man diesen Nicht-Sinn »finden«, aber sofort die Gefahr gegeben ist, ihn erneut als Grund zu bestimmen und damit das Denken wieder zu fundieren. Doch erst, wenn das Wissen weiß, daß es sich nicht fundieren kann, ist es ihm möglich, sein eigenes Sprachspiel als ein mögliches zu begreifen.

besondere der modernen Gesellschaften, dahingehend bestimmen, daß im Zuge der Abstraktion, Rationalisierung und Verwissenschaftlichung, durch die radikale Abkopplung des Zeichens vom Realen, ein unendlicher semiotischer Prozeß entstanden ist, in dem jedes Ding selbst zum Zeichen werden kann. Die Bedeutungssysteme fungieren als Schirm, hinter dem das Reale als solches verschwindet und zugleich in dem Sinnsystem als identifiziertes und verfügbares vereinnahmt wird. Genau die radikale Abkopplung des Zeichens vom Referenten konstituiert einen Überhang des Imaginären, in dem das Wissen der positiven Wissenschaften, das sich als Repräsentation des empirisch Gegebenen versteht, die Sprachlichkeit des Weltbezugs vergißt durch die Art, wie sie die Präsenz des Repräsentierten und wie sie die Funktionsweise der Sprache als Repräsentationsmittel denkt. Letztlich, d.h. vor allem in Handlungszusammenhängen, verschmilzt das Wissen und das, was das Wissen zu wissen glaubt, in der Vorstellung zu einer Einheit, wodurch die Sprache als Vermittlungsinstanz, als Vermittlungsmittel, d.h. als Medium ohne eigene Wirksamkeiten, nach ihrem Einsatz vergessen werden kann, weil sie die Bedeutungen übertragen kann, ohne sie dabei zu beeinflussen.

Insofern nimmt der Poststrukturalismus in seiner Dekonstruktion der Geschlossenheit die Spur des Anderen gegen die Opferlogik und die Entmaterialisierungstendenzen auf und intendiert, gegen das denkbar gewordene reale Ende des Menschen als Gattung ein Denken des Menschen aufzulösen, das dessen Ende immer schon mitgedacht hatte.[41]

Um die Logik des gewalttätigen Bezugs zum Anderen zu unterbrechen, ist es also erforderlich, sie zu dekonstruieren, denn ein Wechsel des Standorts entkäme schon dem einfachsten Gebrauch der Sprache nicht. Denn der Verkennung des Anderen ist ein Gewaltpotential inhärent, das sich durch das Wissen und Verstehen nicht auflöst, sondern transformiert. Die Transformation von der Opfer- zur Massaker- bis hin zur Massakrifizgesellschaft ist von Todorov als These vorgestellt worden und macht die Wichtigkeit einer Entdeckung des Anderen eindringlich, ohne daß durch sie ein Verstehen prolongiert werden darf, welches die Andersheit vernichtet oder gar, wie den Azteken, den Tod bringt. Todorov zeigt, daß der Genozid von etwa 25 Mio. Eingeborenen - neben wichtigen anderen Ursachen - auch mit der enormen Fähigkeit der Europäer zur »menschlichen Kommunikation« zu tun hatte, also mit der Kompetenz,

---

41 Derrida, J.: Randgänge der Philosophie. Frankfurt/Berlin/Wien 1976, S. 102 f; vgl. auch Wimmer, K.-M.: Der Andere und die Sprache. Berlin 1988, S. 218 ff.

den anderen Menschen und sich selbst in einem Universum von Bedeutungen und Sinn wahrzunehmen. Gerade die kommunikative Kompetenz, die Fähigkeit, das Handeln auf Interpretationen zu gründen, anstatt auf feststehende, unveränderbare, von den Göttern garantierte Bedeutungssysteme, hatte den Tod im Schlepptau.[42] Die Entdekkung des Anderen ist also eine heikle theoretische Aufgabe, die epistemologisch in einer Rekonstruktion der Wissens- und Verstehensstrukturen bestehen kann. Durch Dekonstruktion ihrer Geschlossenheit ist es möglich, die in den Entdeckungen selbst bestehen bleibende Verschlossenheit gegenüber dem Anderen zu entziffern und die damit gewonnene Offenheit zu bewahren, indem die Spur des Anderen in der Sprache und im Denken selbst in ihrer Uneinholbarkeit nicht wieder einer Hermeneutik des Sinns unterstellt wird und man doch verstehen will, was am Anderen das Andere bleibt.

Damit zeichnet sich ein anderes Denken des Anderen ab. Indem ein von dieser neuen Haltung getragenes Denken versucht, der Abstraktion und Reduktion des Anderen zu entgehen, erweist sich gerade das scheinbar Zersetzende der Dekonstruktion als ein ethisches Denken. Statt den Menschen zu annullieren, ist es umgekehrt sie, die im Denken Achtung und Verantwortung vor dem Anderen bewahrt, indem sie das am Menschen denkt, was an ihm in den Humanwissenschaften nicht gedacht werden kann, nicht, daß der andere Mensch als Anderer ein Gleicher ist, sondern daß der andere Mensch als Nächster *Anderer* bleibt in einer unaufhebbaren Trennung.

Lévinas gibt der anthropologischen Frage einen anderen Stellenwert, um die Freiheit des Ich und des Anderen zu begründen und die »authentische« »Seinsweise« - problematische Begriffe - des Anderen vor der ontologischen Struktur des Ich und der scheinbaren Symmetrie zwischen Ich und Anderem zu bewahren. Als Leitfaden für die Fremdwahrnehmung dient ihm nicht die okulare Wahrnehmung, deren »synoptischer Blick« zur Aufhebung alles Fremden in einer nichttangierbaren Subjektivität mündet, sondern die Unmittelbarkeitserfahrung des sprechenden Anderen, der im reinen Sprechen als unendlich anders und Grenze des subjektiven Sein-Könnens erfahren wird, als Befreiung vom Sein, d.h. vom Selbstsein, ohne die Wirklichkeit zu vernichten oder zu sterben, und ohne daß es zu einer Kommunion kommen kann. Sprache

---

42 Vgl. Todorov, T.: Die Entdeckung Amerikas. Das Problem des Anderen. Frankfurt am Main 1985.

wird in ihrer ethischen Struktur verstanden als antwortendes Geschehen und nicht als initiative Verlautbarung eines monozentrisch verfaßten Bewußtseinsfeldes: als ein Tun vor dem Verstehen, in dem und durch das Verantwortung ein geschehendes Ereignis wird. Die primordiale Grundsituation ist nicht die des unbeteiligten Zuschauers, wie ihn Husserl ansetzt, sondern die des Angesprochen-werdens durch den Anderen. »Vor« der Ebene des Bewußtseins liegend konstituiert sich die Spur des Anderen, die, weil sie keine Arché und kein Zeichen ist, die Präsenz des Seins und des Sinns überschreitet und das Ich mit dem in Beziehung setzt, was anders ist als Sein. Damit wird zugleich eine anarchische Struktur von Identität behauptet, die, wie Lévinas schreibt, von der »Inkarnation untrennbar« ist, untrennbar von der Sinnlichkeit - Leiblichkeit - Körperlichkeit: Subjektivität aus Fleisch und Blut. Der Leib erst eröffnet die Empfänglichkeit und Verletzlichkeit durch die Berührung durch den Anderen.

Wie allerdings Lacan gezeigt hat, liegt im Verhältnis der Menschen zu ihrem Körper auch der Quellgrund der Bilder. Ist das Imaginäre also fundamental und nicht auflösbar, dann gilt das auch für die Wissenschaften. Die Frage nach den realen und imaginären Anteilen in der Fremd- und Selbstwahrnehmung der Menschen geht also leicht an der spezifischen Wirklichkeit all jener Erfahrungen vorbei, die mit dem Körper, seiner Sterblichkeit, seiner Fruchtbarkeit, seiner Geschlechtlichkeit zu tun haben. Keine Ontologie, die über Identifizierungen ontischer Dinge zu Wahrheiten kommt, kann Mortalität, Generativität und Sexualität als ihre Themen behandeln. Sie gehören in ein Differenz-Denken, das der inneren Widersprüchlichkeit der Themen - ein »Material«, das wirklich widerspricht - Rechnung tragen kann. Der Mensch hat in Betracht seines Körpers kein Wesen, sondern ist gezwungen, sich zu entwerfen nach einem Bilde, das ihm anstelle der Realität eingeprägt ist. Seine Identität mit diesem Bild als Verkennung und Entfremdung zu entschlüsseln, ist ihm nur vermittels der Sprache möglich.

Die Spur des Anderen, die im Sprechen, nicht im Gesprochenen oder im Sinn der Rede erfahrbar ist und nur gehört oder negiert werden kann, wird in unterschiedlicher Weise und Reichweite von Lacan und Derrida aufgenommen. Dabei zeigt sich, daß die soziale Beziehung zum Anderen nicht dieselbe Struktur hat wie die Erkenntnisbeziehung. Diese tritt nicht aus sich heraus, wohingegen die Sozialität eine asymmetrische, nicht-reflexive Beziehung zum Anderen ist, die die Trennung nicht aufheben kann. Die Metapher der Erkenntnis ist der Blick, die für die Sozialität das Gehör. Man kann die Relation weiter treiben: Erkenntnis hat mit Raumbeherrschung zu tun, Übersichtlichkeit wird hergestellt durch statistische Erfassungsweisen, wohingegen Intersubjektivität als Anhörungsform zeitgebunden ist und letztlich unbeherrschbar bleibt. Wenn also die Assimilierung des Anderen nicht gänzlich gelungen ist, dann können die gegenwärtig beobachtbaren Sozialformen, Verhaltensweisen und Selbstverhältnisse auch hinsichtlich der Vergesellschaftungsformen daraufhin befragt werden, wie die Beziehung zum Anderen sich durchhält, welche Rolle die Stimme, die Leiblichkeit spielt, welches Verhältnis zur Sprache, zum Begehren und zum Tod besteht. Wie die Spur des Anderen im Prozeß der Hominisation auch noch weiterhin wirkt, nachdem die traditionellen Rollen und Normen ihre Funktion für die Ausbildung einer vernünftigen Ich-Identität tendenziell eingebüßt haben. Der Übergang von der Übernahme vorgeformter Selbst- und Fremdbilder hin zu ihrer »Erfindung« markiert dabei nicht nur eine Veränderung *in* der Realität, sondern auch eine Wandlung im Verhältnis zur Realität. Wirklichkeit wird selbst zunehmend als ein historisch entstandener und dann, nach dem Vergessen seiner Genese, als unhinterfragbare Selbstverständlichkeit geltender Konsens sichtbar. So kommt z.B. den Medien eine Erzeugungsleistung von Wirklichkeit zu, insofern sie als konkretes *»historisches Apriori der Organisation unserer Sinneswahrnehmung«*[43] fungieren, wie Norbert Bolz schreibt. Die Bewaffnung des Auges und die Filter des Gehörs tendieren dazu, das Antlitz durch die Maske zu tilgen und das Subjekt vor jedem plötzlichen Einbruch des Fremden zu schützen.

Ob dies in einer durch Technik endgültig gelöschten Spur endet, in der puren Wiederholung des Modells, oder ob eine ästhetische Erfahrung des Anderen dennoch möglich bleibt, läßt sich m.E. noch nicht entscheiden. Wenn die Zeit der Kritik ausklingt, weil nichts mehr entlarvt werden kann hinter den Masken, wenn nicht mehr die Rollenmuster und Funktionsmodelle fraglos das Verhalten der Subjekte regulieren, sondern die Subjekte sich selbst als Masken inszenieren, Selbst- und Fremdbilder entwerfen und so mit der Andersheit des Eigenen und des Anderen spielen, dann gerät der/das Andere sowohl in den Bereich der Verfügbarkeit, indem Macht auch über die Fremdwahrnehmung des Anderen angestrebt wird; aber damit ist auch die Möglichkeit gegeben, dieses Spiel als Spiel, die Maske als Maske, die Interpretation als Interpretation zu verstehen, d.h. die

---

[43] Bolz, N.: Die Schrift des Films. In: Kittler, F. A./Schneider, M./Weber, S. (Hrsg.): Diskursanalysen 1 - Medien. Opladen 1987, S. 28. Vgl. auch ders.: Theorie der neuen Medien. München 1990, bes. S. 67 ff. und S. 111 ff.

Nichtfeststellbarkeit des Eigenen wie des Anderen. Es gibt einen Rest, der in der reinen Wiederholung des Selben nicht aufgeht, so daß vielleicht die Epiphanie des Anderen als ästhetische Erfahrung möglich bleibt.

4. Welche Probleme ergeben sich daraus für die Erziehungswissenschaft?

Solange die individuelle und gesellschaftliche Reproduktion noch eine menschliche Angelegenheit ist, in der Mortalität, Sexualität, Generativität und Corporalität unhintergehbar sind, wird weder eine Einstellung auf die neu Geborenen, Anderen hinfällig noch eine pädagogische Reflexion. Sowie für die jeweils nachwachsende Generation ihre Erfahrungen bei ihrer Ankunft, z.B. erzogen zu werden, lebensgeschichtlich entscheidend ist, so ist das Problem der Beziehung zum Anderen für die Pädagogik fundamental und läßt sich auf allen Ebenen der Thematisierung pädagogischer Theoriefelder wiederfinden. Die Verstellungen des Anderen in seiner expliziten Thematisierung aufzuzeigen, sei es in den Entwicklungstheorien, in den Bildungsvorstellungen, in den Erziehungs- und Unterrichtstheorien, insbesondere der Didaktik, sei es in den handlungstheoretischen Reflexionen, ist eine etwas unhandliche, aber m.E. notwendige Aufgabe. Dekonstruktion bedeutet ja gerade, die Verkennungen und vermeintlichen Sicherheiten aufzulösen, um die Beziehung zum Anderen wieder zu ermöglichen, zunächst einmal im Denken.

Insofern ist Dekonstruktion keineswegs bloß negativ; jedoch eine konstruktive Theorie im Sinne einer Identifizierung und Handhabung theoretischer Gegenstände ist sie deswegen noch nicht. Vielmehr zeigt sie zunächst, daß Konstruktionen nicht nur ermöglichen, sondern ebenso verhindern, und zwar das Denken dessen, was »wirklich widerspricht«.

Wurde von der kritischen Vernunft bisher die Krise durch Kritik so bestimmt, daß sie zur Entscheidung drängt, dieses jedoch angesichts der Komplexität kaum noch möglich ist, und da, wo durch Entscheidung die Krise gelöst werden soll, selten Verbesserungen und meistens Verschlechterungen zu verzeichnen sind, ist angesichts der Möglichkeit, durch eine Entscheidung die Welt zu zerstören und das transzendental gedachte Ende des Menschen real zu machen, die *Notwendigkeit* nicht mehr von der Hand zu weisen, *die Vernunft in Bezug auf das Unentscheidbare zu problematisieren.* Damit stellt sich das Problem des Anderen und der Verantwortung ganz neu. Denn nun ist es nicht mehr das Subjekt, das selbstverantwortlich entscheiden kann unter den Prämissen einer strategischen, kritischen Vernunft, in der das Subjekt das Zentrum bildet. Wenn die subjektzentrierte Vernunft die Verantwortung für sich dem Subjekt selbst überträgt und der Andere immer nur als Objekt möglicher Entscheidungen in den Blick kam, wodurch er entweder auch immer nur für sich selbst verantwortlich war oder vor dem Gesetz oder die Verantwortung *für* ihn übernommen wurde, quasi als Zielobjekt von Handlungen an seiner statt oder auf ihn gerichtet, kurz: wenn also für die Vernunft eine Verantwortung vor dem unentscheidbaren, unbestimmten Anderen undenkbar ist, dann ist sie aus sich selbst heraus nicht in der Lage, die Frage nach der Verantwortung *vor* dem Menschen zu beantworten. Die Dekonstruktion der kritischen, weil auf Entscheidung gerichteten Vernunftprinzipien, die die Frage selbst schon verhindern, ist dann ein Unternehmen, das schon als Unternehmen aus Verantwortung heraus sich dem Problem der Verantwortung vor dem Menschen stellt.

Diese Verantwortung ist jedoch ebensowenig definierbar wie der Andere. Sie läßt sich nicht codifizieren oder in Form einer positiven Ethik formulieren. Und so wie der Andere im Wissen und im metaphysischen Humanismus in der Präsenz verstellt wird, so macht dieser auch die »wesentliche« Verantwortung und die Entscheidung unmöglich gerade durch das Wesentlich-Machen des Menschen als Subjekt. Denn das Subjekt ist dabei einer Logik unterworfen, die es gerade von der Verantwortung suspendiert und die ihm nur das zu »entscheiden« erlaubt, was ihr Kalkül vor-schreibt. Die Freiheit des Subjekts ist reglementiert. So kann man sagen, daß auch Freiheit erst anders verstehbar wird, wenn die Vorstellung eines auto-nomos hinterfragt wird. Damit avanciert *Dekonstruktion* zu einer im Denken engagierten Verantwortung und gerade sie er*öffnet* die Möglichkeit für die *Grundlegung einer philosophischen Verantwortung*[44].

War Pädagogik einmal Beziehung zum Anderen als Anderem, dann ist die Erinnerung daran meines Erachtens nur möglich durch die Arbeit der Dekonstruktion, die den in ihr und von ihr selbst verstellten Anderen wieder denkbar werden läßt, indem ihr modernes, anthropologisch begründetes Selbstverständnis in seiner Komplizität mit dem transzendentalen Humanismus verstehbar und die immer schon in diesem metaphysischen Denken des Endes des Menschen wirksame Spur des Anderen entdeckt werden kann.

---

[44] Vgl. dazu Derrida, J., in: Pfersmann, O.: Podiumsdiskussion mit Jacques Derrida. Fragen an die Phänomenologie - Abschied vom Prinzipiellen? In: Benedikt, M./Burger, R. (Hrsg.): Die Krise der Phänomenologie und die Pragmatik des Wissenschaftsfortschritts. Wien 1986, S. 176.

Folgt daraus aber eine neue pädagogische Ethik, eine neue pädagogische Verantwortung? Zunächst einmal ist Verantwortung als antwortendes Geschehen, wie gesagt, völlig untauglich, ein neues ethisch-moralisches Prinzip oder Gesetz abzugeben, denn das Angesprochen-werden als Grundsituation ist erst einmal in nichts davon unterschieden, in eine Welt sprachlicher Bezüge hineingeboren zu werden, in der man angesprochen wird und die Sprache vom Ort des Anderen empfängt. Die konkrete Beziehung zum anderen ist dabei wesentlich vom Verhältnis der Individuen zur Sprache bestimmt. Dem Anderen gegenüber ist das Subjekt also nicht deshalb ohnmächtig, weil es von ihm beherrscht wird, sondern weil es dem Subjekt unmöglich ist zu bestimmen, wer es wann wie anspricht und welche Wirkung es hat, wenn es selbst jemanden anspricht, d.h. wenn es selbst Anderer für den Anderen ist. Deshalb wäre es besser, von Un-Macht anstatt von Ohnmacht zu sprechen, denn in dieser Situation konstituiert sich zugleich die Individualität und Einzigartigkeit des Subjekts. Weit entfernt davon, in einer Ohnmachtserfahrung seiner Freiheit beraubt zu werden, zeigt sich umgekehrt die Unvertretbarkeit und Singularität des Subjekts erst in der Beziehung zum Anderen, dem es eine Antwort schuldet. Diese Schuld ist ebenfalls keine moralische Schuld, die das Subjekt in Folge seines Handelns, einer Norm- oder Regelverletzung auf sich geladen und über die es folglich selbst noch die Macht hätte, weil es sie durch freie Entscheidung verursacht und herbeigeführt hätte. Es ist nicht *seine* Schuld, die - wie die Entscheidung, die Handlung und die Folgen - sein Eigentum wäre, sondern es ist eine symbolische Schuld, in die das Subjekt ohne seine Absicht und ohne seine Entscheidung gestellt ist, weil es Subjekt nur sein kann vermittels der Austauschbeziehungen in der symbolischen Ordnung, in die es schon durch die Geburt eintritt und an der es teilnehmen muß, wenn es denn den Status eines Subjekts erhalten will: es schuldet Antwort, es ist verantwortlich, denn keiner kann an seiner Statt antworten.

Damit kehrt sich der Begriff Verantwortung gegen seine Bedeutungstradition, deren Grundtenor in einer juridisch-moralischen Haftbarmachung des autonomen Subjekts als Konjunktion von (äußerer) Beherrschung und (innerer) Selbstkontrolle besteht, deren Genealogie Nietzsche in der Zweiten Abhandlung der »Genealogie der Moral«, »'Schuld', 'Schlechtes Gewissen' und Verwandtes«[45] dargestellt hat und die von

[45] Nietzsche, F.: Zur Genealogie der Moral. In: Schlechta, K. (Hrsg.): Friedrich Nietzsche, Werke Bd. III, Frankfurt-Berlin-Wien 1976, S. 207-346.

Foucault weitergeschrieben wurde. Statt die Beziehung des Subjekts zur Macht zu strukturieren, von der es subjektiviert wird und die es sich selbst als handlungsmächtiges intentionales Subjekt zuschreibt, das sich und sein Tun verantwortet - was seine Bestrafung oder Annullierung impliziert, wenn es zur Verantwortung gezogen wird -, statt also die Beziehung des Subjekts zur Macht zu strukturieren, legt Verantwortung, als ethisches Verhältnis verstanden, die Beziehung des Subjekts zu seiner Un-Macht frei und befreit es damit von der Selbstverkennung, sich da für frei zu halten, wo es (unter Strafandrohung) selbstbestimmt und verantwortlich handelt, und sich da für unfrei zu halten, wo es vom Anderen unvorhersehbar angesprochen wird und antworten muß.

Diese Aufhebung der juridisch-moralischen Verantwortung des Subjekts durch Verantwortung als antwortendes Geschehen und ethische Beziehung des Subjekts zum Anderen läßt sich nicht ummünzen in eine Ethik als Prinzipienlehre oder eine universalistische Moral, da diese »Verantwortung« nur durch Dekonstruktion jener Verantwortung, die symbolische »Schuld« nur durch Dekonstruktion der moralischen Schuld denkbar werden kann. Was sich dabei zeigt, ist die Unplanbarkeit und Unentscheidbarkeit in der Beziehung zum Anderen, die eröffnet und offengehalten werden muß, wenn sie denn stattfinden soll, die aber nur geöffnet und offengehalten werden kann, wenn die Spur des Nicht-Wissens im Wissen und des Nicht-Sinns im Sinn gedacht wird.

Insofern ist Verantwortung die Subversion des selbstverantwortlichen Subjekts und Ethik die Subversion moralischer Prinzipien, die die Beziehung zum Anderen regulieren, normalisieren und befrieden sollen.

Dieser Zusammenhang berührt die Reflexion über Ethik selbst. Bezogen auf das Problem des Anderen könnte eine zentrale Frage lauten: Ist die Forderung nach einem neuen ethischen Denken nicht selbst nur moralisch legitimierbar und bestenfalls eine idealistische Forderung, die ganz im Sinne des angegriffenen Humanismus gegen die Gewalt gerichtet ist? Dagegen ließe sich fragen: Ist dieser Diskurs, der zeigt, daß Ethik und Moral nicht als Mittel gedacht werden können, noch ein Diskurs über Ethik? Wird die traditionell ethische Frage nicht transformiert und findet dieser Diskurs seine Bedingungen und Legitimation noch allein im Feld der Ethik? Ist die Notwendigkeit, die Beziehung zum Anderen neu zu denken, nicht von anderen Bedingungen abhängig, die in den gesellschaftlichen Krisenerfahrungen wirksam werden? In ihnen machen sich Veränderungen in der Beziehung zum Anderen bemerkbar, für die die bisherigen theoretischen Modelle keine Erklärungskraft mehr beanspruchen, geschweige denn handlungsorientierend sein können[46], so daß die hier skizzierte Beziehung zum Anderen keineswegs hoffnungslos frommer, idealistischer und bloß moralisch begründeter Wunsch ist, sondern vielmehr beanspruchen kann, die gegenwärtige Problematik wenigstens soweit zu erfassen, daß nicht nur die Dringlichkeit einer Revision pädagogischer Grundbegriffe einsehbar, sondern auch eine mögliche Richtung ihrer Neuformulierung erkennbar wird.

Obwohl ich hier die Frage, inwiefern die Dekonstruktionsarbeit konstruktiv ist, nicht ausführlich diskutieren kann, zumal genau geklärt werden müßte, was die Forderung nach Konstruktivität beinhaltet und warum sie erhoben wird, lassen sich m.E. auf keinen Fall pädagogische Grundgedanken neu formulieren, ohne eine Ent-Sicherung durchlaufen zu haben und ohne daß neue theoretische Entwürfe, Modelle und Konzepte ein anderes Verhältnis zur - auch innertheoretischen - Unsicherheit gewonnen haben. Um die Richtung einer Neureflexion pädagogischer Grundprobleme aber wenigstens andeuten zu können, möchte ich noch einmal auf die Charakterisierung gegenwärtiger Krisenerfahrungen zurückkommen.

Die Komplexitäts- und Kontingenzsteigerungen haben die Ordnungsstrukturen so grundlegend transformiert, daß der Status des Subjekts - die Möglichkeit seiner Selbstbestimmung, sein Handlungsspielraum und seine Verantwortung - unsicher und fragwürdig geworden ist angesichts einer gesellschaftlichen Wirklichkeit, deren Wahrnehmung und Erklärung immer schwieriger wird. Die Unübersichtlichkeit und Unplanbarkeit des Gesellschaftsprozesses, in dem die Ergebnisse von Entscheidungen und Handlungen unvorhersehbar geworden sind, das Versagen des Kausalitätsparadigmas als Erklärungsmodell aufgrund der beherrschenden Stellung des Zufalls, der nicht mehr als Ausnahme von der Regel verstanden werden kann, und die Auflösung des Wirklichkeitsverständnisses im Zuge der Vermischung von Realität und Medienrealität untergraben die Position des autonomen Subjekts so grundsätzlich, daß alle Interaktions- und Kommunikationsverhältnisse mit betroffen sind. Da diese bisher entweder von der Subjektivität oder von einer intersubjektiv gültigen objektiven Ordnung aus gedacht werden, in der die Individuen Ich-Identität erlangen und folglich rational und selbstbestimmt handeln können, stellt sich zwangsläufig in diesen Denkmodellen die Frage, ob der einzelne so an den Rand gedrängt wird, daß er bedeutungslos und auf von ihm selbst

[46] Der oben angesprochene Grund-Riß im erziehungswissenschaftlichen Diskurs macht dies deutlich.

z.T. undurchschaute Funktionen reduziert wird. Die Suche nach verbliebenen Handlungsspielräumen und noch bestehenden Möglichkeiten eines selbstbestimmten Standpunkts lassen sich von daher als Rettungsversuche des intentionalen Subjekts durch therapeutisch gewordene Sozialwissenschaften verstehen, die wiederum die Infragestellung des autonomen Subjekts und seiner Handlungskompetenz schnell als Parteigang für das System interpretieren.

Unter den gegebenen Bedingungen ist es jedoch unumgänglich, die im Begriff der Ich-Identität bestehen bleibende Autonomie-Illusion zu dekonstruieren, um den Status des Subjekts neu bestimmen zu können, anstatt seine Bedeutung bloß immer weiter einzuschränken[47]. Die Alternativen: entweder hat das Subjekt die Freiheit der Entscheidung oder es ist kein Subjekt, entweder es kann bewußt planen und handeln oder es ist den Zufällen und Zwängen des Getriebes ausgeliefert, entweder ist es für die Folgen verantwortlich oder es ist, von heteronomen Bedingungen gesteuert, bloßer Funktionsträger - diese Alternativen und ihre dialektischen Vermittlungen verstellen das zu lösende Problem. Dies besteht darin, die Beziehung des Subjekts zum unvorhergesehenen Anderen zu denken, die als das Paradigma verstanden werden kann für das Verhältnis zur Kontingenz, zum Zufall, zur Unvorhersehbarkeit von Handlungsfolgen, zur Unplanbarkeit und letztlich zur Unentscheidbarkeit.

In der Pädagogik sind davon fast alle Theoriebereiche betroffen: Sozialisations-, Entwicklungs-, Erziehungs- und Bildungstheorien ebenso wie die Theorien der Didaktik und des Unterrichts oder die gesamte Sonderpädagogik. In den theoretischen Modellen und Ansätzen werden, sofern sie die Intersubjektivitätsproblematik behandeln, Rollen- und Funktionsbestimmungen, Verhaltensmöglichkeiten, Ordnungs- und Vorstellungsmuster in der Relation zum Anderen ausgearbeitet, die gerade die Plan- und Kontrollierbarkeit durch Reduktion und Ausschluß der Unvorhersehbarkeiten und Störungen ermöglichen sollen. Die letztliche Unmöglichkeit, den Anderen einzuordnen, seine Bedeutung für das eigene Leben sowie das eigene Handeln in seiner Wirkung auf Andere zu berechnen, wird dann als Mangel oder gar Scheitern der Theorien interpretiert, als Theorie-Praxis-Dilemma oder als Technologiedefizit. Statt an der Vorstellung der völligen Planbarkeit festzuhalten und damit an der Zielvorstellung absoluter (Selbst)Transparenz, wobei der anders bleibende

[47] Vgl. dazu Meyer-Drawe, K.: Illusionen von Autonomie. Diesseits von Ohnmacht und Allmacht des Ich. München 1990.

Andere nur negativ, als Störung, in Erscheinung tritt, eröffnete die Akzeptanz der Unvorhersehbarkeit Möglichkeiten einer produktiven Revision des pädagogischen Selbstverständnisses und einer »konstruktiven« Theorieentwicklung, die ich abschließend andeuten möchte.

1. Es bestünde in den *Praxisfeldern* die Möglichkeit einer veränderten Selbst- und Fremdwahrnehmung und folglich eines Interaktionsspielraums, in dem z.B. Entwicklungs- und Lernprozesse auf der Basis der Differenz von Intention und Wirkung zu verstehen wären, anstatt die Differenz als Scheitern zu interpretieren. Die »Blindheit des pädagogischen Blicks«[48] für das, was ihm von außen ungeplant entgegenkommt, resultiert im wesentlichen aus dem Versuch, diese Differenz zum Verschwinden zu bringen. Planung, Intentionalität und Handlungsorientierung werden damit nicht außer Kraft gesetzt. Sie sind weiterhin notwendig, aber unter anderen Voraussetzungen und unter Berücksichtigung der Differenz. Das setzt allerdings die Entwicklung einer Sensibilität für das Widersprechende und Widerstreitende voraus, das es zunächst einmal wahrzunehmen gilt, d.h. die Bereitschaft, sich ansprechen zu lassen, zuzuhören. Kurz, eine pädagogisch belangvolle Beziehung zum Anderen, deren ethische Dimension im antwortenden Geschehen unter Bedingungen der Unvorhersehbarkeit liegt, ist bzw. wird nur möglich, wenn sie zugleich in ihrer ästhetischen Dimension[49] verstanden wird. Denn die Wahrnehmung des Anderen ist verwiesen auf eine ästhetische Erfahrung, weniger auf kontrollierte Beobachtung.

2. Die Akzeptanz der Unvorhersehbarkeit machte desweiteren die Entwicklung neuer *theoretischer Modelle* notwendig, die den Zufall stärker berücksichtigen und die Auswirkungen auch minimaler Veränderungen in den Randbedingungen beschreibbar machen. D.h. der Stellenwert des Singulären wäre neu zu gewichten, weil ihm wesentlich größere Bedeutung zukommen kann als bisher angenommen. Das Singuläre kann enorme Auswirkungen haben - wie nicht nur jeder Lehrer weiß -, so daß es keinesfalls länger als marginale, vernachlässigbare Größe behandelt werden kann. Eine Subjektivitäts- und Intersubjektivitätstheorie z.B., die a) die Komplexität der Interaktionsprozesse nicht reduziert, die b) das autonome Subjekt nicht ins Zentrum stellt und die c) es auch nicht gegen eine autonome Struktur der Interaktion austauscht, sondern Subjektivität und Heteronomie so zusammendenkt, daß Planen und Handeln unver-

---

[48] Vgl. Wimmer, a.a.O., S. 247-264.

[49] Ästhetisch heißt hier: im Sinne von Aisthesis.

zichtbare Bestandteile der Interaktion bleiben, aber unter Akzeptanz der Differenz von Intentionalität und Wirkung, von Imaginärem, Symbolischem und Realem, von Bewußtsein und Unbewußtem, eine solche Intersubjektivitätstheorie wäre notwendig. Jacques Lacans Intersubjektivitätstheorie, die im Rahmen der Psychoanalyse entlang einer Sprachtheorie ausgearbeitet wurde und über den psychoanalytischen Diskurs hinaus Geltung beansprucht, bietet m.E. einer erziehungswissenschaftlichen Neureflexion der Subjektivitäts- und Intersubjektivitätsproblematik in dieser Hinsicht wesentliche Anhaltspunkte. Von ihr aus ergibt sich auch ein neues Verständnis für Erziehungs- und Bildungsprozesse.

3. Der letzte Aspekt, den ich ansprechen will, betrifft die *Stellung der Erziehungswissenschaft* in der Gesellschaft und ihr Verhältnis zur Zukunft oder allgemein zur Zeitlichkeit. Dies wäre ja der eigentlich problematische Gehalt der Beziehung zum unvorhersehbaren Anderen, wobei ich hier nur ihr Verhältnis zur Utopie ansprechen möchte. »Die moderne Pädagogik«, schreibt Oelkers, »stellt im Kern ein hochambitioniertes soziales Programm dar«, und zwar aufgrund der »selbstsichere[n] Verknüpfung von Theorie und Moral [...], die nur utopisch zusammenkommen konnte und doch nie so angesehen wurde.«[50] Obwohl diese Denkfigur relativiert worden ist, bleibt pädagogisches Denken notwendig auf Zukunft orientiert und steht deshalb stets in Gefahr, alte Omnipotenzphantasien wiederzubeleben (Identitätsbehauptung von Intention und Wirkung) und, im Falle des Scheiterns (Differenz von Intention und Wirkung), sich selbst zu negieren. Oelkers schreibt: »Die Aufgabe wird sein, zwischen Skylla und Charybdis hindurchzukommen. Die Skylla ist die opportunistisch ausgenutzte Empirie, die Charybdis die historisch blinde Utopie. Beides sind Übel, die in dem Korpus pädagogischer Denkmöglichkeiten angelegt sind und bislang auch nur ganz ungenügend beherrscht werden. Es wäre ein Stadium von Reife, käme die künftige pädagogische und erziehungswissenschaftliche Reflexion darüber hinaus.«[51] Durch Akzeptanz der Unplanbarkeit und Unvorhersehbarkeit hätte sie dafür gute Chancen. Das Zugeständnis, daß es keine Prognostizierbarkeit gibt, weder in den (Natur-, Human-, Sozial-)Wissenschaften noch in ihren Phänomenen, böte die Möglichkeit der Entmystifizierung der Wissenschaften, insbesondere der Erziehungswissenschaft, die, in ihrer Leistungsfähigkeit rela-

---

[50] Oelkers, J.: Utopie und Wirklichkeit. In: Vierteljahrsschrift für wissenschaftliche Pädagogik, 36 (1990), H. 1, S. 1-13, hier S. 1.

[51] Ebenda, S. 12.

tiviert, eine bescheidenere Rolle in der Gesellschaft einnehmen könnte, ohne immer zuviel versprechen zu müssen. Somit könnte es der Pädagogik auch gelingen, sich von der folkloristischen, »sentimentalen Theorie der Erziehung«[52] nicht nur behauptend, sondern begründet abzugrenzen, was dringend notwendig ist, um normativen Versuchungen zu widerstehen, die in der »ganz starken Vision *richtiger Erziehung*« liegen und die »mit der Symbolwelt des Heilen umgeben [...] als eine Art zweiter Wirklichkeit« fungiert, welche »die Wahrnehmungsvoraussetzungen der Reflexion über Erziehung im Kontext medialer Öffentlichkeit«[53] bestimmt.

Das Eingeständnis der Unentscheidbarkeit ist nicht das Eingeständnis völliger Ohnmacht, sondern lediglich die Aufgabe eines ohnehin immer nur illusorisch gewesenen Machtanspruchs, der nur mit Zwangsmaßnahmen, auch theoretischer Art, aufrechterhalten werden konnte. Was dem notorischen pädagogischen Optimismus als nackter Pessimismus oder gar als affirmativer Nihilismus erscheint, ist jedoch lediglich die Überwindung des Spiegelstadiums in der Erkenntnis, daß das Bild nicht die Wirklichkeit ist. Der »Knoten imaginärer Knechtschaft«[54] ist immer neu zu lösen. Daß dabei eine optimistische pädagogische Utopie hilfreich sein kann, muß bezweifelt werden. Lacan schreibt: »Für ein solches Werk erweist sich nach unserer Meinung das altruistische Gefühl als eitel; wir setzen die Aggressivität ins Licht, welche unter den Aktionen des Philantropen, des Idealisten, des Pädagogen, sogar des Reformators liegt.«[55] Ein Abschied von *diesem* Optimismus ist kein Abschied von sich selbst, sondern eine Selbstbegrenzung im Anspruch, eine Bescheidenheit, die ein anderes Denken und ein Denken des Anderen ermöglicht, wie es sich im Zerfall bisheriger Selbstverständlichkeiten der Pädagogik schon ankündigt. Nun wäre die Gelegenheit, Nietzsches Einsicht, daß der Mensch sich selbst unbekannt ist, nicht als Nihilismus, sondern als Möglichkeit eines von imaginären Zwängen befreiten Denkens zu verstehen: »Wir bleiben uns eben notwendig fremd, für uns heißt der Satz in alle Ewigkeit 'Jeder ist sich selbst der Fernste' - für uns sind wir keine 'Erkennenden'[...]«[56]

---

[52] Ebenda, S. 11.

[53] Ebenda.

[54] Lacan, J.: Schriften I. Olten 1973, S. 70.

[55] Ebenda.

[56] Nietzsche, F., a.a.O., Vorrede, Aphorismus 1, S. 209.

Wolfgang Fischer

Wozu taugt die »pädagogische Verantwortung«?

I.

Von der pädagogischen Verantwortung als einem Haupt- oder Grundbegriff beziehungsweise als einer Kategorie innerhalb der pädagogischen Theoriebemühungen ist - wenn ich recht sehe - erst seit den 20er Jahren unseres Jahrhunderts die Rede. Bei den Klassikern der pädagogischen Moderne sucht man sie vergebens. Rousseau etwa kam ohne sie aus, desgleichen Kant. Wenn M. Hellemans Kants Umschreibung der »Aufgabe des Erziehers« (in seiner Abhandlung »Über Pädagogik«) mit dem Motiv stellvertretender pädagogischer Verantwortung in Verbindung bringt, so handelt es sich um Interpolation, das heißt: nachträgliche Zustutzung und Einschaltung. Nirgendwo findet sich in Kants pädagogisch relevanten Texten oder Textpassagen auch nur der geringste Hinweis auf eine pädagogische Verantwortung, der die Theorie der Erziehung als einem eigenen Posten Rechnung zu tragen habe. Die Vermutung drängt sich auf, daß es damals das Problem noch gar nicht gab, für das später die »pädagogische Verantwortung« die Lösung sein sollte.

Was bei Rousseau und Kant nicht vorkommt, das fehlt auch bei Humboldt, Schleiermacher und Herbart. So unterschiedlich ihre Versuche waren, einer Theorie der Bildung oder einer Pädagogik als Wissenschaft auf die Beine zu helfen, so sehr stimmen sie darin überein, für so etwas wie eine pädagogische Verantwortung als einen wissenschaftstheoretisch oder systematisch erforderlichen Begriff keinen Bedarf zu haben. Das trifft auch noch auf Wilhelm Dilthey und Paul Natorp zu. Diltheys dezidierte Absage an die pädagogischen Systeme seiner Zeit zugunsten einer neuen, allererst wissenschaftlich zu titulierenden Theorie hat bekanntlich nichts damit zu tun, daß er bei jenen die pädagogische Verantwortung vermißte, die für eine nicht rückständige Disziplin der Pädagogik konstitutiv zu sein oder doch wenigstens im Rahmen ihrer Arbeit begrifflich-kategorial eine wesentliche Rolle zu spielen habe. Selbst im Blick auf die Deskription und Analyse des Erzieher-Zögling-Verhältnisses, womit für Dilthey die Wissenschaft der Pädagogik »nur« beginnen könne, ergibt sich offensichtlich keine Veranlassung, einer pädagogischen Verantwortung einen Ort einzuräumen, sei es als Voraussetzung, als »Strukturmerkmal«, als Gütekriterium oder was sonst.

Zum gleichen negativen Befund gelangt man, wenn man Natorps ganz anders gelagerte Untersuchungen zur »Fundamentierung der Pädagogik« als einer bedingt »autonomen« Wissenschaft betrachtet. Aber nicht bloß in diesem Zusammenhang taucht pädagogische Verantwortung nicht auf. Auch in Natorps Anschlußüberlegungen zur Reform der »Vorbildung des Pädagogen« ist sie kein Thema. Worum es dem Theoretiker wie dem Praktiker ausschlaggebend zu gehen habe, sind das strenge Durcharbeiten und gehörige Rechtfertigen der pädagogischen Grundbegriffe, wozu dann eine »so konkret, so empirisch, so praktisch... wie nur möglich« gestaltete »pädagogische Einzelforschung« beziehungsweise die Berücksichtigung ihrer Resultate hinzukommen müsse, beides durchaus im Bewußtsein, in keinem Satz »je absolute Wahrheit, sondern allenfalls nur eine Näherung zum einstweiligen Anhalt« erreicht zu haben. Mehr ist weder möglich noch nötig, damit Pädagogik endlich als Wissenschaft dastehen und das pädagogische Geschäft »aus selbstgeprüfter Überzeugung« und begründeten eigenen Urteilen vollzogen werden kann.

II.

Die Lage ändert sich zwischen 1920 und 1930, was den Gebrauch und Nicht-Gebrauch des Wortes anbelangt. Bis dahin dürfte - von einer floskelhaften Verwendung einmal abgesehen - die generelle, auch auf pädagogisches Handeln sich erstreckende Bedeutung von »Verantwortung und Verantwortlichkeit« die gewesen sein, daß jemand für ihm zugerechnete begangene und unterlassene Taten vor einer Gottheit, einem geistlichen oder weltlichen Gericht, einem Vorgesetzten, einer Behörde usw., also einer mit Kontroll- und Sanktionsgewalt ausgestatteten Instanz, geradestehen und befürchten mußte, gegebenenfalls seine Norm- oder Erwartungsverletzungen spürbar abgerechnet zu bekommen. Das ist ziemlich unpräzise und oberflächlich formuliert, auch nicht durch historische Studien abgesichert, aber es kann den Wandel, der weder ein abrupter noch ein gleichförmiger und durchgängiger war, verdeutlichen: Verantwortung und Verantwortlichkeit überschreiten die Fixierung auf Rechenschaftsablegungsverlangen sowie Abrechenbarkeit. Waren sie bislang in gewissem Sinne der pädagogischen Praxis äußerlich und der Theorie fremd, so werden sie nunmehr innerhalb derselben angesiedelt und aus einem eher juridischen Bedeutungskontext herausgelöst. Es beginnt »die Karriere des Verantwortungsbegriffs... in der Erziehungswissenschaft« (H. E. Tenorth). Pädagogische Verantwortung wird alsbald und noch unelaboriert als das subjektive, gleichwohl die richtige »Grundeinstellung« ausmachende Erlebniskorrelat einer der »Erziehungswirklichkeit«, dem »Erziehungsleben« immanenten und in der Geschichte sich entfaltenden »pädagogischen Idee« angeboten (H. Nohl), avanciert - in nachträglicher und prospektiver Würdigung - zum pädagogischen »Schlüsselbegriff« (H. Danner) oder doch zumindest zur nicht mehr kündbaren basalen »Forderung«, wenn auch nicht hinreichend, um pädagogisches Denken und Handeln »wirklich« zu fundieren (J. Derbolav).

Die Fragen lauten: Was hat dazu geführt, daß man - in Sonderheit im Lager der »Geisteswissenschaftlichen Pädagogik« - glaubte, ohne eine spezifische pädagogische Verantwortung nicht auskommen zu können und sie im nachhinein auch Rousseau, Kant, Pestalozzi u.a., quasi der ganzen pädagogischen Moderne, ja selbst »Sokrates und Augustinus« (E. Lichtenstein) als ein bloß noch »nicht in den Begriff gehobenes Phänomen« (Danner) einziehen zu dürfen? Welchen Umständen verdankt sie ihre Attraktivität und rasche Ausbreitung, aber auch ihren »inflationären Gebrauch in den 50er und 60er Jahren« (H. Kilchsperger), der jedoch ebensowenig wie vereinzelte kritische Stimmen ihren Abtritt - wenigstens von der theoretischen Bühne - zur Folge hatte, vielmehr zum Anlaß diente, sie mit Fleiß nachzubessern oder neu zuzuschneiden? Ist man tatsächlich bei dem Neuankömmling im pädagogischen Diskurs auf etwas (vor)gestoßen, das für die wissenschaftlichen Ambitionen der Disziplin - sei es als Grenze (wie bei Grisebach), sei es als die Ermöglichung »objektiv gültiger Einsichten über Erziehung« (wie bei Weniger) - unabdingbar (geworden) ist? Oder handelt es sich bei der pädagogischen Verantwortung um einen begrifflich-kategorialen Blindgänger, der theoretisch nur dem Scheine nach, also bloß rhetorisch im pejorativen Sinne, die ihm zugedachten Leistungen erbringt, während - nüchtern gesehen - Illusionen kultiviert werden, Kaschierungen, Immunisierungen, Posamentierungen und ähnliches vorliegen? Das alles kontrahiert sich zu der Frage, was diejenigen, die die Pädagogik auf die pädagogische, manchmal auch

»erzieherisch« genannte Verantwortung brachten, damit im Auge oder im Kopf gehabt haben mögen und das offensichtlich einen konzeptionellen Mangel oder Fehler zu beheben versprach, von dem her - als Problem - sie in ihrer »Bedeutung« oder Funktion verständlich und in der beanspruchten Geltung geprüft werden kann.

Die Aufgabe ist also - grob sortiert - eine doppelte. Als erstes wäre historisch die als defizient-problematisch zu kennzeichnende Lage zu rekonstruieren, auf die durch die Invention pädagogischer Verantwortung reagiert wird. Natürlich fließt in einen solchen Ansatz, auch wenn er nicht - beispielsweise - geistes- oder sozial- oder gar fortschrittsgeschichtlich enggeführt wird, Axiomatisches ein: Nichts obligiert, Späteres oder Neues - als emergent Deklariertes eingeschlossen - aus mehr oder weniger bewußt gewordenen Unzulänglichkeiten oder aus einer Kombination von Umständen und Bedarf plausibel zu machen, und die Fragwürdigkeit der Prozedur, vom Späteren, Neuen auf historisch Bedingendes zu rekurrieren, ist bekannt. Dem kann hier nicht weiter nachgegangen werden wie auch keine möglichst aspektreiche, Differenzen berücksichtigende Entstehungsgeschichte der pädagogischen Verantwortung versucht werden soll. Ich werde mich auf einige wenige den damaligen Stand der Fachdiskussion betreffende Hypothesen beschränken und andere ausbeutbare Einflußfaktoren außer acht lassen.

Zweitens ist unter Hintanstellung der historisch-chronologischen Dimension der Rechtstitel der pädagogischen Verantwortung, das heißt: die Reklamation ihrer Unverzichtbarkeit und »Vernünftigkeit« für die Pädagogik, zu untersuchen. Denn es ist eines, sich die Herkunft einer begrifflichen Neubildung oder eines veränderten Begriffsgebrauchs und was damit gemeint ist klarzumachen, und ein anderes zu fragen, ob - in unserem Fall - die pädagogische Verantwortung sozusagen die Lage meistert, wofür sie er- oder gefunden und ins Spiel gebracht worden ist, oder ob sie hierfür nicht oder bloß unter fragwürdigen Prämissen tauglich ist, mithin kein (unstreitiges) Recht verdient. Auch das kann jetzt nicht des weiten und breiten erörtert werden. Anzumerken ist lediglich noch, daß die problematisierende Behandlung des Geltungsanspruchs dann als besonders dringlich empfunden werden kann, wenn aktuell zu registrieren ist, daß die pädagogische Verantwortung wie Verantwortung überhaupt auf dem besten Wege zu sein scheinen, als diffuses, wohlfeiles Synonym für alles mögliche zu stehen, etwa für die Aufgabe(n) und Pflicht(en) von Eltern, Lehrern und Erziehern, für schiere Zuständigkeit, für die Richtigkeit, also Zweckentsprechung, Regelkonformität, Situations- und Sachadaequatheit von pädagogischen Maßnahmen, aber auch - strategisch - dafür, die eigenen Machenschaften der Kritik zu entziehen und oppositionelle Auffassungen als unverantwortlich, gar verantwortungslos zu diskreditieren. Das muß nichts Negatives besagen, zumal in der Gemeinsprache fast immer verstanden wird, was das Wort Verantwortung jeweils vertritt, beispielsweise die Ursache, wenn ein Azorenhoch für eine Wetteränderung verantwortlich gemacht wird, oder den Grund, wenn ein Philosoph über einen anderen schreibt, daß die »Verknüpfung« eines antisystematischen und eines systematischen Impulses »verantwortlich für das dialektisch Wuchernde« von dessen Texten sei. Aber das semantische Vagabundieren der Verantwortung, speziell der pädagogischen, kann ein Indiz dafür sein, daß sie als Begriff nicht geleistet hat und vielleicht nicht zu leisten imstande war, was man sich von ihr theoretisch versprach.

III.

Wie läßt sich die Epiphanie der pädagogischen Verantwortung erklären, wenn man sie mit der seinerzeitigen Theoriediskussion in Verbindung bringt? Grenzt man die Frage auf die sogenannte geisteswissenschaftliche Pädagogik als die von der »Wirksamkeit« her »herrschende Richtung« (H. Blankertz) ein, von der trotz unübersehbarer interner Differenzen und Wandlungen, auch was die Verwendung des Topos der pädagogischen Verantwortung anbelangt, vermutlich dessen Etablierung und Ausbreitung wesentlich ausgingen, dann könnten die folgenden Spekulationen einigen Aufschluß bieten, wobei vorab noch darauf hinzuweisen ist, daß - nach meinem Kenntnisstand - weder von Nohl noch von Weniger noch von W. Flitner und den übrigen Richtungsprotagonisten eine explizite systematische Erörterung der pädagogischen Verantwortung vorgelegt worden ist. Was also mag der Punkt sein, an den sie angeschlossen werden kann und von dem her sie ins Zentrum dessen rückte, »was im strengen Sinne pädagogische Wissenschaft heißen darf« (Flitner)?

Geisteswissenschaftlich war es mit Dilthey unzulässig geworden, weiterhin eine pädagogische Wissenschaft betreiben oder anstreben zu wollen, die hinsichtlich ihrer Sätze über »konkrete« Normen und Ziele, über Inhalte und Methoden, über einen nicht-formalen Sinn von Erziehung und Unterricht wähnte, auf »Allgemeingültigkeit«, will bei ihm sagen: Wahrheit für »alle Zeiten und Völker« pochen zu dürfen. Man weiß, daß Dilthey damit die Pädagogik nicht dem Wind und Wetter aussetzen wollte. Sie bedurfte durchaus der Theorie, nicht jedoch einer, die den als unhaltbar erkannten »Standpunkt der rationalen« oder natürlichen »Systeme« einnahm. Die Lösung des Problems sah Dilthey - zumindest zeitweise - in einer Teilung der Aufgabe der »Wissenschaft von der Erziehung«. Einerseits habe sie den der als unanzweifelbar supponierten »Teleologie des Seelenlebens« korrespondierenden »Zweckzu-sammenhang der Erziehung« in »Abstraktion« von aller Geschichtlichkeit zu »analysieren«, die darin obwaltenden psychologischen Gesetzmäßigkeiten aufzunehmen und daraus Regeln oder »Normen der natürlichen Vollkommenheit« abzuleiten. Auf diesem engen Gebiete sei sie imstande, zu allgemeingültigen Aussagen vorzudringen. Andererseits habe sie, belehrt durch die »historische Schule«, die geschichtlich-inhaltlichen Gestalten des Erziehungswesens einschließlich des »jetzige(n) Leben(s) der Erziehung« zu untersuchen und in ihrer temporalen Sinnhaftigkeit zu verstehen, und »das Ziel dieses Verfahrens ist die Gewinnung von festen Richtpunkten für die praktische Behandlung der vorliegenden Gestalt des Systems«. Was in diesem Zusammenhang die Disziplin formuliert, kann nie und nimmer allgemeine, übergeschichtliche Geltung beanspruchen. Gleichwohl handelt es sich um seriöse historisch-wissenschaftlich gestützte Einsichten, sozusagen Sätze von geschichtlich-relativer Gültigkeit. Beide miteinander zu verbindende Teile ergeben das Ganze einer Geistes-»Wissenschaft von der Pädagogik«, die ohne Rückgriff auf obsolet gewordene, vorgeordnete absolute philosophisch-ethische, religiöse, metaphysisch-weltanschauliche Prinzipien auskommt und dennoch oder allererst in solchem Selbstverständnis ihre zeitgemäße theoretisch-praktische Aufgabe erfüllt, nämlich die von der Erziehung »unter allen Umständen« zu bewerkstelligende, teleologisch vorprogrammierte »Vollkommenheit des Seelenlebens« psychologisch und das sich fortentwickelnde Kultur- beziehungsweise Sozialsystem der Erziehung historisch zu analysieren. Für eine irgendwie theoretisch erforderliche oder hilfreiche spezielle pädagogische Verantwortung ist in Diltheys Entwurf keine Lücke erkennbar: Die Erklärungs- und Leitungsfunktion seiner pädagogischen Wissenschaft ist ohne Rest verbürgt in den von ihr aufzustellenden allgemeingültigen psychologisch-pädagogischen Sätzen und in ihren »Einsichten« in das geschichtliche Werden und Sein des ständig »fließenden« Erziehungs- und Unterrichtswesens oder der »Erziehungswirklichkeit«, »in gewissen Grenzen« angebbare Tendenzen der Entwicklung eingeschlossen.

Dieser Entwurf fand in der Dilthey-Nachfolge nur eingeschränkte Zustimmung. Nohl - zum Beispiel - übernahm aus ihm die Loslösung der pädagogischen Theorie von jeder absoluten Philosophie als Grundwissenschaft und die Geschichtsansicht des »Erziehungslebens«. Nicht akzeptabel erschien ihm hingegen der ganze allgemeingültige Teil von Diltheys Pädagogik; denn die Rede von einer in allen Welt- und Zeitläuften sich durchhaltenden Teleologie des Seelischen, dessen Vollkommenheit die Erziehung herauszubilden habe, entstamme selbst einer nicht als allgemeingültig nachweisbaren, naturalistisch imprägnierten Sicht der Dinge, von weiteren Bedenken abgesehen. Damit (und anderer gravierender konzeptioneller Mängel wegen) aber stand für Nohl die Möglichkeit einer soliden, selbstbehauptungsfähigen und eigenständigen pädagogischen Wissenschaft, deren letztes Wort nicht die Relativität des historisch Erscheinenden war, erneut zur Disposition: Weder von der Teleologie noch von den (gegensätzlich-)weltanschaulich und den historisch bedingten Zielen noch von einer sich breitmachenden naturwissenschaftlich-experimentell operierenden Psychologie aus »will eine allgemeingültige Theorie gelingen«. »Ein Trümmerfeld!«, so lautet gegen Ende der 20er Jahre sein Resultat der »Analyse« und »Kritik« der Lage, eingestandenermaßen abhängig von »Voraussetzungen«, die ihm - beispielsweise - den grundlegungsambitionierten Positivismus der »psychologischen Pädagogik« als apädagogisch abzuschmettern erlaubten, weil die »Seele, mit der es der Erzieher zu tun hat« - ich interpretiere: weil ein durchaus bestimmtes, jedoch für allein wahr und »echt« ausgegebenes, nämlich aktiv-geistiges und auf individuelle Persönlichkeitsentfaltung »immer schon« angelegtes pädagogisches Verständnis der »Bildsamkeit« des »Zöglings« -, nicht erreichend.

Nohls neogeisteswissenschaftlicher Ausweg aus der Misere ist bekannt; ich kann mich auf wenige Erinnerungen beschränken, die zielstrebig zu dem Punkte hinführen, an dem bei ihm - nach meiner Deutung - die nur ganz selten ausdrücklich erwähnte pädagogische »Verantwortlichkeit« ihren systematischen Platz haben dürfte, um mit einem in seiner Theorieaspiration und -produktion gegebenen Problem zu Rande zu kommen. - Was ist gemeint?

Nohl knüpft seine »Theorie der Bildung« an den bei Dilthey blaß und ambivalent gebliebenen Begriff der »Erziehungswirklichkeit« an, stößt sich insbesondere daran, daß die »Einsichten« in sie noch zu historistisch, also die Relativität und Endlichkeit jeder geschichtlichen Erscheinung überbetonend formuliert sind, und ernennt die im je eigenen pädagogischen »Erlebnis und (in) pädagogischen Objektivationen« manifeste

»Tatsache der Erziehungswirklichkeit als eines sinnvollen Ganzen« zum »wahren Ausgangspunkt« und Fundament einer pädagogischen Theorie, »die für alle Zeiten und alle Völker gilt«. Diese einigermaßen verblüffende Inanspruchnahme der sowohl subjektiv allemal nur beschränkt erfahrbaren als auch durch und durch von »geschichtlichen Faktoren« bedingten, »durchgängig verschiedenen« »Erziehungswirklichkeit« als Konstitutionsprinzip einer allgemeingültigen Pädagogik gelingt ihm - kurz und mißverständlich gesagt - mittels deren Transformation in ein »Struktur«gebilde mit angebbaren dauerhaften, dynamisch miteinander verbundenen und auf eine den Eigensinn des »pädagogischen Lebens« ausmachende »Idee der Erziehung« verweisenden »Momenten«, wobei natürlich nicht an irgendetwas Metaphysisches oder Transzendental-Apriorisches zu denken ist, vielmehr an eine »nicht losgelöste, sondern notwendig auf die Inhalte hin sich konkretisierende Form«. Oder anders gewendet: Die »Erziehungswirklichkeit« wird als ein konstanter, wenn auch »in sich variabler« Strukturzusammenhang genommen, der bei aller inhaltlichen Gebundenheit »in gewissem Sinne nur 'formal'« ist und keine der diversen Konkretionen und Konfigurationen seiner »Idee« und seiner Elemente (wie »Bildsamkeit«, »Bildungsideal«, »Bildungsgemeinschaft« von Erzieher und Zögling usw.) in einer bestimmten geschichtlichen Situation vorwegnimmt.

Das mag, alle skeptisch-kritischen Einwände einmal beiseite geschoben, auf sich beruhen bleiben. Man fragt sich jedoch, inwiefern die in der Formalstruktur der »Erziehungswirklichkeit« fixierte allgemeingültige Bildungstheorie im Blick auf die Relativität (und - ich ergänze mit Weniger - Offenheit) der »notwendig« dazugehörigen Inhaltlichkeit etwas ausrichtet, das über die die Relativität betonenden Einsichten der Historischen Schule in Richtung auf die Lösung der pädagogischen Gegenwartsaufgabe und auf die Favorisierung bestimmter Auffassungen hinausgeht. Genau das aber liegt de facto und Nohls theoretischer Intention entsprechend vor, wenn er etwa - ohne Diltheys Kritik am Naturalismus und Rationalismus rückgängig machen zu wollen - der Psychologischen Pädagogik ein fundamentales Verfehlen der pädagogischen Sache bescheinigt, weil ihr »die Bildung der inneren Form der Seele als eines einheitlichen Ganzen« verschlossen sei. Oder wenn er »das pädagogische Kriterium« in der »Einstellung auf das subjektive Leben des Zöglings« erblickt und darum dessen Okkupation »für objektive Zwecke« durch den Staat, die Politik, die Wirtschaft, die Kirche usw., die sich Erziehung und Unterricht unter den Nagel reißen, als dem »wahren Wesen der Erziehung«, als der einen »Idee der Erziehung« widersprechend apodiktisch verwirft. »Wir Erzieher haben die große Aufgabe«, so heißt es einmal, »(den) Wert und (die) Bedeutung (des Individuums und des subjektiven Lebens) allen Mächten der Welt gegenüber zu vertreten«, und in dieser eigentümlichen »Drehung« von der objektiven Kultur zur Lebendigkeit des Subjekts liegt »das Geheimnis des pädagogischen Verhaltens und sein eigenstes Ethos«, realisiert sich in einem langen geschichtlichen Prozeß die relative Selbständigkeit der Pädagogik.

Woher weiß Nohl um eine solche »im Wesen der Erziehung« gründende »Idee« - nämlich der pädagogisch gewissermaßen »eigentlich« unter allen Umständen, zumindest denen seit dem 17. Jahrhundert zu respektierenden und zu fördernden selbstzweckhaften Subjektivität -, die »ihre Wahrheit« gegenüber allen ihren zeitlichen und nationalen »Inkarnationen« einschließlich jenen, bei denen sie verloren gegangen zu sein scheint, »behaupten kann«? Aus der Formalstruktur der »Erziehungswirklichkeit« ist sie selbstverständlich nicht abzuleiten; in ihr sind ohne ein inhaltlich qualifizierendes Richtmaß der Möglichkeit nach viele und grundverschiedene Gestalten oder Erscheinungsweisen des Pädagogischen quasi angelegt. Gleichfalls kommt nicht eine unvoreingenommene historische Analyse des »Erziehungslebens« in der Vergangenheit und Gegenwart in Betracht; sie stößt auf dessen jeweilige Bedingtheit von »geschichtlichen Faktoren«, nicht jedoch auf einen »entscheidenden Gehalt«, der beispielsweise retrospektiv Sokrates' »Hebammendienst« als »echt pädagogisch«, hingegen jede Erziehung im Zeichen des Kollektivismus als pädagogisch unwahr zu beurteilen gestattet. Auch nicht ohne weiteres als die wahre Sinnformel hergebend vermag der »Ausgangspunkt« vom individuellen »pädagogischen Erlebnis« zu überzeugen, auch dann nicht, wenn - wie K. Luttringer in seiner Nohlstudie zutreffend darlegt - die subjektive Erfahrung des Sichbildens, des Bildens und Gebildetwerdens »in der Dialektik zu den Objektivationen korrigiert und modifiziert wird«. Eine geschichtlich wirksame, substantiell-»einheitliche Energie« und Autonomie »der (Erziehungs-)Idee« (Nohl), ein durch alle Antithetik und Kontingenz mehr oder minder verborgen sich hindurchziehendes und von den Verhältnissen, Zuständen, Lagen, zeitlichen Bewußtseinsstellungen »unabhängiges Wesen des Erziehungslebens«, das der »neuen Pädagogik« gleichsam objektiv-verbindlich bedeutet, »ihren Augenpunkt unbedingt im Zögling« haben zu sollen, ist so nicht zu erhalten, und der Rückgriff auf die »pädagogische Bewegung« oder allgemein auf den »lebendigen Strom pädagogischen Suchens und

Gestaltens« ändert daran gar nichts, ohne einer kleinen, aber doch verschmähten Geschichtsmetaphysik insgeheim zu huldigen. Das ist mehrfach in kritischen Auseinandersetzungen mit Nohl aufgezeigt worden und braucht hier nicht wiederholt zu werden. Es bleibt mithin die Frage: Was macht es, daß »die Wendung zum Subjekt« (im Modus des »pädagogischen Bezugs«), ohne sie aus einer vor- und übergeordneten Subjektmetaphysik oder ähnlichem zu deduzieren und obwohl weder in der Formalstruktur der »Erziehungswirklichkeit« als »pädagogisches Kriterium« enthalten noch historisch-analytisch oder durch »wechselseitige Erhellung von Erlebnis und Objektivation« als die jetzt fällige Wahrheit der Erziehungsidee gewinnen zu können, gleichwohl diesen Status zugesprochen erhält? Wie läßt sich »die Hypostasierung der Belange und Interessen einer geschichtlich geprägten Erziehungssituation, des spezifischen Verständnisses von Aufgaben und Gegebenheiten der Erziehung zum 'Wesen der Erziehung', zur (wahren) 'pädagogischen Idee' legitimieren« (Luttringer)? Was könnte es sein, das Nohl theorietechnisch aus dem Dilemma der »Geschichtlichkeit aller Formen des Lebens« einerseits und einem in deren Relativität, Pluralität, ja Gegensätzlichkeit sich nicht verflüchtigenden, vielmehr Geltung und Verbindlichkeit beanspruchenden »entscheidenden Gehalt« des »Erziehungslebens« andererseits heraushilft, - und das, ohne etwas anderes als die »Erziehungswirklichkeit« unter den Füßen zu haben?

Meine These ist die folgende: Eine das pädagogische Erlebnis und erzieherische Handeln »erfüllende« spezifische »Verantwortlichkeit« ist es, die für Nohl den »radikalen Wechsel des Blickpunkts von allen objektiven Zwecken weg auf das Subjekt, seine Kräfte und sein Wachstum« nicht bloß - formal - als eine der »typischen pädagogischen Möglichkeiten« gemäß der in sich variablen »Struktur des Erziehungslebens« und - material - als eine geschichtlich aufgekommene und allmählich tonangebend gewordene pädagogische »Grundeinstellung« mit Zieleinlauf in der »pädagogischen Bewegung« zu erkennen gibt, sondern als das, »was die Erziehung eigentlich«, was die ihrer selbst bewußt gewordene »Wahrheit« »der pädagogischen Idee« ist. Oder mit anderen Worten: Nohl glaubt, was auf den soeben angegebenen Wegen nicht als die »Wahrheit« der »Idee der Erziehung« beziehungsweise als der »ursprüngliche«, in geschichtlichem Zusammenhang sich herausarbeitende Eigensinn der erzieherischen Leistung zu sichern ist, dadurch abgesichert, daß eine den Geltungsmangel kompensierende spezifisch pädagogische Verantwortlichkeit postuliert und dem pädagogischen Erlebnis substituiert wird. Natürlich ist diese pädagogische Verantwortlichkeit allemal geschichtlich eingebunden, so daß geradezu von einer »neuen Verantwortlichkeit« »unserer Lehrer und Erzieher von den Hochschulen bis zu den Kindergärten und Fürsorgeanstalten« dann gesprochen werden kann, wenn sie »gegenüber den Kulturmächten« das Vorrecht des subjektiv-individuellen Lebens, Wachsens und Gedeihens behaupten. Aber das nimmt der Verantwortlichkeit nicht, daß sie es ist, die die Subjektorientierung praktisch und theoretisch legitimiert und verbindlich macht. Sie fungiert sozusagen als der neue Kandidat, mit dessen Hilfe man der nicht ad acta gelegten, traditionellen, aber vielleicht gar nicht mehr solide fortsetzungsfähigen Konstitutionsproblematik in einer von der »Erzie-hungswirklichkeit« ausgehenden geisteswissenschaftlichen Pädagogik Herr werden zu können meint, insofern deren Formalstruktur »bestenfalls gewisse Seinsprinzipien der Erziehung« (Derbolav) und deren vorliegende konkret-inhaltliche Gestalt auch nichts Normatives hergibt, das der Einrede geschichtlicher Relativität standhält. Kurz: In der Verantwortlichkeit und aus ihr empfängt »die Wendung zum Subjekt« die Weihe, der wahre, ursprüngliche und autonome Sinn des - wie Weniger schreibt - »mit der Existenz des Menschen gegebenen Seinsvorgangs der Erziehung« zu sein.

IV.

Was in Herman Nohls pädagogischen Veröffentlichungen explicite nur marginal und ohne begriffliche und systematische Strenge als konstitutiv für bildungstheoretische Aussagen diesseits von bloß formaler Allgemeingültigkeit und geschichtlich-materialer Unverbindlichkeit zur Sprache kommt, spielt bei seinen Schülern Erich Weniger und Wilhelm Flitner eine erheblich größere und - wie ich glaube - den Grundzug meiner These bestätigende Rolle, auch wenn durchaus neue, andere Akzente gesetzt werden und begrifflich-systematisch ebenfalls viele Wünsche offenbleiben. - Ich versuche, mich kurz zu fassen.

a) Von Flitner stammt das häufig zitierte und erst neuerlich zum Motto einer Würdigung seines Werks erkorene Dictum, daß »die Reflexion am Standort der Verantwortung des Denkenden« »die Mitte dessen sei«, »was im strengen Sinne pädagogische Wissenschaft heißen« dürfe. Der Satz findet sich in Flitners schmaler Schrift über »Das Selbstverständnis der Erziehungswissenschaft in der Gegenwart«, die mit Recht als eine »Summe« (Scheuerl) seines jahrzehntelangen Mühens um die Konsolidie rung einer pädagogischen Wissenschaft »auf akademischem Niveau« (Flitner) bezeichnet worden ist. Zugespitzt und arg vereinfacht formuliert geht es darum, die »erziehungswissenschaftliche Aufgabe und Methode« so zu bestimmen, daß die Gefahr eines Abgleitens »in die bloße Tatsachenforschung« einerseits, in eine »normative Pädagogik« andererseits gebannt ist; denn jene verfehlt die allemal historisch bedingte Sinndimension, in der sowohl die zu untersuchenden »Tatbestände« als auch die Forschenden innestehen, diese setzt unkritisch eine für die sich wandelnden pädagogischen Lebensverhältnisse absolute und für hinreichend erachtete Geltung religiöser, philosophisch-ethischer, weltanschaulich-politischer Normationen voraus, von weiteren Bedenklichkeiten abgesehen. Die Lösung des Problems erblickt Flitner darin, daß die »Pädagogik als wissenschaftliche Disziplin« ihrer methodischen Struktur nach »philosophisch-hermeneutisch-pragmatisch« werden müsse, wobei das hermeneutisch gestützte Philosophieren in Gestalt einer »existentiellen Besinnung« auf den Gehalt und »Sinn des Erziehens und Bildens« in einer konkret gegebenen und zugleich auf die Zukunft hin offenen, aufgegebenen geschichtlichen Situation - meiner Deutung nach - ins Zentrum zu rücken sei. In einem wenig später erschienenen Lexikonartikel heißt es dementsprechend, »daß die Pädagogik eine philosophische Disziplin ist, welche... sich auf die pädagogische Verantwortung gründet...«, und früher schon: »Das Philosophieren in der praktischen Situation bleibt... die Grundform dieser Wissenschaft«, natürlich nicht, indem vorgegebene philosophische (oder theologische) Sätze über »Sinn und Gehalt unseres Daseins« »einfach« angewendet werden, vielmehr als selbständig ansetzende »Erhellung« und »Sinnvergewisserung« des erzieherischen und erzieherisch relevanten »Wirklichkeitsbezirks« und eines ihm gleichsam immer schon innewohnenden »Begreifens des Erzieherischen« durch »alle, die in der (pädagogischen) Verantwortung stehen«.

Was hat - das ist die alleinige Frage, die jetzt und hier gestellt werden soll - in diesem Konzept einer geisteswissenschaftlichen Pädagogik deren unübersehbare Durchdringung mit dem Motiv der pädagogischen Verantwortung zu suchen und zu bedeuten, so zwar, daß diese nicht bloß den pädagogischen Akteuren - offensichtlich als eine nicht weiter herleitbare Kenn- und Auszeichnung ihrer »geistigen« Tätigkeit - appliziert wird, (was eine eigene, diffizile Problematik, unter anderem etwa die einer möglichen Überethisierung zu Lasten sachlich begründungsfähigen Wissens, abgibt,) sondern auch in die »Reflexion« und das »Denken« der Erziehungswissenschaft gehört? Nur so ergibt die Flitnersche Rede von der pädagogischen Wissenschaft als »réflexion engagée« einen Sinn: Die schlichte, an »Aufklärung«, hermeneutischer »Verständniserschließung«, Struktur- und Wirklichkeitsanalyse usw., selbst an Prüfung und Kritik interessierte Zuwendung zu vorfindlichen »Erziehungslehren« samt »Praktiken« erfordert nicht, um zu rational akzeptablen oder zumindest kommunizierbaren Ergebnissen zu kommen, mit der pädagogischen Verantwortung ein intimes Verhältnis einzugehen. Warum also bedarf es ihrer theoretisch? Warum müssen die Methode und Aufgabe der pädagogischen Wissenschaft, in Sonderheit ihr Reflektieren, ihr »existentielles Besinnen«, die pädagogische Verantwortung »zum Mittelpunkte« und zum Grunde haben? Und damit ist mehr als die Exposition und Qualifikation ihrer »öffentlichen Funktion« beziehungsweise sozialen Wirksamkeit gemeint, die Flitner durchaus mit berücksichtigt und die vor kurzem Tenorth thematisiert hat. Gemeint ist in erster Linie das unerläßliche »Engagement des Denkenden« »in einer erfahrenen, konkreten Verantwortung geschichtlich bestimmter Lebenskreise«.

Mir will scheinen, daß Flitner die Verantwortung theoretisch braucht, damit das, was ohne jeden festen übergeschichtlichen Rückhalt oder Bezugspunkt in dem »Verfahren« der existentiellen Besinnung in einer historisch vorhandenen und zu interpretierenden »Struktur«, die »in die Zukunft hin« offen ist, zutage gefördert wird und auf die nicht loszuwerdende »Kernfrage« der Pädagogik Antwort gibt, Geltung beanspruchen beziehungsweise reklamierte Geltung gegen den Vorhalt, subjektiven Sinnpräferenzen nachgegeben zu haben, offensiv verteidigt werden kann. Oder anders gewendet: Ohne den Verantwortungsbegriff wäre nicht gewährleistet, »das erzieherische Phänomen« wissenschaftlich-theoretisch anders als ein je geschichtlich gegebenes und in seiner »rein« zu verstehenden und »kritisch« zu erforschenden positiven Faktizität sich erschöpfendes, mithin »existentiell nicht... relevantes« zu behandeln. Ausgeklammert oder zur Sache eines bloß subjektiv zureichenden Glaubens zurückgeschnitten wäre - in Analogie zu einer »rein analytisch« operierenden Jurisprudenz formuliert - das Nachdenken über die »wahre Geltung« (Flitner) - dort von »positiv gesetzten (rechtlichen) Normen«, hier von einem »Wertgefüge und den Normationen, in denen sich der Erziehende entschieden findet oder sich erneut entscheiden muß«. Pädagogische Verantwortung bürgt also bei Flitner dafür, daß in einer die »Vergeschichtlichung« radikal ernst nehmenden wissenschaftlichen Pädagogik die Sphäre der nicht essentiell eingebundenen Aufgabenhaftigkeit des erzieherischen Handelns weder an den Rand oder ins Abseits gerät noch - und vor allem - daß die Erträge der »existentiellen Besinnung«, so wenig sie der Praxis unmittelbar die Entscheidungen abnehmen können, im »Relativismus und (in der) Beliebigkeit« von »Deutungen« steckenbleiben, wie schon Kilchsperger bei ansonsten anderer Einschätzung festgestellt hat. Kurz: »Am Standort der Verantwortung des Denkenden« gewinnt und sichert sich die »Reflexion« die Geltung ihrer Sätze.

b) Auch bei Weniger interessiert im hier zur Diskussion stehenden Zusammenhang lediglich, was es mit der Verantwortung theoretisch - oder mit seinen eigenen Worten: innerhalb der »Theorie des Theoretikers«, der »Theorie dritten Grades« - auf sich hat. Vernachlässigt wird also, daß Weniger die pädagogische Verantwortung auch und gewissermaßen ihrer Herkunft nach der wissenschaftsvorgängigen Praxis mit ihrer »eingehüllten Rationalität« induziert, und zwar ausdrücklich als etwas von apriorischem Status, ohne allerdings - nach meinem Empfinden - überzeugende Argumente dafür vorzubringen, daß Erziehung, Unterricht, Bildung in der Sache gar nicht anders (und jeden Subreptionsverdacht entkräftend) als im Junktim mit (pädagogischer) Verantwortung zu denken oder zu erfahren sind. Jedenfalls begründen beispielsweise Sätze von der Art, daß pädagogische Verantwortung »aufleuchtet«, wenn in einer konkreten Situation sich entscheidend und handelnd einer von der »Wirklichkeit« ausgehenden Forderung zu entsprechen versucht wird, oder - wie Thiersch paraphrasiert - daß »pädagogische Verantwortung... 'letztlich im Handeln erst aufgeht'« und »pädagogisch verantwortlich sein - in einer ersten, vagen Bestimmung - heißt, betroffen sein von einem pädagogischen Anspruch«, nicht schon ein »Apriori der pädagogischen Haltung und des erzieherischen... Willens« beziehungsweise ein apriorisches »Ethos der erfahrenen und gewollten (pädagogischen) Verantwortung« (Weniger). Eher drängt sich die Vermutung auf, daß die mit apriorischer Aura ausgestattete und sich im Erziehungshandeln einstellen sollende pädagogische Verantwortung (als die »anrufende und gestaltende Kraft, die in der inneren Form des Menschen immer schon enthalten ist,«) den Mangel kompensiert, nach Dilthey Pädagogik nicht länger als in vermeintlich allgemeingültig-»verbindlichen Setzungen« oder in einem absoluten Begriff, einer Idee der Erziehung konstituiert denken zu können und sie dennoch nicht mit Haut und Haar einem weltanschaulich-historisch-soziologischen oder einem puren »Relativismus des Konkreten und Zeitgebundenen«, aber auch nicht der »Tyrannis« einer schlendrianhaften »'praktischen Erfahrung'«, die keine neuen Aufgaben und Möglichkeiten zur Kenntnis nimmt, ausliefern zu dürfen. - Das alles mag dahingestellt bleiben; denn zunächst einmal ist das, was im Blick auf die Praxis wohl- oder weniger wohlbegründet für »das letzte, was der Analyse da begegnet«, gehalten wird, für die Theoriebemühung des Theoretikers außer als problematischer Gegenstand ganz und gar nicht von Belang, wenn immer zwischen »Praxis« - mit oder ohne theoretische »Ladung« - und wissenschaftlicher Theorie unterschieden wird.

Nun aber bleibt es bei Weniger nicht bei einer solchen Differenz. Die »wissenschaftliche Theorie der Pädagogik hat nicht bloß (eine) objektive, bloß analytische Funktion der Aufklärung des Sachverhalts«, womit durch bereitgestelltes Wissen einer »echten Praxis« in der Eröffnung der »vollen Beherrschung der Lage« der Weg geebnet wird. Die »Theorie des Theoretikers« »hat auch einen Ort unmittelbar im Zusammenhang der Praxis selbst«, und zwar »als stellvertretende Besinnung, als Läuterung der in der Praxis angelegten Theorien, als bewußte Vorbesinnung und bewußte nachträgliche Klärung«. Gemeint sein dürfte, daß der Theoretiker neben seiner »von außen und von oben« erfolgenden Produktion von Forschungswissen sozusagen aus der ihm arbeitsteilig gewährten Muße der Kontemplation heraus sich mit dem »Sinn der Praxis« in potenzierter, durch nichts abgelenkter »Reflexion« zu beschäftigen habe. Das läuft - laut Weniger - nicht auf eine »Beherrschung der Praxis«, gar noch durch Deklaration normativer Sätze von absoluter Gültigkeit hinaus, wiewohl andererseits der Theorie Urteilsenthaltung oder Neutralität insbesondere angesichts von »Gegensätzen der Erziehungswirklichkeit« nicht zugebilligt wird und ihr zeitweilig »vielleicht« »eine gewisse Führerrolle« durchaus »bestimmt« ist, etwa »innerhalb der pädagogischen Bewegung« in Gestalt einer entschiedenen Stellungnahme für ein in der Praxis »ehrfürchtig« zu respektierendes »Eigenrecht des Kindes« oder - wie es später in einer kritisch-emanzipatorisch gewordenen geisteswissenschaftlichen Pädagogik heißen sollte - in Gestalt eines entschiedenen Eintretens dafür, daß es in Erziehung und Unterricht um die »Befreiung des Menschen zu sich selbst« (Blankertz) zu gehen habe. Die Frage lautet mithin: Worin rechtfertigt eine theoretisch-geisteswissenschaftliche Pädagogik solche von ihr zu erbringenden Aussagen als »objektiv gültige Einsichten über Erziehung«, sie mögen eher der Praxis »voranschreiten« oder bloß dem »kühnen Wort« eines gewissen Eduard Heimann entsprechen, daß »die Theorie... die wahre Praxis« sei? Oder anders formuliert: Worin begründet Wenigers Theoretiker »dritten Grades« seine auf »das eigentlich Fundierende in der Erziehungswirklichkeit« bezogenen Erkenntnisse in deren »konkreter Gültigkeit«, da sie doch weder deskriptiv-analytisch zu gewinnen noch aus einer »Kultur- oder Geistes- oder auch Sozialgeschichte der Erziehung und Bildung« bei aller Unverzichtbarkeit derselben abzuleiten sind, und ohne etwas anderes als just die »Erziehungswirklichkeit« »vorgegeben« zu haben?

Die Antwort Wenigers: »Voraussetzung für diese Funktion der Theorie... ist die Befangenheit des Theoretikers in der pädagogischen Aufgabe und an das pädagogische Tun. Er muß die Verantwortung der Praxis teilen, ... damit die Wirklichkeit für ihn nicht stumm bleibt. Man sieht hier nur als Befangener... Man könnte paradox formulieren: erst die Befangenheit an die Sache ermöglicht die wahre wissenschaftliche Objektivität... Einem nicht selbst pädagogisch gerichteten Menschen, der nicht innerlich und untheoretisch weiß um das Eigentliche der Erziehungsarbeit, bleibt die pädagogische Einsicht letztlich verschlossen, aller Gelehrsamkeit zum Trotz.« Das stammt aus dem Jahre 1929, und fast dreißig Jahre später ist zu lesen: »Das eigentlich Fundierende in der Erziehungswirklichkeit... schließt sich der Theorie erst auf, wenn sie selber die erzieherische Verantwortung der Praxis teilt, von dieser Verantwortung aus denkt und von ihr aus Tatsachen und Anforderungen sieht.« Und wiederum wird fortgefahren, daß dieses Befangenseinmüssen es sei, das der pädagogischen Theorie »paradoxerweise (erst) objektiv gültige Einsichten über Erziehung ermöglicht«. Es ist also die vom Theoretiker zu teilende pädagogische Verantwortung in der Befangenheit »an das pädagogische Tun«, die ihm - zum einen und hier nicht weiter zu erörtern - den konkreten »Sinn der Praxis« und der »Erziehungswirklichkeit« »letztlich« entdecken zu können erlaubt und die - zum anderen - seiner Entdeckung den Rang einer »objektiv gültigen« Einsicht sichert. Genau hierin kehrt wieder, daß der Begriff der pädagogischen Verantwortung in der geisteswissenschaftlichen Pädagogik (und von ihr wahrscheinlich übergreifend auf andere erziehungswissenschaftliche Richtungen) die theoretisch-kompensatorische Funktion hat, einen anders nicht mehr einlösbaren Anspruch auf Geltung, was die pädagogischen Sinnbehauptungen und -überzeugungen anbelangt, aufrechtzuerhalten.

V.

Aber leistet der Begriff der pädagogischen Verantwortung, was theoretisch zu leisten ihm angesonnen wurde und noch immer wird? Gewährt er den »Einsichten« »objektive«, »konkrete« Geltung, und wie macht er das so, daß nicht jedermann unter Berufung auf eine ihm widerfahrene Verantwortung dieses oder jenes für pädagogisch gerechtfertigt ausgeben kann? Wird im legitimierenden Verantwortungsrekurs tatsächlich mehr als eine subjektive Gewißheit zu allgemeinem Ansehen und manchmal überdies zur Unantastbarkeit zu bringen versucht, weil die Argumente nicht ausreichen, das sogenannte Konstitutionsproblem der Pädagogik ohne einen »Rest von Dogmatismus« (Schaller) oder Relativismus »konstruktiv« wenden zu können? »Einfach nur so von Verantwortung als fundierender Ebene... zu reden, ist für den Pädagogen zu wenig.« So steht es ziemlich am Schluß von Schallers Revisionsaufsatz über die Reichweite pädagogischer Verantwortung. Unklar ist mir allerdings geblieben, warum Schaller dennoch theoretisch-systematisch an ihr festhalten zu müssen meint und ihr nicht vollends den Abschied gibt, da sie doch nicht dazu taugt, einen wohl ebenso unumgänglichen wie fatalen Restdogmatismus pädagogischer Lehren sachlich zu »fundieren«.

Das sind Fragen, die hinüberleiten in die Problematik des Rechts pädagogischer Verantwortung als Begriff und Kategorie pädagogischen Denkens. Davon ist ein anderes Mal zu handeln, aber es scheint, als stünden die Dinge schlecht um sie.

Themaspezifische Literaturnachweise:

Danner, H.: Verantwortung und Pädagogik. Anthropologische und ethische Untersuchungen zu einer sinnorientierten Pädagogik. Königstein 1983

Derbolav, J.: Problem und Aufgabe einer Pädagogischen Anthropologie im Rahmen der Erziehungswissenschaft. In: Derbolav, J. u. H. Roth (Hrsg.): Psychologie und Pädagogik. Neue Forschungen und Ergebnisse. Heidelberg 1959, S. 7 - 48

Flitner, W.: Das Selbstverständnis der Erziehungswissenschaft in der Gegenwart. Heidelberg 1957

Flitner, W.: Art. Pädagogik II: Systematisch. In: Die Religion in Geschichte und Gegenwart (RGG), Bd. 5, Sp. 8 - 14. Tübingen [3]1986, (1961)

Grisebach, E.: Die Grenzen des Erziehers und seine Verantwortung. Halle a.d. Saale 1924

Hellemans, M.: Pädagogische Verantwortung. In: Danner, H./Lippitz, W. (Hrsg.): Beschreiben, Verstehen, Handeln. Phänomenologische Forschungen in der Pädagogik. München 1984, S. 107 - 121

Kilchsperger, H.: Pädagogische Verantwortung. Bern-Stuttgart 1985

Lichtenstein, E.: Zur Metaphysik der pädagogischen Verantwortung. In: Pädagogische Rundschau 7 (1952/53), S. 49 - 57

Luttringer, K.: Dialektik und Pädagogik. Das stillschweigend Vorausgesetzte des dialektischen Denkens in der pädagogischen Theorie Herman Nohls. Frankfurt am Main-Bern-Cirenster/U.K. 1980

Nohl, H.: Pädagogik aus dreißig Jahren. Frankfurt am Main 1949

Nohl, H.: Die pädagogische Bewegung in Deutschland und ihre Theorie. Frankfurt am Main [6]1963

Schaller, K.: Wie weit reicht die pädagogische Verantwortung? In: Ders.: Pädagogik der Kommunikation. Annäherungen - Erprobungen. Sankt Augustin 1987, S. 264 - 281

Schurr, J.: Verantwortete Verantwortung. Grundsätzliches zum Ethos der Erziehung. In: Vierteljahrsschrift für wissenschaftliche Pädagogik 56 (1980), S. 46 - 59

Tenorth, H.E.: Verantwortung und Wächteramt. Wie die wissenschaftliche Pädagogik ihre gesellschaftliche Wirksamkeit behandelt. In: Vierteljahrsschrift für wissenschaftliche Pädagogik 66 (1990), S. 409 - 435

Thiersch, H.: Pädagogische Verantwortung. In: Dahmer, I. u. Klafki, W. (Hrsg.): Geisteswissenschaftliche Pädagogik am Ausgang ihrer Epoche - Erich Weniger. Weinheim-Berlin 1968, S. 81 - 101

Weniger, E.: Ausgewählte Schriften zur geisteswissenschaftlichen Pädagogik. Weinheim-Basel 1975

Sachregister

Namenregister

Autorenspiegel

Fischer, Wolfgang, Dr. phil., geb. 1928; Prof. für Allgemeine Pädagogik an der Universität Duisburg.
Arbeitsgebiete: Geschichte der Pädagogik, insbes. Antike, Kant, 20. Jahrhundert; Grundlagenprobleme pädagogischer Theoriebildung; Skeptische Pädagogik.
Veröffentlichungen: (mit D.-J. Löwisch) Pädagogisches Denken von den Anfängen bis zur Gegenwart. Darmstadt 1989; Unterwegs zu einer skeptisch-transzendentalkritischen Pädagogik. St. Augustin 1989; Über den Mangel an Skepsis in der Pädagogik. In: Ruhloff, J./Schaller, K. (Hrsg.): Pädagogische Einsätze 1991. St. Augustin 1991.

Han, Yung-Yae, Dipl.Päd., geb. 1952; Promovendin an der Universität Trier.
Arbeitsgebiete: Allgemeine Erziehungswissenschaft; Geisteswissenschaftliche Pädagogik; Symbolischer Interaktionismus; Theorie der moralischen Entwicklung.

Hellekamps, Stephanie, Dr. phil., geb. 1956.
Arbeitsgebiet: Theorie des erziehenden Unterrichts.
Veröffentlichung: Erziehender Unterricht und Didaktik. Neuere Didaktiktheorien im Horizont klassischer Begriffsbestimmungen. Weinheim 1991.

Kerstiens, Ludwig, Dr. phil., geb. 1924, Prof. a.D. für Erziehungswissenschaft an der Pädagogischen Hochschule Weingarten.
Arbeitsgebiete: Anthropologische Grundlagen der Erziehungstheorie; Erziehungsziele; Grenzfragen zwischen Pädagogik und Ethik; (bis 1975) Medienpädagogik.
Veröffentlichungen: Das Gewissen wecken. Bad Heilbrunn 1987; Wie sollen wir handeln? Wuppertal 1990²; Erziehungsziel: Humanes Leben. Bad Heilbrunn 1991.

Masschelein, Jan, Dr. d. Päd. Wiss., geb. 1956, Prof. für Pädagogik an der Universität Leuven (Belgien).
Arbeitsgebiete: Systematische Erziehungswissenschaft, insbesondere Erziehungs- und Bildungstheorie, Sozialphilosophie; Schwerpunkt: das Problem der Intersubjektivität.
Veröffentlichungen: Kommunikatives Handeln und pädagogisches Handeln. Weinheim 1991; Beiträge zur Systematischen Erziehungswissenschaft (Pädagogischer Grundgedanke, Intersubjektivitäts- und Öffentlichkeitskonzepte).

Müller, Anselm Winfried, Dr. phil. habil., geb. 1942, Prof. für Philosophie an der Universität Trier.
Arbeitsgebiete: Analytische Metaphysik; Philosophische Psychologie und Anthropologie; Handlungstheorie; Ethik; Erziehungsphilosophie.
Veröffentlichungen: Ontologie in Wittgensteins "Tractatus". Bonn 1967; Selbständigkeit als pädagogischer Leitbegriff. In: Engfer, H.J. (Hrsg.): Philosophische Aspekte schulischer Fächer und pädagogischer Praxis. München 1978.

Musall, Friedhelm, Dr. phil., geb. 1957, z.Z. Stipendiat der DFG.
Arbeitsgebiete: Jugendforschung; Grundlagenfragen von Bildung und Erziehung; Philosophiedidaktik; Wissenschafts- und Technikphilosophie.
Veröffentlichung: Frühe Jugendbewegung, Sexualität und adoleszente Politisierung (1987).

Pleines, Jürgen-Eckardt, Dr. phil., geb. 1935, Prof. für Allgemeine Pädagogik und Philosophie an der Universität Karlsruhe (TH).
Arbeitsgebiete: Historische und Systematische Pädagogik, insbesondere Bildungstheorien; philosophische Ästhetik; Ethik, insbesondere Deutscher Idealismus.
Veröffentlichungen: Studien zur Bildungstheorie (1989); Ästhetik und Vernunftkritik (1989); Begreifendes Denken (1990).

Schäfer, Arnold, Dr. phil., geb. 1926, Prof. für Allgemeine Pädagogik an der Universität Osnabrück.
Arbeitsgebiete: Pädagogische Anthropologie; Schlüsselprobleme der Allgemeinen Erziehungstheorie; die veränderten Konstitutionsbedingungen der Identität; Kommunikation im Aspekt sozial-struktureller Wandlungsprozesse.

Veröffentlichungen: Das pädagogische Problem der Begegnung in Hermann Hesses Glasperlenspiel. München 1962; Über den Erzieher. Ein Zugang zum Problem von den vorgeburtlichen Phänomenen her. Ratingen 1964; Kritische Kommunikation und gefährdete Identität. Zur anthropo-soziologischen Grundlegung einer kritischen Erziehungstheorie. Stuttgart 1978.

Wimmer, Klaus-Michael, Dr. phil., geb. 1951; 1980-1986 und 1988-1990 Wiss. Mitarbeiter an der FU bzw. TU Berlin.
Arbeitsgebiete: Sprache, Subjektivität und das Verhältnis zum Anderen; das Verhältnis von Ethik und Ästhetik; Bildungsphilosophie und Medientheorie; die nachstrukturalistische philosophische Enwicklung in Frankreich und ihre Bedeutung für die Erziehungswissenschaft.
Veröffentlichungen: Der Andere und die Sprache. Vernunftkritik und Verantwortung. Berlin 1988; Beiträge in Zeitschriften und Lexika.